消防救援科技发展战略研究

肖　磊　主编

中国计划出版社

·北京·

图书在版编目（CIP）数据

消防救援科技发展战略研究 / 肖磊主编. -- 北京 :
中国计划出版社, 2021.3
ISBN 978-7-5182-1132-6

Ⅰ. ①消… Ⅱ. ①肖… Ⅲ. ①消防—救援—科技发展
—发展战略—研究—中国 Ⅳ. ①TU998.1

中国版本图书馆CIP数据核字(2021)第046335号

消防救援科技发展战略研究

XIAOFANG JIUYUAN KEJI FAZHAN ZHANLÜE YANJIU

主　　编：肖　磊

出版发行：中国计划出版社
社　　址：北京市西城区木樨地北里甲 11 号国宏大厦 C 座 3 层（100038）
电　　话：（010）63906433（发行部）
网　　址：www. jhpress. com

印　　刷：北京市科星印刷有限责任公司
规　　格：787mm × 1092mm　　1/16 开本
印　　张：18.5　　字　　数：244 千字
版　　次：2021 年 3 月第 1 版　　印　　次：2021 年 3 月第 1 次印刷
书　　号：ISBN 978-7-5182-1132-6
定　　价：86.00 元

消防救援科技发展战略研究

编　委　会

主　编： 肖　磊

副主编： 刘晅亚　李　晋

编　委： 王　珺　李　彬　李国辉　宋文琦　邱培芳
阚　强　鲁志宝　任常兴　包志明　李　毅
李继宝　王俊胜　陶鹏宇　刘　欣　项　凯

序

初识肖君，是在2016年春国防大学第22期武警部队军师职领导干部班上，彼时担任国防大学教育长的我，恰好也正参加战略培训班学习。那时，肖君给我留下的印象非常深刻。

我参加的培训班与肖君的一样均为半年期，当时课程排得很满、压力很大，大家都十分珍惜脱产学习、重返校园的时光。因肖君和我既同乡、又同庚，一见如故、格外亲切。封闭式的管理，也使得大家同住校舍，增加了难得的相处机会。每周我俩都会用一两个晚上品茗清茶、促膝长谈，或纵论大势、各抒己见，或激扬思绪、畅叙感怀，每每都会忘了时间。繁忙学业中“游侠”般地放松和交流，既给彼此留下了美好回忆，也收获了珍贵友谊。

在敞开心扉的交流中，我感到他身上有“一股劲儿”，混着军人的豪迈、文人的风骨、哲人的睿智、诗人的浪漫，几种气质交织糅合、融于一身，让人如沐清风、眼前一亮。每当谈到部队党风廉政建设和反腐败斗争时，他总是目光炯炯、文思激涌，给人斗士般的坚决勇毅。但激昂背后，却难掩他质朴的情怀、冷静的观察、深刻的思考、独到的见解。针对一些社会思潮，他总能洞若观火、切中要害，论辩起来，丝丝入扣，高谈雄议。在学期间，肖君的党风廉政和反腐败斗争研究成果就获得当年国防大学“优秀科研成果奖”。让我没有想到的是，肖君有着超强的学习能力，课程门门优良，实为同期翘楚。肖君给我的意外不仅在学习成绩上，他还有一手乒乓球“绝活”。他参加的武警军师班学员代表队，在国防大学乒乓球团体赛上斩获亚军，个人也荣膺单打冠军。遥想当年这位既能登临“讲武堂”，又能跃马“演兵场”的好战友，总是令人啧啧赞叹、难以忘怀。

在培训班结束之后，我们都回到了各自岗位。一别经年，睽违日久，偶然重逢时，肖君已转业到应急管理部直属的消防研究所工作。当我们仍像当年一样促膝谈心时，方知他本有军旅高就或转业部委和北京市属单位高位以待的机会，但他毅然决然离家赴津，留在消防科技战线继续“服役”。目下正在推进的正是这本即将付梓的《消防救援科技发展战略研究》。书中运用战略学原理和消防领域专业知识，提出了应急管理和消防救援领域科技发展战略的新理念，实现了军事战略学原理同消防救援科技工作的新融合，既有理论创新，也有实战导向，更有长远展望与系统规划，让方兴未艾的消防救援科技发展战略研究体系更加完备、逻辑更加严密，是一部有战略视角、有理论价值、有实践指导意义、理技融合的论著。面对散发清香的书稿，让我对肖君又有了一层新的认识，更深切感受到当年在国防大学的学习生活，肖君的收获竟是如此之多。惊喜之余，我翻出了肖君在国防大学的学籍档案，竟发现《战略学》和《战役学》等很多纯军事干部都难以拿到高分的科目，他的成绩均为“优秀”……

丈夫重知己，万里一同乡。今天的肖君，和当年身披戎装时一样，凭一颗恒心、一份真情、一股韧劲，笔耕不辍、孜孜以求，用坚持与守候彰显着忠于职守、勇往直前的军人底色，更用“干一行、爱一行”的使命担当，折射出了国防大学打造复合型军事人才的育人宗旨。衷心希望肖君永葆这份热忱与执着，砥砺前行、奋楫争先，在消防救援科技战线续写华章、再创佳绩！

是为序。

赵文华

二〇二一年二月

（本序作者　赵文华 少将，现任中国人民解放军国防大学副校长兼教育长）

目　录

绪 言

“战略”一词，来源于军事战争，是指谋划和指导全局的方略，泛指有关全局性、长远性和根本性问题的谋划。现代“战略”概念已由军事战争领域得到广泛的扩展，上至国家战略，下至行业发展、企业或部门管理、市场营销等领域。战略研究核心是发现问题，并设计出一个合理的方案、优化资源投入和布局、制定发展路径与策略、集中力量采取行动解决发展中面临的关键问题，并制定具有全局性指导意义的规划和策略。近年来，随着现代社会经济的快速发展，国际形势波谲云诡的变化，如何在不断涌现的新问题、新挑战中从容应对、持续发展，这使得战略研究得到人们的日益广泛的关注。

理查德·鲁梅尔特所著的《好战略、坏战略》一书中，着重厘清战略制定的步骤，将“战略”解释为是渡过难关的途径，是克服障碍的手段，是应对挑战的方式。战略研究和制定主要具备以下三个特点：

第一，战略研究立足于宏观和顶层设计，含有行动方案的内核，是针对具体问题和挑战设计的行动方案和措施，即战略措施。战略目的和战略方针是战略行动的方向、目标、纲领、准则，是需要通过战略措施将其付诸实施，使其得以贯彻落实。而战略制定的本质是“有所必为，有所不为”，这是由于“资源的稀缺性”所导致的。即通过制定战略，集中有限的资源，按照选择的路径来完成有限的目标。

第二，战略最重要的是时机，“抓住机遇、做正确的事”是战略的全部核心。制定战略需要具备识别真正机遇的能力，以及选择正确路径的能力。这需要在工作实践和锤炼过程中塑造和培养战略思维和战略眼光，也就是基于现实，以全局的视野，预测展望未来发展。

第三，战略聚焦点和突破点是战略的灵魂。这需要在战略制定过程中找到切入点，使其成为突破点和根据地，再进行持续滚动发展，从而成为燎原之势。

在推动科技现代化发展的进程中，科技发展战略始终起着体现国家意志、发挥科技规划优势和引领科技发展方向的作用。我国十分重视科学技术事业的发展，并根据不同历史时期经济社会发展的需要和世界科技发展趋势，有针对性地提出了一系列科技发展的战略、方针和政策，对科技发展战略的路径和方式进行积极探索与实践，推进我国从科学技术极其落后的国家，逐渐发展成为具有重要影响力的科技大国，走出了一条中国特色科技强国之路。在这个进程中科技战略研究机构对国家和行业科技战略规划的制定、技术发展预测、科技战略发展路线图制定等方面都发挥了十分重要的作用。“提高自主创新能力，建设创新型国家”是当前我国国家发展战略的核心，是提高综合国力的关键。

科技发展战略主要侧重于对科技需求以及科技发展前景的分析，在国内外科技发展趋势与特点研究的基础上，对科技发展的成绩、经验和问题进行客观总结与归纳，根据科技需求，明确中长期科技发展指导方针、政策和战略取向，提出科技发展分阶段目标，确定重点科技任务，制定科技发展的重大措施和建议。近年来，多数国家根据本国科技发展现状、需求和愿景，相继制定了相应的科技发展战略，如美国在所有重大科技领域出台的重要科技战略或规划，持续全面引领科技发展，如“曼哈顿工程”“阿波罗计划”，以及2009年、2011年、2015年三次发布的《美国创新战略》，2016年发布的《网络安全国家行动计划》《联邦大数据研发战略计划》《2016—2045年新兴科技趋势》等，英国发布的《技术与创新未来：英国2030年的增长机会》《现代工业战略绿皮书》《产业战略：人工智能领域行动》，日本2015年发布的《机器人新战略》、2016年发布的《能源革新战略2030》和《能源环境技术创新战略2050》《研究开发俯瞰报告2017》等都是在国家层面进行的科技发展战略的规划。我国从1953年开始制定了国民经济发展第一个“五年计划”，自“十一五”起改为“五年规划”，目前已经完成“十三五”规划，还出台了《国家中长期科学技术发展规划》《中国制造2025》等战略性文件。2016年我国发布的《国家创新驱动发展战略纲要》中，落实党的十八届五中全会提出的创新发展理念的具体行动，对创新驱动发展战略进行了顶层设计和系统谋划，提出到2020年进入创新型国家行列，到2030年跻身创新型国家前列，到2050年建成世界科技创新强国，成为世界主要科学中心和创新高地。

随着我国科教兴国战略的实施，国家和各级政府部门日益重视科技的发展，从“八五”到“十二五”制定出台了国家科技支撑计划项目以及“863”“973”等重大科技研发计划项目，支持各行业关键技术以及高新技术、基础科学等领域的科研攻关与研究，对推动我国科技发展发挥了重要作用。为了推动科技强国战略，提高自主创新能力，建设创新型国家，我国在2006年2月印发了《国家中长期科学和技术发展规划纲要（2006—2020年）》，并在“十三五”期间进行了一系列重大科技管理改革。针对事关国计民生的重大社会公益性研究，以及事关产业核心竞争力、整体自主创新能力和国家安全的重大科学技术问题，突破国民经济和社会发展主要领域的技术瓶颈需求，制订发布了系列国家重点研发计划项目，对推动我国科技能力跨越式发展发挥了重要作用。随着我国进入新发展阶段，针对新时代我国“两个一百年”战略目标要求，以习近平新时代中国特色社会主义思想和习近平总书记关于科技创新的重要论述为指引，我国启动了“2021—2035 年国家中长期科技发展规划基础科学发展战略研究专题”，并组织国内各行业专家通过调查问卷、专题调研等方式开展了 6 次国家技术预测工作，为推动 2021—2035 年国家中长期科技发展规划研究编制，开展了一系列战略研究工作。

消防救援科技战略研究对引导消防救援科技未来发展、推动消防救援科技创新发展起着十分重要的规划引领和决策支撑的作用。目前，我国消防救援科技力量主要以应急管理部四大消防研究所以及清华大学公共安全研究院、中国科学技术大学火灾国家重点实验室、中国矿业大学等高校、研究院所为主，在“国家科技支撑计划”项目、“863”和“973”计划，以及“十三五”国家重点研发计划等重大科技项目支持下，研发了系列重大技术与装备成果，建设了一大批具有国际先进水平的实验平台与装置，使我国消防救援科技水平与研发能力整体有了突破性发展。而在消防救援科技发展战略研究方面，国内还缺乏相应深入、细致、全面的梳理和研究，尤其在技术发展预测方面，缺乏前瞻性的技术发展规划。在“十二五”期间，公安部科技信息化局曾针对消防领域的技术类别，分为四个专题，组织国内消防研究机构和高校开展了消防科技规划专项研究，预测技术发展方向和趋势，并组织制定了消防领域关键技术近期及中远期技术发展的路线图，组织编制了《“十二五”公安消防科学技术发展规划》，对“十二五”期间科技支撑与关键技术研发起到规划和引导作用。随着消防改革转隶以及应急管理工作的深化推进，2019 年应急管理部组织消防救援局、森林消防局、中国安全生产科学研究院及清华大学、北京师范大学等单位开展了“应急管理科技中长期发展规划专题研究”。应急部消防救援局组织“四所一中心”及中国科学技术大学、清华大学等单位，在对消防救援科技开展技术预测的基础上，开展了“应急救援科技创新发展专题”研究，并在科技部的组织下参与了“‘十四五’国家公共安全与防灾减灾科技创新专项规划战略研究”，开展了“消防安全子领域规划战略研究”。但由于缺乏消防救援科技战略研究的长效机制和专业机构，消防救援科技领域的技术预测与规划编制等战略性研究多采用专家咨询、现状调研等方式，短时间内向相关技术领域专家征集相关信息，在此过程中则往往受到咨询专家研究方向、研究深度和广度以及个人能力与偏好等方面的影响。在技术发展预测与发展规划研究中，国内研究机构主要以跟踪国外技术发展为主，缺乏对核心技术发展的预测与战略规划，使得关键核心技术一直以来难以取得突破，原创性和具有自主知识产权的消防救援科技重大核心技术还很匮乏。

本书基于当前消防救援科技形式与实战需求，分析总结消防救援科技面临的问题与挑战，在对国内外消防救援科技现状梳理分析的基础上，结合新时代发展需求以及新材料、新技术、通信、智能科技等相关领域科技发展趋势，预测分析消防救援科技关键技术领域发展、特点和重点方向，编制火灾防控与灭火救援等相关科技领域关键技术的发展路线图，对消防救援科技发展战略需求、目标、任务和中长期科技战略重心以及发展战略措施进行研究。本书对消防救援科技中长期发展规划的编制、消防救援科技与行业发展具有重要的参考和支撑作用。

1 消防救援科技战略概述

党的十八大以来，习近平总书记以马克思主义政治家的卓越政治智慧、强烈使命担当、深挚人民情怀，高瞻远瞩提出了总体国家安全观，成为习近平新时代中国特色社会主义思想的重要组成部分。习近平总书记强调，要自觉把维护公共安全放在贯彻落实总体国家安全观中来思考，放在推进国家治理体系和治理能力现代化中来把握。面对日趋严峻复杂风险和挑战，传统安全和非传统安全风险高度聚集、相互交织，在党的十九届五中全会上，党中央更是立足国家发展和安全，提出了“十四五”期间以及更长一个时期的总体要求，总体国家安全观被提到了新高度，发挥科技创新的强力推动和基础保障作用，是维护和实现总体国家安全的应有之义、必由之路。

国家安全是安邦定国的重要基石，是实现“两个一百年”奋斗目标和中华民族伟大复兴中国梦的重要保障。作为新时代的应急管理部门，必须坚决贯彻落实总体国家安全观，全力防范化解重大公共安全风险，有效应对各类灾害事故，最大限度减少人民群众生命财产损失，维护社会稳定发展。作为应急管理体系的重要组成部分，承担“全灾种、大应急”职能的国家综合性消防救援队伍任务更重、要求更高，对科技支撑的需求更强烈、更迫切。

我国是世界上自然灾害最为严重的国家之一，灾害种类多，分布地域广，发生频率高，造成损失重，这是一个基本国情。同时，我国各类事故隐患和安全风险交织叠加、易发多发，影响公共安全的因素日益增多。消防科技作为消防应急救援工作的根本，为更新应急救援装备、设施、环境提供技术保证，同时也为指导未来应急救援谋划布局、具体工作提供支持，为应急救援高效、高质完成任务提供基础性智力支撑。历史已经证明，消防科技从来没有像今天这样深刻地影响着应急救援事业的前途命运，也从来没有像今天这样影响着人民的生活福祉。消防科技在应急管理体系现代化中发挥了重要作用，在科学决策和应对危机方面显示出了巨大效能。纵观全球科技发展形势，我们正处在第三次科技革命的进程中，以电子计算机、空间技术和生物工程的发明和应用为主要标志，涉及信息技术、新材料技术、生物技术、空间技术等诸多领域的信息控制技术革命正在加速改变世界经济格局，这使消防科技面临着更新、更高、更紧迫的挑战和要求。

习近平总书记在中央政治局第十九次集体学习时强调，要优化整合各类科技资源，从而依靠科技提高应急管理的科学化、专业化、智能化、精细化水平。站在新的历史起点上，制定以消防科技自立自强为根本宗旨的消防救援科技战略关系到应急救援事业发展大局，既是一项政治任务，也是一项紧迫任务。消防救援科技战略作为应急管理体系现代化战略的重要组成部分，以消防科技力量运用和消防科技人才队伍建设全局性指导规律为主要研究对象，理论体系包括战略目标、战略思维、战略方针和战略手段，受国家利益、国家政策、安全环境和综合国力影响与制约，具有政治性、全局性、预见性、对抗性和相对稳定性的特点。

1.1 消防救援科技战略的理论体系

1.1.1 消防救援科技战略含义

消防救援科技战略是揭示消防科技发展规律、指导消防救援科技工作的战略科学。它的根本任务是维护国家安全、促进消防救援科技工作发展。消防救援科技战略研究强调把战略指导的历史经验与现实分析及未来预测结合起来，体现的是国家在消防救援领域的前瞻性、先驱性思考，为进行正确、高效的消防救援科技、消防救援、应急管理等工作提供决策依据和战略指导。

众所周知，火灾是世界上发生最为频繁、影响面最广的主要灾害之一，人类从开始用火的那一天起，就开始了对火的控制和管理，虽然那时“消防”一词还未出现，但其实质内容就已经存在了。纵观人类文明史，消防既是文明发展的产物，也是文明进步的“守护者”，从预防火灾、扑救火灾到拯救生命、保护财产，一部火灾史，就是一部消防史。探究中国消防发展进程，从黄帝时期的“火政”到明朝的“火兵”，再到清朝的“火班”、清末的“消防警察”……国家重视消防工作古已有之，并在时代变迁中改革发展、逐步壮大。中华人民共和国成立以来，党和国家始终把消防工作和消防队伍建设置于重要地位，开启了现代化建设征程，并根据形势任务需要，进行了七次重大变革。2018 年 11 月 9 日，习近平总书记亲自为国家综合性消防救援队伍授旗并致训词，标志着这支全新的人民队伍举旗定向、踏上新征程。

与火和消防同时出现的还有消防科技，在人类认识火、使用火、控制火的进程中，对火灾规律的认识不断加深，防治火灾的理念、技术等也在不断发展和革新。随着历史的发展，消防科技逐步演化为综合学科和朝阳产业。在理论方面，消防科技观念从唯心的“天人感应”火灾观逐步向唯物的科学火灾观转变，对火灾防治的理论研究更加深入，碎片化理念逐渐演变成系统学科。截至 2021 年 2 月，中国消防救援学院等 10 余所高等院校开设了消防工程类专业，中国科学技术大学成立了火灾科学国家重点实验室；此外，还有应急管理部直属的 4 个消防研究所专门从事消防科研工作；这都是国家应急管理战略科技力量。在依法治火方面，消防法规从零散条文演变成完备体系。商朝有“弃灰于道者断其手”的法令，周朝有“火禁”政策，秦汉以后各朝代律法中均有关于治火的条文。中华人民共和国成立以来，消防法规体系逐步健全。全国人大、国务院以及公安部、应急管理部批准、制定了一批消防法律法规和部门规章；公安部、应急管理部单独或会同有关部委制定了防火规范和与之配套的技术标准；各省（区、市）也制定了地方性消防法规和政府规章。目前，基本形成以《消防法》为核心、部门规章和地方法规为基础、标准规范为支撑的消防法规标准体系。在技术装备方面，消防装备从简易工具演变成规模化产业。从汉代“东井灭火”井栏陶器到唐代油囊，从北宋时期我国最早的消防泵浦——竹制唧筒、灭火云梯，到 1957 年第一辆国产消防车问世，此后特种消防车辆、灭火救援器材及药剂迭代更新，消防坦克、机器人等智能化、“高精尖”装备陆续研发量产。

中华人民共和国成立以来，尤其是改革开放以来，中国消防科学技术从填补国内空白到追赶国际先进水平，从实验科学研究到计算机模拟和理论模型研究，从单一学科研究到多学科交叉综合研究，从国内合作拓展到国际合作研究，科学技术在火灾预防、灭火救援、消防标准化、火灾调查、产品检测、宣传教育、训练演习、消防队伍建设等各领域得到广泛应用，已成为消防事业发展的有力支撑和强大动力。用于筹划和指导消防科技的消防救援科技战略对消防行业发展、消防管理进步越来越有全局性、根本性决定作用。

不同的战略有不同的战略体系，由于研究者的研究角度不同，消防救援科技战略的构成要素构建也不尽相同。但就战略的本质特性和功能而言，战略目标、战略思维、战略方针、战略手段这四个要素是不可缺少的，它们共同构成了消防救援科技战略的体系。

1.1.2 消防救援科技战略目标

习近平总书记强调，要适应科技信息化发展大势，以信息化推进应急管理现代化；要优化整合各类科技资源，依靠科技提高应急管理的科学化、专业化、智能化、精细化水平。消防救援科技战略目标是国家为了实现总的政治目的而对消防科技工作提出的基本要求，是在一定时期内消防科技工作的基本指向和所要达到的最终结果，主要是解决“做什么”的问题，它既是制定战略的出发点也是战略实施的归宿点。从宏观角度来说，以科技力量为支撑，提升应急救援工作智能化现代化水平，就是我们的消防救援科技战略目标。

消防救援科技战略目标从根本上规定了消防科技工作的内容、范围规模、进程和限度，决定着消防科技力量运用和消防科技人才队伍建设的方向与目标。因此，特别要强化科技赋能，将高科技手段与消防工作深度融合运用，把它们变成“幕僚高参”和“千里眼”“顺风耳”，强化建设“智慧感知、智慧防控、智慧指挥、智慧管理、智慧保障”工程，以实现火灾防控精准化、应急救援智能化、资源配置科学化、公众服务便捷化、队伍管理精细化。另外，消防救援科技战略目标直接影响战略任务，因此必须科学而明确。战略任务是对战略目标的具体化，是实现战略目标必须解决的重大问题。消防救援科技战略目标既不能定得过高也不能定得过低；既要能满足需要，又要有现实可能。目标定得过高超过了国家利益要求的限度，超越了客观条件的许可，就难以实现；目标定得过低，战略的功能和作用就不能得到充分发挥，国家安全也得不到保障。总之，战略目标既要有质的规定，又要有量的限定；既不过于抽象，又不过于琐碎；既便于把握，又利于执行。

1.1.3 消防救援科技战略思维

战略是一种观念活动，它包含的思想、方针、原则、决策、计划、战法等，是战略主体基于对应急救援消防救援工作全局的认识，经过一系列思维、思辨的结果。思维与思想不同，它们虽然都是人脑对客观存在的反映，但思维一般是指用一定方式进行理性认识的过程，而思想则是思维过程的结果。因此，消防救援科技战略思维，更多地侧重于在思考战略的过程中所遵循的一些原则和方法，而不是指思考的结果。

消防救援科技战略思维是一种复杂的、综合的高级思维，是战略主体依据战略环境和对科技创新敌我战略矛盾态势的综合衡量，进行高瞻远瞩、深谋远虑的思维活动，贯穿于战略实施的全过程。战略思维的正确与否，直接关系到科技创新战略的进程与结果。一是统筹全局、高瞻远瞩的宏观思维，要站在时代的高度、国内外形势的高度和国家安全全局的高度，纵观风云变幻，找出矛盾症结，做到宏观在胸、微观在握。二是从实际出发、综合分析的辩证逻辑思维，它是归纳和演绎相结合、历史的方法与逻辑的方法相结合、形象逻辑与辩证逻辑相结合，以及定量分析与定性分析相结合的一种求真务实的战略思维方式。三是提纲挈领、把握关键、明确主要方向和关键问题的重点思维，不为错综复杂情况所迷惑，始终盯住关键信息，把握战略枢纽，抓住关系全局的紧要问题，并围绕重点进行筹划和部署。四是灵活性和开拓性的创新思维，创新思维十分尊重以往的经验和理论，结合现实情况，超越传统的局限，灵活运用规律，巧妙驾驭规律，作出最恰当的抉择。

1.1.4 消防救援科技战略方针

消防救援科技战略方针是指导消防科技攻关和消防救援科技力量建设全局的总纲领、总原则。它规定实现战略目标、完成战略任务的基本途径，规定一定时期内消防科技工作的重点、主要战略方向、主要工作原则，主要解决“怎么做”的问题。消防救援科技战略方针是国家方针政策在消防救援科技领域的反映，以对战略环境的科学分析和判断为制定前提，是一定时期内指导消防科技攻关和消防救援科技力量建设实践的行动准则，是战略的主体和核心。战略方针是否正确，对于消防治理体系和治理能力以及消防治理体系现代化事业的进程和结局有着决定性影响，具有宏观定向性和权威性，是统揽和牵引各项工作的“龙头”，是进行消防科技力量布局与组织实施的基本遵循。

制定消防救援科技战略方针，必须要立足新发展阶段，贯彻新发展理念，紧紧围绕构建新发展格局，准确把握新形势、新挑战、新要求，坚持人民至上、生命至上，坚持统筹发展和安全“两件大事”，坚持科技创新“四个面向”，坚持党对应急管理事业的全面领导，着力防范化解重大安全风险、健全完善体制机制、加快提升综合应急救援能力、夯实应急管理基层基础，努力开创应急管理事业发展新局面。我国消防救援科技战略方针认真贯彻党中央、国务院决策部署，以推动高质量发展为主题，以防范化解重大安全风险为主线，以科技改革创新为根本动力，以满足人民日益增长的安全需要为根本目的，以贯彻落实坚持总体国家安全观为统领，深入推进应急管理体系和能力现代化，全力保护人民群众生命财产安全和维护经济社会发展大局稳定。

1.1.5 消防救援科技战略手段

消防救援科技战略手段是实现消防救援科技战略目标的方式及途径。任何战略都需要通过一定的方式来实现。战略手段主要解决“用什么做”的问题，即通过什么、怎么做才能提升消防科技水平、促进消防救援事业发展，是战略指导者根据战略目标和战略方针的要求，运用战略手段和科技力量，开展消防科技工作的具体行动。战略目标和战略方针规定战略行动的目标、方向、纲领和准则以及实现目标的基本途径，但还不是行动本身，只有通过战略手段，才能将战略行动付诸实施、贯彻落实。

战略就是目标与手段的统一，没有战略手段的战略是不存在的，也是毫无意义的。战略手段是以科技力量为核心，同时包括政治、经济、外交、科技、文化、地理等相关力量在内的综合力量。既可以是现实力量，也可以是潜在力量；既可以是硬实力，也可以是软实力。其作用方式，既可以是科学实验研究，也可以是非实验的调研实践。

综上所述，战略目标、战略思维、战略方针、战略手段是一个有机联系的整体，共同构成完整的消防救援科技战略体系。在任何时间、空间、环境条件下，相互作用、相互依存、不可分割，只有通过相互之间的最佳匹配，才能实现最佳效果。

1.2 消防救援科技战略的影响因素

进入新发展阶段，我国面临安全威胁的复杂性、不确定性进一步增强，传统安全威胁与非传统安全威胁相互交织、外部威胁与内部威胁相互交织，要求消防应急救援面向“全灾种、大应急”建设需求，兼具应对处置各类多种安全威胁、完成多样化任务的能力。在新时期，综合性消防救援的遂行任务更加频繁，政治影响大、参与人员多、处置难度和技术要求都很高，这些因素日益成为战略指导关注的重大问题。实践进一步证明，把消防救援科技战略的指导对象由消防单一火灾灾种拓展为全灾种，是符合时代特点和现实要求的。

消防救援科技战略作为消防救援科技工作领域的总方略，统揽一切消防科技活动工作，不仅指导消防科技力量的运用，而且指导消防科技力量的建设。这就要求，我们要把消防救援科技战略置于“两个大局”的政治高度，从应急管理体系和能力建设全局来认识和把握，不仅要深刻认识我国社会主要矛盾发展变化带来的新特征、新要求，错综复杂的国际环境带来的新矛盾、新挑战，还要准确把握和理解我国发展进入新阶段带来的重大机遇，综合考虑各种影响因素，维护和提升消防救援科技战略对科技工作的引领与指导作用。

1.2.1 国家利益

国家利益是主权国家赖以生存与发展的物质需求与精神需求的总和，是制定和实施消防救援科技战略的出发点和归宿点。从科技创新的根本目的来看，国家利益就是决定消防救援科技战略的最高准则。国家利益包括生存利益和发展利益两个方面，其具体内容和表现形式是多种多样的。从对国家的重要性看，可分为核心利益、重要利益和一般利益；从涉及的领域看，可分为政治利益、经济利益、消防科技利益等；从时间跨度看，可分为当前利益和长远利益；等等。一般来说，国家的领土、主权、安全、统一、稳定和发展是国家的核心利益所在，但随着社会发展和文明进步，人类的需求增多，国家的需求增多，国家利益的构成要素也会相应增多，它们的重要程度和在全局中的地位作用是随着历史条件的不同而发展变化的。

近年来，我国经济社会高速发展，火灾风险一直在高位运行，消防安全形势稳定的局面非常脆弱，随时可能反弹甚至急转。未来一段时期，我国发展不平衡不充分问题依然突出，各类安全风险交织叠加，严峻性、复杂性、不确定性更加明显，除火灾外，震灾、洪灾、冰灾、雪灾等各种灾害都将严重影响着国家利益和人民生命财产安全。国家在 2018 年组建了应急管理部，这是在国家层面对应急管理作出的战略性安排，必须以国家利益为最高准则，这是战略指导的基本着眼点。作为战略指导者，必须以国家利益为最高准则来解决和处理各种战略问题。在新时代下，重点关注国家领土主权安全和统一的同时，在科技战略层面，更要高度重视维护国家在政治、经济、科技、文化、生物信息、能源等方面的安全利益。

1.2.2 国家政策

任何一个国家的消防救援科技战略都直接受制于其国家政策。国家政策集中反映了国家的政治、经济利益和统治集团的意志。从国际上看，国家性质不同，其消防科技政策必然不同，消防救援科技战略也有本质区别。爱好和平的国家，致力于和平与发展，谋求国际和地区形势的和平与稳定，通常奉行自卫性、防御性的政策和科技战略，表现为同各国平等互利地友好合作交流与协同创新等。具有扩张欲和侵略性的国家，则往往谋求国际事务的主导权甚至推行强权政治和霸权主义，通常奉行对外扩张的进攻性政策和科技战略，表现为技术垄断、凭空设置技术壁垒、遏制别国科技发展进步等。从国内看，国家科技政策有进取型、稳健型、保守型等不同类别，分别决定着国家在不同时期对待消防科技工作的方向和策略。从本质上说，消防救援科技战略是国家科技政策的一部分，也是国家消防工作政策性要求的集中表现，消防救援科技战略的拟定和贯彻，也必须从国家政策安排出发，确保同政策高度契合、同向发力。

1.2.3 安全环境

安全环境是指一定时期内国家所面临的影响安全的客观情况和条件。正确认识安全环境是科学制定消防救援科技战略的前提和基础。制定消防救援科技战略的过程，在一定意义上就是分析安全环境、辨识判断安全威胁和提出战略对策的过程。安全环境包括国际安全环境、周边安全环境、国内安全环境以及某一方向、某一地域的安全环境等多个层面。每一层面的安全环境又包含多个要素，如政治安全、消防科技安全、经济安全等。它们对消防救援科技战略的制定、实施都有着重要影响。其中政治、消防科技因素形成的安全环境对消防救援科技战略具有决定性影响，经济、文化等因素形成的安全问题对消防救援科技战略有着长远影响。

当前，我国处在一个“船到中流浪更急、人到半山路更陡”的历史阶段，愈进愈难、愈进愈险而又不进则退、非进不可。信息领域数据壁垒、信息孤岛等现象依旧存在，经济领域进入动荡变革期，消防科技领域“卡脖子”问题依然突出，安全威胁的复杂性、多样性、不确定性不断增加……曾经以真枪硬炮为主流的战争逐步被没有硝烟的但更加激烈的科技竞争所取代。面对安全环境的严峻形势，以综合安全观为指引的消防救援科技战略必然要作出积极回应，全面维护国家安全。

1.2.4 综合国力

综合国力是一个国家全部物质和精神力量的总和，即能立即用于或经过动员可以用于消防科技的政治、经济、科技及精神力量的总和。一个国家的综合国力主要包括以下要素：一是自然条件和人文条件，包括领土面积、地理位置、地形地貌，能源、矿藏、森林、水利等资源，人口的数量、质量、结构、地区分布、民族构成及宗教信仰等。二是政治状况，包括国家的政治性质、政权体制、政府机构效能、组织控制能力以及外交能力等。三是经济水平，包括工业、农业生产能力以及金融、对外贸易等。四是作战能力，包括救援队伍力量的数量和质量、装备、体制编制、救援理论等。五是科学技术，包括科技水平、创新能力及成果转化能力等。其中经济水平和科技能力是消防科技实力与潜力中的骨干力量，对消防救援科技战略具有直接影响和根本制约作用。

消防科技竞争不只是双方消防科技力量的较量，更是综合国力的较量。近年来，结构性供给侧改革取得了明显成效，中国成了全球唯一拥有联合国产业分类中全部工业门类的国家，具备门类齐全、独立完整的工业体系。重大科技成果捷报频传，中国正在向世界科技创新第一梯队进发。强大的综合国力为制定和实施消防救援科技战略提供了坚实的客观物质基础，但是，同时也要看到产业结构不合理、产能过剩、质量不高、高端产品种类数量偏少等问题，仍需我们转变观念、转换动力去解决。因此，战略指导者必须统筹科技力量与其他各种力量的关系，充分发挥综合国力的整体优势，科学制定消防救援科技战略目标，合理部署消防救援科技战略手段，使消防科技切实成为有效处理突发事件、化解突出风险的重要依托。

1.3 消防救援科技战略的特性

任何事物都有其内在的本质属性，消防救援科技战略也不例外。消防救援科技战略的本质属性即基本特性，是通过其特定的内容和形式表现出来的。

1.3.1 政治性

消防救援科技战略的政治性是由消防科技工作对政治的从属性决定的。消防救援科技战略是国家的大政方针在消防科技领域的集中反映。任何战略都有着深刻的政治背景，政治对战略具有支配和决定作用，它不仅从本质上规定着战略的性质、方向、目标和任务，还对消防科技力量运用和建设的途径与方法具有决定性影响。消防救援科技战略的制定和实施必须站在政治高度，从国家利益全局出发进行宏观筹划，保证党和国家政治目标的实现。消防救援科技战略制定，必须认清政治背景、分析政治条件、明确政治目标、考虑政治后果。在任何情况下，消防救援科技战略都不能超越国家的政治目标，都不能脱离政治而独立存在。消防救援科技战略对政治也有反作用，正确的战略可以为政治目标的实现创造条件，而错误的战略会导致消防科技陷入被动局面，从而造成严重的政治后果。要把新时代消防科技工作置于“两个大局”中去研判谋划，清楚地认清所面临的形势任务、风险隐患和机遇挑战。

旗帜引领方向，站位决定未来。加强党的绝对领导、全面领导，永葆政治本色，铸牢忠诚灵魂，时刻听从党和人民的召唤，以实际行动践行“两个维护”，就是消防救援科技战略政治性所在。消防科技工作始终坚持政治战队，以国家消防科技进步为目标，特别是改革转隶后，消防科技工作以习近平新时代中国特色社会主义思想为指导，心系“国之大者”，以践行训词为使命，牢记“人民至上、生命至上”，坚决承担起保护人民群众生命财产安全和维护社会稳定的重要使命，筑牢防灾减灾救灾的人民防线。

1.3.2 全局性

消防救援科技战略的全局性是消防救援科技战略最基本的特性。消防救援科技战略处于消防救援科技领域的最高层次，是预先拟订的关于消防科技工作的具体方案，是消防救援科技战略决策的具体体现，是将一定战略意图和构想付诸实施的中间必要环节，是全盘筹划指导消防救援科技战略行动的基本方法，它的全局性体现在各个部分、环节的行动在统一计划下协调一致，形成整体优势，发挥出最大效能。

要把握好整个消防科技发展和建设的全局，照顾好各项力量运用和建设的各方面、各部分和各阶段。首先，全局是可以分层次的，国家可以是一个全局，一个独立的研究单位也可以是一个全局，但是作为整个消防科技工作的战略，它的全局有其特定的对象和范围。作为应急救援科技“主力军、国家队”，我们要在“全灾种、大应急”体系中找准自身定位，发挥综合优势。其次，在总揽全局的基础上，恰当区分战略阶段，明确各阶段的具体战略方针和战略任务，并根据客观情况的发展变化，适时进行调整，使战略指导始终符合发展的客观实际。最后，要抓住对全局具有决定影响的关键问题，这个关键就是全局的重心。战略指导者最要紧的，就是要把注意力放在关照全局上，处理好全局中的各种关系。所以，在确立和实施战略时，要善于分析影响全局的各种因素，抓住其中对全局变化起决定作用的主要矛盾，找出解决这一矛盾的有效方法，确保战略目的的实现。

1.3.3 预见性

消防救援科技战略的预见性要体现在立足现实、着眼未来、统筹全局上，对消防科技发展趋势作出科学预测，既具有前瞻性和长远性，也要保证战略在一段时期内的稳定性。首先，客观世界在不断发展变化，战略格局也在不断发展变化，如果战略指导者只顾眼前、不谋长远，那么这个战略也不会是持久的。其次，消防救援科技战略是在一定物质力量基础上进行的智慧和谋略的输出，只有经过全面评估、精心策划和科学论证，辅以反复思索和周密论证，才能让战略规划的内容更全面、更系统、更科学。最后，要保证战略规划的稳定性和连贯性，科学地确定战略计划的制定周期和实行周期，形成结构合理、内容完整、科学系统的近期计划与中长期计划相结合的战略规划体系。

实践证明，战略上高敌一筹的谋略往往能产生单纯物质力量难以达到的结果，或成为物质力量的“倍增器”，使物质力量发挥出超常的功效，甚至可以达到“不战而屈人之兵”的目的。从世界战争史上看，运用谋略让己方摆脱困境、转弱为强，最后战胜敌人的战例不胜枚举。在消防救援科技战略指导上，主要表现在审时度势、权衡利弊，深谋远虑、整体运筹，谋局造势、灵活应变等方面。

1.3.4 对抗性

应急管理部直属的消防科技队伍自建队以来，就始终坚持“两严两准”建队标准，从政治、思想、纪律、组织、作风等方面突出准现役和准军事化，因此消防救援科技战略注定也有“科技战场”所存在的对抗性。

首先，任何战略都是为一定的民族、国家、政治集团的利益服务的，而这种服务往往又是在充满矛盾和冲突的斗争中实现的。消防科技进步，本质上也是新科技与旧科技、新思维与旧思维、新战略体系与旧战略体系等方面的斗争，是以科技创新行为为主体，反映科技攻关同灾害事故及各种安全风险对抗和较量。消防救援科技战略，就是运用科技力量在破解、应对、处置各类灾害事故难题过程中的博弈与斗争过程。因此，战略的对抗性，要求一个国家必须根据消防科技斗争对象的特点，建设一支能有效维护国家利益的消防科技力量，筑牢对抗的物质和人才基础；要求战略指导者不仅要有“高敌一筹”的谋略和卓越的组织指挥才能，而且要有不屈不挠的斗争精神，充分发挥主观能动性，灵活运用各种力量和斗争方式，在推动科技进步的矛盾对抗中夺取主动权。其次，任何战略都是针对特定的威胁和挑战提出来的，战略对手是对抗的目标。面对国外技术垄断，消防科技亟待突破“核心部件、关键技术”瓶颈性难题，特别是围绕火灾探测装置的核心芯片、特种消防车智能控制技术、高效环保灭火技术等，亟须开展“集智”攻关研究。再次，消防救援科技战略的对抗性具有整体性和连续性的特点。相对于战役和战术的对抗性，消防救援科技战略的对抗性主要体现在对国家消防科技力量运用和建设全局的整体运筹上，具有更广阔的空间和时间范围。

1.3.5 相对稳定性

消防救援科技战略具有相对稳定性，即包含着稳定性与调整性。调整性体现在消防救援科技战略并不是静止的、一成不变的。消防科技斗争和消防科技发展、社会和经济发展、国际环境的变化等，必然会对消防救援科技战略提出新的挑战和要求，消防救援科技战略就必定会作出相应的调整和变化。然而，消防救援科技战略必须具有稳定性。消防救援科技战略是对科技力量运用和建设全局的筹划和指导，处于消防科技领域的最高层次，指导范围最广，影响范围最大，意义重大而深远，只要总的战略形势和目标任务没有发生根本性的改变，消防救援科技战略就应当保持基本稳定。消防救援科技战略相对稳定性主要体现在以下几个方面。

首先，只要全局情况没有发生根本性变化，消防救援科技战略就应保持稳定。消防救援科技战略指导的对象是消防科技力量运用和消防科技人才队伍建设的全局，这个对象是相对稳定的。同时，由于一定时期内国家消防救援工作的性质是相对稳定的，消防救援科技战略方向也必然相对稳定，消防科技人才队伍建设的战略目标、总体思路在一定发展阶段，也要保持相对稳定。其次，国家所遵循的理论和方针政策没有发生根本性变化，消防救援科技战略的基本指导原则就应保持稳定。消防救援科技战略作为国家根本性的消防科技政策，其基本指导原则受国家所遵循的理论和方针政策的支配和制约，因而在一定时期内也是基本稳定的。再次，消防救援科技战略的基本内容需要保持稳定。消防救援科技战略主要是通过战略目标、战略思维、战略方针、战略手段等内容而表现出来的。这些内容指导范围广，具有全局性、前瞻性和导向性，一旦确定，就成为行动的准则和依据，必须保持基本稳定。

2 消防救援形势与需求分析

2.1 消防救援职责与时代需求

党的十八大以来，以习近平同志为核心的党中央从推进国家治理体系和治理能力现代化的战略高度，从实现“两个一百年”奋斗目标和中华民族伟大复兴中国梦的战略全局，谋划部署应急管理工作，开启了新时代应急管理事业新篇章。2018 年 3 月，第十三届全国人民代表大会第一次会议批准的国务院机构改革方案决定设立中华人民共和国应急管理部，标志着我国应急管理事业迈入新的历史发展阶段。2019 年 11 月，习近平总书记在主持中央政治局第十九次集体学习时强调应急管理是国家治理体系和治理能力的重要组成部分，承担防范化解重大安全风险、及时应对处置各类灾害事故的重要职责，担负保护人民群众生命财产安全和维护社会稳定的重要使命。

2018 年 11 月，习近平总书记向国家综合性消防救援队伍授旗并致训词，鲜明提出“对党忠诚、纪律严明、赴汤蹈火、竭诚为民”的四句话方针，确立了新时代消防救援队伍改革建设发展的科学指南和行动纲领，指明了强队兴队的目标方向。习近平总书记强调，组建国家综合性消防救援队伍，是党中央适应国家治理体系和治理能力现代化作出的战略决策，是立足我国国情和灾害事故特点、构建新时代国家应急救援体系的重要举措，是应急救援的“主力军”和“国家队”，承担着防范化解重大安全风险、应对处置各类灾害事故的重要职责。站在新的历史方位，面对新的形势任务，传统安全和非传统安全风险交织，“黑天鹅”和“灰犀牛”事件频繁叠加，国家综合性消防救援队坚决担负起“全灾种、大应急”的综合救援任务，积极推进转型升级，忠实履行党和人民赋予的职责使命。贯彻落实总体国家安全观，充分认清和把握安全风险的特点规律，坚持以防为主、防抗救相结合，坚持常态救灾和非常态救灾相统一，努力实现从注重灾后救助向注重灾前预防转变、从应对单一灾种向综合减灾转变、从减少灾害损失向减轻灾害风险转变，全面提升综合防灾能力，为人民生命财产安全提供坚实保障。

2019 年 3 月，中央全面深化改革委员会第七次会议审议通过了《关于深化消防执法改革的意见》，开启了消防工作和消防救援队伍改革发展的新阶段、新格局。新时代消防救援队伍承担城乡综合性消防救援工作，负责指挥调度相关灾害事故救援行动；参与起草消防法律法规和规章草案，拟定消防技术标准并监督实施，组织指导火灾预防、消防监督执法以及火灾事故调查处理相关工作，依法行使消防安全综合监管职能；负责消防救援队伍综合性消防救援预案编制、战术研究，组织指导执勤备战、训练演练等工作；组织指导消防救援信息化和应急通信建设，指导开展相关救援行动和应急通信保障工作；负责消防救援队伍建设、管理和消防应急救援专业队伍规划、建设与调度指挥；组织指导社会消防力量建设，参与组织协调动员各类社会救援力量参加救援任务；组织指导消防安全宣传教育工作；管理消防救援队伍事业单位；完成应急管理部交办的跨区域应急救援等其他任务。森林消防队伍承担森林和草原火灾扑救、抢险救援、特种灾害救援等综合性应急救援任务，指挥调度相关救援行动；承担森林和草原火灾预防、监督执法以及火灾事故调查相关工作；负责森林消防队伍综合性应急救援任务预案编制、战术研究和执勤备战、训练演练等工作；负责森林和草原消防安全宣传教育，组织指导社会森林和草原消防力量建设；负责森林消防应急救援专业队伍规划、建设与调度指挥，参与组织协调动员各类社会救援力量参加救援任务。

我国是世界上自然灾害最为严重的国家之一，且正处于工业化快速发展阶段，安全生产仍处于脆弱期、爬坡期、过坎期，各类事故隐患和安全风险隐患交织叠加、易发多发，影响公共安全的因素日益增多，防灾、减灾、救灾难度加大。综合性消防救援要与火灾、洪水、台风、泥石流、山体滑坡、地震、低温雨雪冰冻、危险化学品事故等各种灾害“打仗”，但目前国家综合性救援队伍在救援观念、救援能力、装备保障等方面还存在不足，亟待加快转型升级，实现从专业消防队向综合救援队、从地方队向国家队的转变。

新时代消防救援工作，要健全火灾风险防范化解机制，加强消防安全风险评估和监测预警；要实施精准治理，预警发布要精准，抢险救援要精准，监管执法要精准；要加强综合性消防救援队伍建设，建设一支专常兼备、反应灵敏、作风过硬、本领高强的应急救援队伍，采取多种措施加强国家综合性救援力量建设，采取与地方专业队伍、志愿者队伍相结合和建立共训共练、救援合作机制等方式，发挥好各方面力量的作用。加快消防救援装备技术驱动发展，加大先进适用装备的配备力度，加强关键技术研发，提高突发事件响应和处置能力；要适应科技信息化发展大势，加快消防大数据系统建设，以信息化推进消防救援现代化，提高监测预警能力、监管执法能力、辅助指挥决策能力、救援实战能力和社会动员能力。

2.2 消防救援警情与案例分析

《中国消防年鉴》数据显示，2000—2018 年全国消防救援队伍接警出动总量近 1 300 万起，连续 6 年突破 100 万起，投入消防救援人员连续 5 年突破 1 200 万人次，并均呈上涨趋势，各年情况如图 2-1 所示。从接警出动情况类别（见图 2-2）来看，火灾扑救占比最高，达到 33.73%，说明我

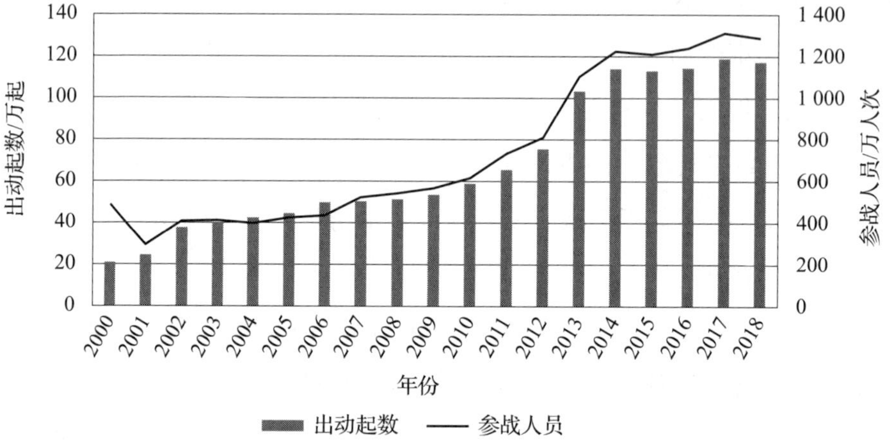

图 2-1 2000—2018 年全国消防救援队伍接警出动情况

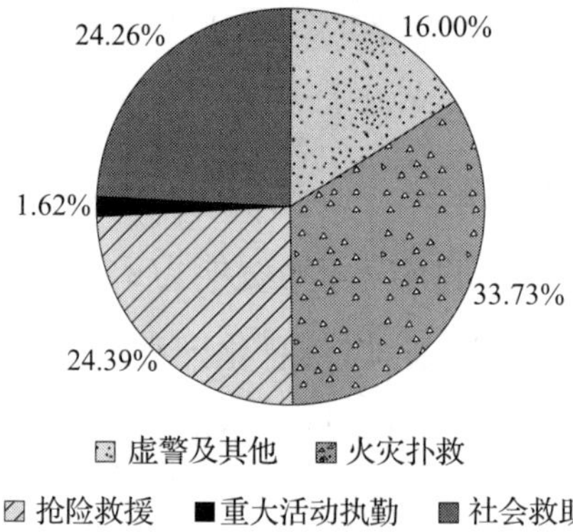

图 2-2 2000—2018 年全国消防救援队伍接警出动情况类别占比

国火灾总量仍旧很大；社会救助和抢险救援占比较高，分别为24.26%、24.39%。从接处警各类别发展趋势（见图2–3）可以看出，火灾扑救接警起数波动较大，抢险救援、社会救助呈逐年上涨趋势。

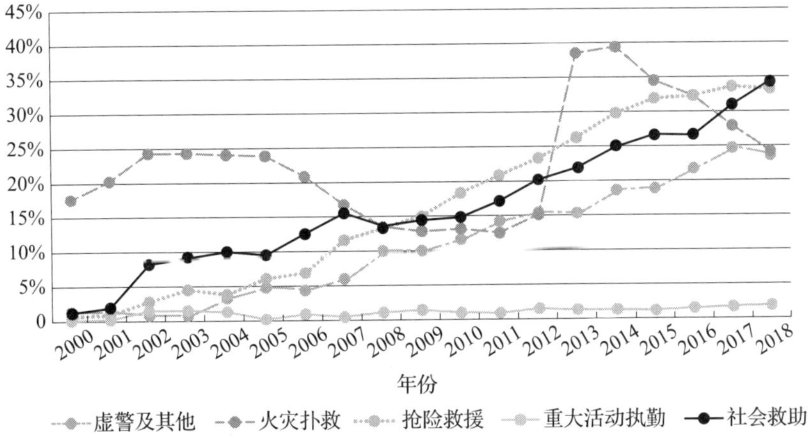

图2–3 2000—2018年全国消防救援队伍接警出动各类别处警趋势变化曲线

以2018年数据为例，全国消防救援队伍共接警出动117.3万起，共出动消防救援人员1 286.9万人次、出动消防车辆221.7万辆次，共从灾害事故中营救遇险被困人员15.1万人，疏散人员53万人，抢救保护财产价值305亿元。从各省接警出动起数来看，各省份接警起数差别较大，江苏、广东、浙江、四川等人口数量多、人口密度大、经济较发达的省份接警数量多，而青海、海南、西藏等人口密度小或经济相对落后的省区接警数量少（见图2–4）。

从接警出动原因来看，全年共出动参加抢险救援33.2万起、占出动总数的28.27%，参加社会救助34.4万起、占出动总数的29.30%，参加火灾扑救24.2万起、占总数的20.64%，公务执勤等其他出动25.6万起、占总数的21.79%（见图2–5）。在火灾扑救中，平均每起火灾扑救行动投入消防车2.4辆、消防救援人员14.5人，而平均每起抢险救援行动投入

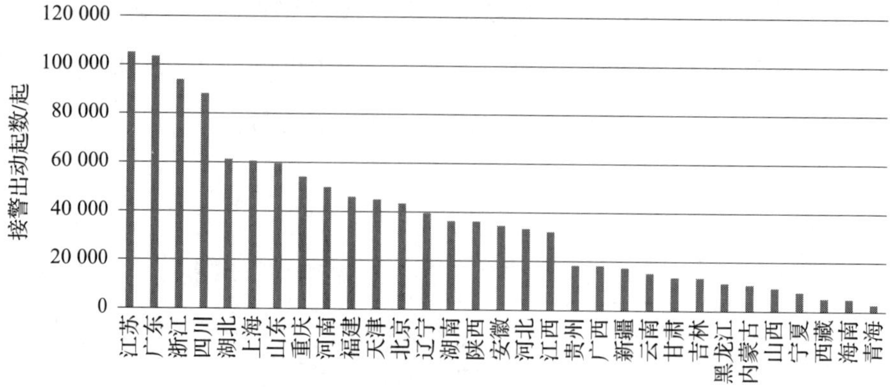

图 2-4 2018 年各省（区、市）接警出动起数地区分布图

消防车 1.7 辆、消防救援人员 9.9 人，平均每起社会救助行动投入消防车 1.3 辆、消防救援人员 7.4 人。

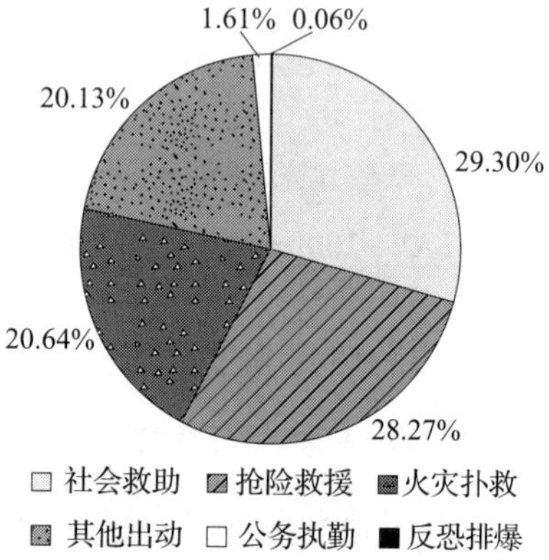

图 2-5 2018 年接警出动原因分布图

在火灾扑救中，全年共出动参加火灾扑救 24.2 万起，其中，在人员密集场所火灾中，出警 8.5 万起、参战人数共计 135 万人、出动车辆约 24 万次，均占比最高（见图 2-6）。例如，博物馆、医院、养老院、福利院、学校的教学楼、图书馆、食堂和集体宿舍等人员密集场所，人员密度大、人员组成复杂，风险系数高，往往成为火灾等人为事故的多发地。而化工火灾及地下建筑火灾占比极小。

从全国消防救援队伍火灾扑救战斗进程情况统计来看，如图 2-7 所示，火灾扑救时长在 10 ~ 30min 最多，绝大多数火灾扑救时间不超过 1h，这与火灾大多数以小火为主的实际相符合，同时，大于 2h 的火灾扑救情况也时有出现。

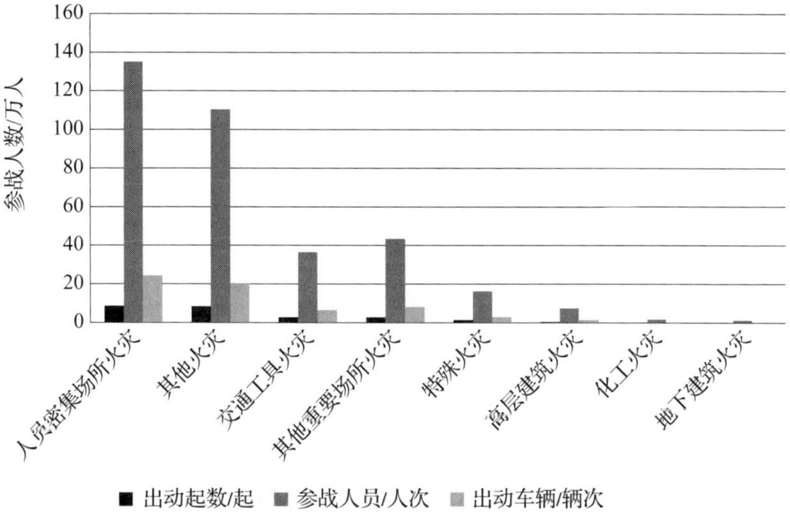

图 2–6 2018 年全国消防救援队伍火灾扑救情况分布图

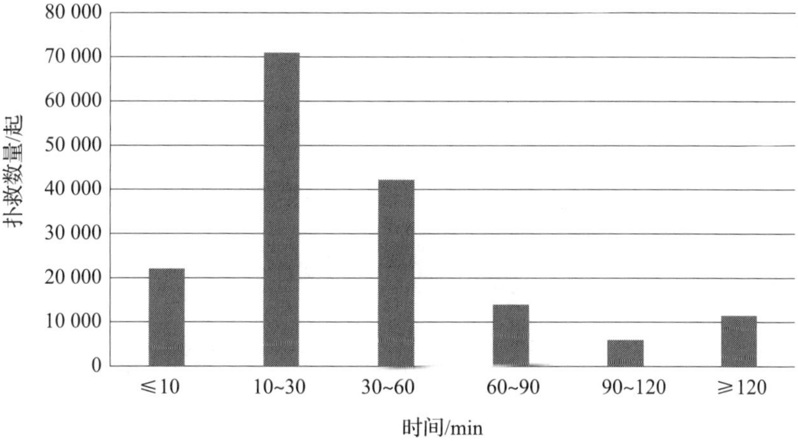

图 2–7 全国消防救援队伍火灾扑救战斗进程情况统计分布图

在抢险救援中，全年共出动参加抢险救援 33.2 万起、占出动总数的 28.3%。其中，救人行动发生率高，出警次数占 37.46%，处于抢险救援的首位，其他抢险救援占比次高，出警次数占抢险救援出警总数的 30.39%（见图 2–8）。

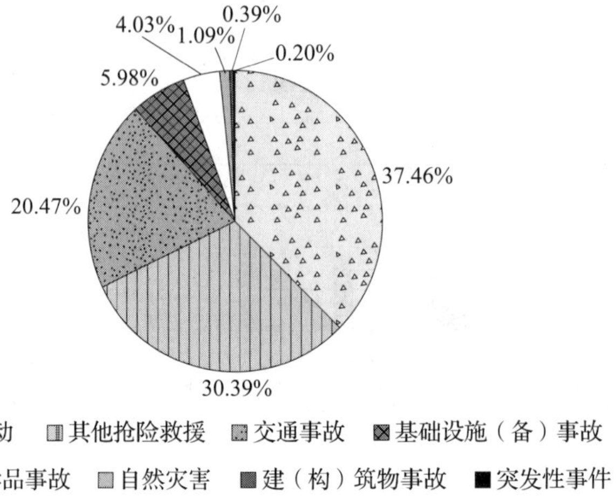

图 2-8　2018 年抢险救援出警原因分布图

在社会救助中，共帮助群众取马蜂窝 16.7 万处，占社会救助总数的 48.71%；其次是帮助开门，占 16.17%，抓动物、高空取物等分别占 5.39% 和 1.62%（见图 2-9）。

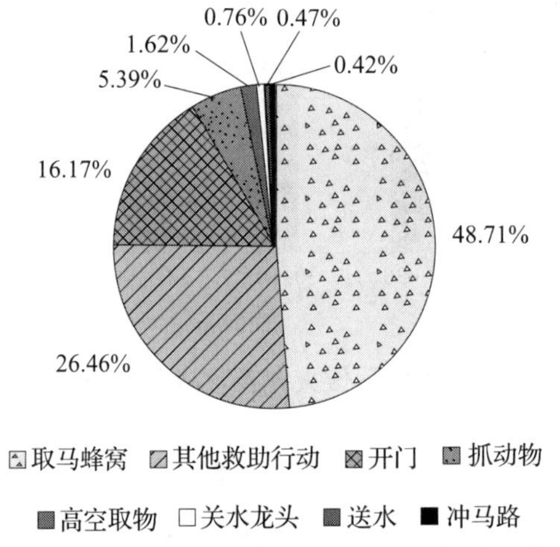

图 2-9　2018 年社会救助出警类型分布图

2.3 消防救援形势特点与科技需求

2.3.1 消防救援形势特点

通过对警情数据统计分析发现，我国消防救援的特点和趋势有如下特征：接出警数量总体呈增长趋势，特别是近年来保持在高位水平；接出警中火灾扑救和抢险救援依然是消防救援面临的两大主要任务，但火灾扑救数量呈降低趋势，抢险救援呈逐年增长趋势并超过火灾扑救出警数；各省（区、市）接出警总量存在较大差异，各地警情有其自身特征；火灾扑救对象中人员密集场占比较高，抢险救援对象中危险化学品事故救援占比最高，社会救助对象中取马蜂窝占比最高。此外按照国家综合性消防救援队伍的定位，我国消防救援还具有其鲜明特点。

2.3.1.1 新时代对消防救援提出新要求

新时代我国社会主要矛盾的转化要求牢固树立“以人民为中心”的发展理念，建立高效科学的重大自然灾害与事故防治和应急管理体系，提升全社会抵御重大灾害风险的能力，满足人民对美好生活向往的需求。党的十八大以来，以习近平同志为核心的党中央高度重视防灾减灾救灾与应急管理工作，作出系列决策部署，先后出台了《中共中央 国务院关于推进防灾减灾救灾体制机制改革的意见》《中共中央 国务院关于推进安全生产领域改革发展的意见》等重要纲领性文件，明确要求把保护人民群众生命财产安全摆在更加突出的位置，全面提升全社会抵御自然灾害风险的综合防范能力，增强安全防范治理能力，确保人民群众安康幸福、共享改革发展和社会文明进步成果。党的十九大确立了“以人民为中心”的发展思想，明确提出打造共建共治共享的社会治理格局，坚决遏制重特大安全事故，提升防灾减灾救灾能力，并作为全党全社会的指导思想和行动指南。2018年党和国家机构改革，以习近平同志为核心的党中央着眼中国重大自然灾害与事故防治现状和基本国情，组建应急管理部，要求建设新时代大国应急管理体系，推进国家治理体系和治理能力现代化。

2.3.1.2 消防救援队伍职责定位出现新变化

消防救援队伍作为我国应急救援的主力军和国家队，承担着防范化解重大安全风险、应对处置各类灾害事故的重要职责。在原有防火灭火和以抢救人员生命为主的应急救援任务基础上，水灾、旱灾、台风、地震、泥石流等自然灾害和交通、危险化学品等事故的救援，都成了救援的主责主业，职责大幅拓展，任务大量增加，消防救援具有救援高强度、高风险等显著特点。面对“全灾种、大应急”任务需要，由消防救援局统一谋划，在全国布点组建地震（地质）、山岳、水域等专业救援队和搜救犬培训基地，在全国31个消防救援总队组建省级抗洪抢险救援队，此外，还依托北京消防救援总队组建了中国救援队，实施跨国救援行动。消防救援涉及“人”“技战术”“装备”“制度”等关键要素，需要综合指挥、决策部署、行动管控、临机处置等方面协同合作，需要安全风险形势研判、安全监测预警等技术的支撑。

2.3.1.3 消防救援任务的复杂性与多样化

我国灾害种类多、分布地域广、发生频率高、灾害损失重，重大自然灾害与事故是国家经济社会永续发展和实现中华民族伟大复兴中国梦所必须长期面对的重大问题。受全球气候变化等自然因素影响，我国地质、洪水、台风、风暴潮等各类灾害与事故形势依然十分严峻，极端气象灾害及其次生、链生灾害风险不确定性呈增加趋势，破坏性地震处于频发多发时期，自然灾害的突发性、异常性和复杂性有增无减。随着我国经济社会发展进入新常态，生产安全各类风险隐患交织叠加，事故多发、频发、突发特征明显，生产安全事故防治仍处于脆弱期、爬坡期、过坎期。超高层建筑、超大型城市综合体数量激增，石油化工行业、新兴能源产业、轨道交通和现代化仓储物流领域等迅猛发展，各类消防安全隐患存量难消、增量难控、总量难降，复杂性日益加剧，火灾总体仍呈高发态势。“十三五”以来，我国年火灾发生起数均在23万起以上，消防安全工作面临巨大挑战，急需科技进步引领支撑现代化消防治理体系的构建。

2.3.1.4 重特大灾害事故处置救援科技支撑水平仍需提升

重特大火灾扑救与灾害事故救援中的力量部署、作战模式、内攻与撤离时机等指挥决策主要依赖经验，缺乏科学理论支撑。城市火灾风险动态定量评估与预测方法尚不完善，差异化、精准化消防监管缺乏必要技术支撑，传统工作方式与新形势、新任务不相适应的矛盾日益凸显；火灾监测预警能力不足；固定消防设施性能与可靠性有待提升，防排烟系统无法满足复杂建筑保护需要，大型复杂建筑火灾防控能力有待提高。举高车、侦检车等特种消防车辆的安全性、环境适应性与进口产品差距较大，消防机器人的智能化程度低，个人防护装备适体性与综合防护能力有待提高，恶劣环境下救援人员装备投送能力不足，高效精准的人员定位搜救装备匮乏，侦检装备性能有待提高，消防救援技术装备与现代化要求仍有相当距离。重大灾害与事故防治和应急管理体系缺乏多灾种、全要素、全过程、全链条的系统综合，现有防治理论、技术、仪器装备与能力体系都存在明显差距和亟须补齐的短板，防治核心技术与仪器设备依然依赖欧美等发达国家，我国独有的重大灾害与事故防治仍有许多科技瓶颈需要攻克，当前科技能力难以支撑新时代重大自然灾害与事故防治的国家需求。

2.3.2 消防救援科技需求

消防救援队伍在消防监督检查、火灾扑救、消防救援、应急处置和日常备勤作战中面临着现场环境多变、应急通信不足、火灾扑救困难、处置需求多样、作战时间持久、实战训练多元、职业安全健康等诸多问题，对专业化、智能化、信息化的消防救援技术装备需求迫切。

当前的消防救援队伍立足于“主力军”“国家队”的职责定位，消防救援科技面临着从“部分灾种”向“全灾种、大应急”研究的转型升级，需要研发火灾防控新技术、新产品、新材料，特别是现代化多功能、多业态复杂建筑的火灾防控技术；研发用于火灾扑救的高效灭火剂、扑救装备，特别是大体量、超高层建筑的火灾扑救技术装备；研发抢险救援先进技术装备，特别是危险化学品应急处置技术装备，自然灾害高效救援技术装备；研发通信指挥、个人防护、培训训练技术装备。此外随着消防救援队伍朝着职业化方向的发展，职业健康与心理健康的科技支撑需求越发强烈。

消防救援科技需要坚持“围绕实战、贴近实际、服务实战”的理念，构建消防救援科技支撑体系，夯实科技发展基础；填补风险感知和网络空白，健全风险监测预警体系，补齐应急指挥通信“最后一公里”短板，强健应急救援装备弱项，提升政务服务能力短板弱项，破除事故灾害防治技术瓶颈，补齐短板弱项；推进风险智能研判预警水平、智能辅助指挥水平、装备现代化水平、监管监察现代化水平，提升服务消防救援现代化水平。

2.4 消防救援科技问题与挑战

随着消防转隶和应急管理部的成立，消防救援事业迎来了“全灾种、大应急”的全新发展局面，消防救援科技作为消防救援事业的引领和支点，对保障和支撑消防救援事业科学发展具有重要作用。习近平总书记在 2018 年 11 月 9 日向国家综合性消防救援队伍授旗并致训词，作为应急救援的“主力军”和“国家队”，国家综合性消防救援队伍、专职消防队按照国家规定承担重大灾害事故和其他以抢救人员生命为主的应急救援工作，承担着防范化解重大安全风险、应对处置各类灾害事故的重要职责。按照总书记的训词要求、《中华人民共和国消防法》规定和消防救援队伍实际承担的职责任务，消防救援科技领域边界主要包括火灾防治和消防救援两大类共 13 项基本业务内容。其中火灾防治（火灾防控与扑救）主要包括：建筑火灾防治、能源与工业系统火灾防治、交通系统火灾防治、森林火灾防治。消防救援主要包括：危险化学品事故救援、道路交通事故救援、建筑坍塌事故救援、空难事故救援、除矿山外的其他重大安全生产事故救援、地震救援、地质灾害救援、洪涝灾害救援、气象灾害救援等。我国是世界上遭受自然灾害影响和威胁最严重的国家之一，各类灾害与事故形势依然十分严峻，极端气象灾害及其次生、链生灾害风险不确定性呈增加趋势，随着城镇化和社会财富集聚度的持续增大，传统与非传统消防安全因素相互交织、相互渗透，生产安全各类风险隐患交织叠加，事故多发、频发、突发特征明显，火灾发生概率和防控难度不断增加，消防救援业务需求和形势的变化对消防救援科技提出了许多新的挑战和要求。

我国消防救援科技从 20 世纪 60 年代逐步发展至今，经历了从引进吸收到集成创新、原始创新的不平凡的发展过程，目前甚至个别领域技术在国际上已处于领跑行列。但总体上，我国当前消防科技的整体实力还不是很强，在关键技术与装备方面缺乏自主知识产权的核心技术，尤其高端、高性能消防救援技术装备方面与国外相比存在较大差距。在火灾防控方面，随着我国工业化、信息化、城镇化、市场化、国际化快速推进，高层超高层建筑、超大型城市综合体数量激增，石油化工行业、新兴能源产业、轨道交通等迅猛发展，各类消防安全隐患总量居高不下、复杂性加剧，火灾总体仍呈高发态势。在火灾风险精准识别与预测防控、超早期火灾探测、高性能环保阻燃、灾害耦合作用下建筑结构安全、环境友好型高效灭火等领域的研究与欧美等发达国家仍有较大差距，火灾探测器核心芯片、高端阻燃剂等基本依赖进口，使用广泛的气体灭火剂面临禁用，防排烟系统不适应复杂建筑保护需要，森林草原、能源产业缺乏可靠的消防安全保障技术手段。在应急救援方面，我国在科学化调度指挥、专业化救援技术、高效能救援装备和实战化模拟训练技术等方面研究与欧美发达国家仍有较大差距，实战中调度指挥系统智能化程度低，高性能、智能化高端灭火救援装备缺乏，应急救援基础理论研究薄弱，复杂灾害事故处置以经验为主，救援装备的材料、元器件、加工工艺、控制系统技术水平低，模拟训练技术方法和设施等研究尚处于初级阶段。综合性消防救援队伍面对地震、泥石流、堰塞湖、山体滑坡、洪水、内涝、坠江、危险化学品等各类灾害事故，针对急难险重的救援任务和复杂艰险的救援环境，在协同指挥调度、快速力量投送、专业救援装备、现场处置技术、后方战勤保障、实战模拟训练等方面还暴露出一系列不足，应急救援关键技术还存在许多瓶颈，高精尖应急救援装备尚还缺乏，部队整体“打大仗、打硬仗、打恶仗”能力还有待进一步提高。

2.4.1 火灾防控

在消防基础理论方面，针对基本理论方面存在的问题，需要面向火灾特殊行为和现象，推动火灾相关的流体力学和燃烧学耦合理论的发展和完善。这是一个多学科交叉的科学问题，实现多学科的融合、碰撞，从而发展新的消防科学理论。在跨区域大尺度的火灾方面，定量化的火灾分析和预测理论及方法不仅对新形势下的火灾防治和消防救援工作具有重要意义，也是消防基础理论自身完善的需求。针对这方面的问题，需将计算科学、数值模拟和燃烧科学等理论有机结合。在极端火行为方面，需建立合理的极端火理论、计算方法和预测模型，极端火行为往往涉及火灾动力学突变，需从流体力学和燃烧学等基本理论出发，发展其理论和预测方法。新形势下的火灾需根据特定的系统和场景发展专门的消防理论体系，其挑战在于紧跟时代需求，推陈出新、不断发展新的理论。高效环保的新型灭火剂是当前消防领域的重要科技需求，灭火剂灭火过程通常涉及多相流、物理化学反应等复杂机制，存在诸多科学问题有待探索。

在消防安全风险评价方面，当前及未来利用灾害、灾难事故大数据、数据挖掘和人工智能技术，开展智能化风险分析与预测预警研究是防控重特大事故的发展趋势。目前消防安全评估多以单体建筑物为主，缺少建筑群或城市区域火灾风险评估模型及方法；基于大数据、物联网、人工智能、遥感技术的实时动态风险评估与预测处于起步阶段；缺少智能化风险评估体系及研判模型，风险评估成果的应用性不高。

在建筑结构耐火方面，为了进一步提升火灾下建筑结构安全性，确保建筑火灾中人员能及时逃生和其中消防救援人员的安全，需要深入开展以下研究：①新型建筑结构、建筑整体结构耐火及防火保护研究。建立满足空间加载或者曲线加载的火灾试验装置，基于数值模拟技术和典型试验剖析影响各类新型建筑结构耐火极限的关键参数，构建基于结构精细化计算模型和子结构耐火性能构建建筑整体结构耐火设计方法，开展高效防火保护技术研发，实现建筑耐火极限的提升。②多灾害耦合作用下建筑结构安全性研究。基于多灾害耦合作用建筑结构安全性试验平台，揭示多灾害耦合作用下建筑结构破坏模式，解决多灾害作用下建筑结构的数值模拟技术，试验技术，重要参数分析，耐火设计方法建立等关键问题。③火灾中建筑结构倒塌预测预警技术。突破火灾下结构倒塌相关关键参数的实时获取与无线数据传输技术，火灾下结构倒塌特征参数临界值和预警值的确定等关键技术，研发火灾现场非接触式建筑倒塌快速预警装备，解决火灾现场建筑结构倒塌快速预警关键问题。

在建筑抑火及人员疏散方面，针对特殊结构的复杂建筑及高危险典型场所，现有建筑自动灭火技术、防排烟技术，在灭火效能、灭火剂环保性能、可靠性、适用性、高效性等方面均与我国建筑火灾防控现实需求存在一定差距。面向石油化工领域、新能源领域及电力系统领域，亟须创新研发新型环境友好泡沫、化学气体、超临界及超超临界惰性气体灭火技术及装备、研究灭火剂添加剂技术及装备、多灭火剂联用技术及装备、声波灭火技术及装备，以及智慧灭火装备技术，解决当前石化区域、新能源系统火灾难于扑救的技术瓶颈。针对超高层建筑火灾防控，有必要开展超高层建筑细水雾灭火系统应用技术研究以及智慧型主被动一体化喷水灭火技术研究，从而解决供水高度受限的问题，实现超早期控灭火。针对人员密集的公共建筑火灾，亟须开发有人场所的友好型灭火技术及装备，实现在有人场所的静音、低压等友好型灭火剂控灭火。同时开展复杂结构建筑安全疏散技术研究，构建多信息耦合的智能型人员疏散引导系统。面向建筑火灾烟气高效防控的需求，开展烟气蔓延特性及控制机理的研究，实现防排烟系统的精细化设计；研发智能型防排烟系统，实现系统智能运行及精准控制。

在防火阻燃技术方面，建立科学有效的评价体系，揭示防火阻燃材料服役期安全性演化规律；实现高效环保、低烟低毒、耐久长效、智能先进的多功能防火阻燃技术突破；提升阻燃剂的阻燃效能并兼具环境友好性，解决材料高性能与防火阻燃性能的矛盾；实现高端阻燃剂国产化；降低防火阻燃材料烟气毒性；实现基于智能化材料的火灾预警。

在火灾监测预警与早期识别方面，火灾监测预警与早期识别的基础是传感能力的升级，从单一信号到多信息，进一步到谱图数据将有助于提高火灾监测预警与早期识别的时效性与准确性，但信息量的增加会增大传感器成本和体积，如何小型化和控制成本是一个挑战。另外，信息量增加后数据自动分析技术的跟进也尤为重要，否则会严重阻碍智能化的实现。再有，传感器升级仅能达到边缘智能，如何实现区域智能、集中智能，并将三者有机融合也是一个挑战，现有火灾报警技术体系是建立在物理层的技术体系，有必要将技术体系将具体的物理层迁移到抽象的信息层，从而建立长期的，可演进的体系。

在火灾原因调查技术方面，推动火灾调查向科学化、深度化和精准、高效化方向发展，需要深入研究高效的火场勘验、物证鉴定分析与火场重构技术方法、研发精准、智能化分析设备。解决火灾现场勘验中复杂痕迹的辨识、危险化学品等新型火灾事故勘查、特殊环境现场物证提取、物证的精准鉴定、火灾视频的智能化分析和火灾过程高效重构等是当前亟待解决的一系列关键问题。

在消防安全管理方面，提升消防安全文化氛围的需求对消防安全文化体系构建的布局规划及相关组织机制和保障措施的构建和完善提出了更高的要求。提升消防从业人员业务能力与职业素质的需求对消防应急救援培训管理体系、课程体系和效果评价机制的构建与完善及相关培训装备的研制与应用提出了更高的要求。完善消防标准规范体系的需求对先进科技成果与标准规范的快速转化及消防专利标准化的推进、国内外消防标准规范的融合互补均提出了更高的要求。

2.4.2 应急救援

在应急通信技术装备方面，开展面向消防与应急救援的天空地一体化应急通信体系规划研究；研究灭火救援现场宽窄带信号快速覆盖技术；研究卫星、公众移动通信、集群通信、常规通信等通信网络的智能异构融合技术；研制具备卫星通信及地面无线通信功能的轻便型应急通信保障装备；研制重大灾害现场态势融合及调度一体化技术及平台系统；构建天地一体、全域覆盖、全程贯通的天空地一体化应急通信网，实现有线、无线和卫星通信网的融合互通，为各级各类用户提供全天候、全时段、全地域的应急通信保障服务，为应急救援快速响应、统一指挥提供可视化通信调度平台。

在火灾扑救技术装备方面，有必要开展多种形式水源、多种装备火场大流量、远距离综合供水技术研究，各类举高消防车有效灭火、疏散人员技术研究，新型消防装备高效灭火技术研究，防止火灾扑救风驱火或回燃、轰燃造成消防员伤亡技术研究，高效可靠的排烟技术研究，新型环保化学消烟技术研究，玻璃幕墙等的快速破拆技术、长时间呼吸保护技术研究，直升机和无人机火灾扑救时的科学有效利用技术研究，人员安全疏散技术研究等，以切实解决消防队伍火灾扑救呼吸保护时间短、供水难、破拆难、排烟排热难、人员装备运送难、灭火难的现实难题。

在消防救援车辆和船艇方面，有必要针对部分高性能主战消防车型进行国产化研究，主要在行驶通过能力、整体综合性能、作战能力、配置方法等方面深入展开研究，以满足我国消防救援力量新时期快速、有效处置不同类型灾害的需求。有必要开展车辆底盘多驱动适应技术，机械臂多功能复合作业技术，新型低阻、重载荷两栖滑行船体设计技术，重型车辆底盘水陆两栖技术，应急救援车辆模块化成套化技术研究，研制全地形多功能消防应急救援车辆，水陆两栖应急救援船艇，高越障应急救援机器人等系列消防应急救援装备，满足“全灾种、大应急”的复合作业需求。

在排涝装备方面，针对不同等级的洪涝灾害和不同种类的城市内涝灾害，有必要研发功能多样、排水范围大、杂质通过能力强、展开速度快、安全可靠的系列排涝装备和自行走排水子母车，也可作为火场远距离供水装备。

在消防救援现场处置技术装备方面，我国应急救援装备体系建设起步较晚，研究基础相对薄弱，消防救援现场处置装备的安全化、专业化、高效化、智能化水平较低，大批高精尖、核心装备依然主要依赖进口。以“8・12”天津港特大火灾爆炸事故为例，事故区域存有剧毒、易燃易爆等危险化学品 100 多种，由于缺少快速准确的侦检装备，救援现场无法全面掌握灾情态势、精准研判灾势发展。“10・11”和“11・3”金沙江白格滑坡堰塞湖处置及“9・2”云南文山特大泥石流救援，由于救援力量投送装备落后，救援队伍耗时 20 多小时才徒步抵达灾害核心区，重型攻坚装备仍无法有效调配、投送到场，严重限制了应急救援的时效。为了消防救援现场处置技术装备能够满足消防救援队伍的实战需求，提高消防救援人员的实战处置和人员救助的能力，亟须开展以下两个方面的研究工作：一是开展新型自然灾害处置安全化、专业化、模块化装备的研发，包括灾害现场精准侦测与勘察装备、高机动与大载荷的水陆空快速投送装备、便携化与机载化应急救援装备、高效自除障装备、专业化抗洪排涝装备、精准化生命搜救装备等技术装备的研究；二是开展生产安全事故处置高效化、智能化、精准化装备的研发，包括高效智能侦检装备、智能化特种破拆装备、沟渠救援模块化装备、建筑倒塌事故救援自保护装备、交通事故高效处置与安全救助装备、山岳与高空救援系列化装备等技术装备的研发。同时，随着科技水平的快速发展，新材料、新技术可不断应用于人工智能化消防救援现场处置技术装备，提高消防救援队伍处置各类自然灾害或生产安全事故的实战能力。

在系列消防无人装备方面，在实施易爆环境快速侦检、大型综合体内攻灭火、高危环境抵近作业、狭小空间救援、灾害现场人员搜索、极端地理和气候环境装备投送、大范围现场灾情评估、深水环境救援等消防作业需求时，有必要围绕消防队伍实战需要，研究消防无人化装备的标准化技术，大功率设备防爆技术、无人系统自主导航技术，自主编队跟随技术，多机器人协同作业技术，多机器人指挥平台技术，大载荷、智能化消防无人化装备技术，消防无人化装备专用模块，围绕消防无人化装备的技战术，消防无人化装备的培训体系等方面的关键技术。

研制防爆型大流量灭火机器人、子母式消防机器人、举高喷射灭火机器人、水带敷设机器人、半自主消防侦察机器人、大载荷运输无人机、无人消防艇、有人/无人消防船等系列智能化的无人装备，建立多机器人协同作战平台。制修订消防无人装备的系列标准，编制消防无人装备应用手册和训练教材。

通过这些技术和装备的研发、标准编制和教材编写，大幅提高消防无人化装备的灾害现场处置能力，保护消防员的人身安全；促进引导研发生产单位的技术发展，提高消防部门使用维护消防无人装备的能力，有效地减少消防人员伤亡，提高灭火救援效能。

在消防员防护技术装备方面，我国消防队伍所配备的部分个人防护装备在技术性能和防护功能已不能满足现实应急救援作业需求。一是消防员个人防护装备“增效减负”技术。目前我国消防人员在进行灭火救援作业时需要穿带多种个人防护装备进入现场，总重可达25kg以上。这些装备对消防人员形成极大的生理负担，将严重影响作业效率，甚至导致出现“热衰竭”症状。因此亟须通过消防员个人防护装备材料、结构、款式等方面关键技术的攻关研究，实现装备“减重增效”，提高消防员个人防护装备的人体工效学性能，减轻消防员生理负担，将有助于提高应急救援作业效率，保障消防员人身安全。二是事故现场消防员个人及装备智能监测技术。在处置重特大灾害事故中，复杂的作业现场环境常常存在多种安全隐患，易引起坍塌、轰燃等次生事故发生。我国目前大部分消防人员还只能根据经验对此类事故现场危险因素进行粗略判断，并且现场指挥人员也缺乏实时掌握事故现场内消防员生理及装备信息的智能化监测手段。因此事故现场消防人员的生理指征、个人装备及所处环境等重要参数的智能监测、报警技术将起到重要作用。三是消防人员的个人防护装备系统模块化技术。为应对日趋增多的灾害事故，我国消防应急救援职能的正在不断拓展，但由于不同灾害事故现场环境存在的危险因素特性不同，现有消防员个人防护装备的功能不能满足现实消防作业需求。消防人员对个体防护装备的依赖程度越来越高。消防人员的个人防护装备系统模块化技术考虑、并行设计、综合防护，在进一步提高装备防护能力的同时尽量减少冗余装备的配备。

在消防实战化训练与职业健康方面，面对当前消防训练工作形势和问题以及未来的发展目标，应充分发挥科技的支撑作用，助推消防训练工作转型升级、提升消防员职业健康水平。一是基于消防职业特征分析以及训练基础理论的科学研究，补充优化消防实战化训练的内容；二是基于大数据分析和人工智能技术，研究训练方案、训练计划、战术战法及战斗编程智能评估与智能分析和生成技术，为教员提供技术支撑；三是加强试验研究构建消防职业训练监控特征体系，研发智能化训练监控装备，对训练安全性和训练负荷进行全过程监测；四是发展各类应急救援任务的虚拟训练及演练技术，并开发远程教学培训系统，提高消防训练师资的利用率；五是研究各类应急救援场景、环境特征、危险源、救援任务等要素的模拟仿真关键技术，提高训练场地及训练设施与实战的贴合度；六是基于数字化信息化技术研制智能考核评判系统，提高各类训练成效评定的科学性和客观性；七是研究消防员职业安全与健康管理及理论体系；八是研发消防员职业安全健康监测预警技术装备。

3 我国消防救援科技工作基础

3.1 消防救援科技创新主体

20 世纪 60 年代，我国开始着手组建消防专业研究机构。随后，消防科技学科体系也不断完善。目前已经形成了以应急管理部直属的天津、上海、沈阳和四川消防研究所，国家消防工程技术研究中心、消防与应急救援国家工程实验室，中国科学技术大学火灾科学国家重点实验室，中国人民警察大学消防工程系，中国建筑科学研究院建筑防火研究所，中国消防救援学院以及相关科研院所和高等院校为主体的消防救援科技创新研究机构。

3.1.1 专业消防研究机构

应急管理部直属的天津、上海、沈阳和四川消防研究所于 1963—1965 年陆续成立，主要从事消防科学技术研究、消防产品质量检验、火灾物证鉴定、消防标准化、消防产品研发及工程应用、消防技术服务等工作。四个消防研究所作为国家综合性消防救援队伍的科技战略支撑力量，扎实践行习近平总书记提出的“对党忠诚、纪律严明、赴汤蹈火、竭诚为民”训词，致力于为防范化解重大安全风险、应对处置各类灾害事故提供先进、智能、高效的创新消防科技成果，培养消防科技领军人才，发挥消防科技智库作用，保障消防产品质量安全，引领消防行业进步。

四个消防研究所发展迅猛、各具特色，科技研发实力不断提升。天津消防研究所主要从事火灾基础科学、建筑防火、工业消防、灭火剂与灭火装备、火灾物证鉴定、消防信息化、消防法规、消防救援科技战略等领域研究。上海消防研究所主要从事灭火救援装备、抢险救援装备、个人防护装备、灭火技术战术及火场防护技术、灭火理论等领域研究。沈阳消防研究所主要从事电气火灾防治、火灾探测报警、消防物联网、智慧消防、消防通信指挥等领域研究。四川消防研究所主要从事材料防火阻燃、火灾烟气毒性评价、防烟排烟、火场烟气防护、火灾风险评估等领域研究。

国家消防工程技术研究中心于1996年经国家科委批准建立，构建了消防工程技术应用创新及产学研联合发展的完整体系，既是国家级消防工程技术研究的权威机构，也是集检查检验、消防评估、产品认证、消防技术培训于一体的综合性消防技术服务机构。消防与应急救援国家工程实验室于2016年11月由国家发展改革委批准建设，旨在通过先进技术的攻关突破和产学研用的工程试验平台建设，提升我国消防与应急救援领域自主创新能力，促进相关标准、规范的制定，进一步实现技术产业化和大面积推广应用，加强基础研究和产业研发之间的有机衔接，促进消防与应急救援产业深度发展。实验室分为消防安全技术研发中心和灭火与应急救援技术研发中心。其中，消防安全技术研发中心包含火灾监测预报警技术、电气火灾防控技术、安全疏散与救援导航技术、火灾蔓延防控技术、建筑结构耐火及防火保护、火灾现场勘验与物证鉴定技术、智慧消防服务体系建设关键技术7个研发平台。灭火与应急救援技术研发中心包含灭火装备技术、应急救援装备技术、消防机器人与特种装备技术、安全防护装备技术、灭火救援模拟训练系统研发与应用示范5个平台。

3.1.2 中国科学技术大学火灾科学国家重点实验室

火灾科学国家重点实验室是利用世界银行贷款和国内配套投资兴建的我国火灾科学基础领域的国家级研究机构，1992 年获准边建设边对外开放，1995 年通过国家验收。实验室设有建筑火灾研究室、森林与城市火灾安全研究室、工业火灾研究室、火灾风险评估研究室、火灾化学研究室、火灾监测监控研究室、清洁高效灭火研究室、计算机模拟研究室 8 个研究室，以及安全材料研究所、能源火灾安全研究所、航空航天火灾安全研究所 3 个研究所。实验室致力于火灾动力学演化理论和火灾防治关键技术原理创新研究，在火灾基础理论，清洁阻燃、智能探测和清洁高效灭火技术，森林和草原火灾蔓延机理，公共安全应急理论及方法等领域做了大量研究。

3.1.3 中国建筑科学研究院建筑防火研究所

中国建筑科学研究院建筑防火研究所成立于 1985 年，是由联合国开发计划署和中华人民共和国建设部联合投资组建的建筑防火研究机构，研究领域包括建筑材料对火反应特性及测定技术、建筑构件耐火和测试技术、火灾后建筑损伤鉴定及加固技术、建筑物消防系统设计和施工技术、电气防火技术、火灾探测技术、建筑防排烟技术、建筑防火设计与安全性能评估等。

3.1.4 消防工程高等院校

目前开设消防工程专业本科层次学历教育的高等院校主要包括中国消防救援学院、中国人民警察大学、中南大学、西南交通大学、中国矿业大学、安徽理工大学、常州大学、南京工业大学、沈阳航空航天大学、西南林业大学、西安科技大学、河南理工大学、内蒙古农业大学、河北建筑工程学院等。这些高等院校为我国培养了大量高素质的消防科技和消防管理人才，为促进我国消防行业的全面发展提供了坚实的智力支持。

3.2 我国消防救援科技体系与现状

消防救援是一门综合性、交叉性学科，涉及安全科学与技术、数学、物理学、化学、机械、电子、建筑、信息、心理、生理、医学，以及灾害学、管理学、经济学、哲学、教育学等众多学科。消防救援科技自成体系，涉及面十分广泛，具有非常显著的实践性和应用性特点。

我国的消防科技研发工作最早主要依托四个消防研究所，以及个别高等学校和科研院所，随后一些高等院校陆续开设了消防相关专业，并从多个方面支撑了我国的消防科技发展。目前，我国消防救援体系发生了深刻变革，处于新时代全面发展的阶段。要不断提升我国消防救援科技创新水平，就应完善我国的消防救援科技体系。

新时代消防救援科技体系主要包括火灾防控与应急救援两个领域。

3.2.1 火灾防控科技体系

火灾防控领域主要包括消防安全风险评价、火灾监测预警与探测报警、防火阻燃、建筑结构耐火、建筑抑火与安全疏散、工业火灾防控、火灾原因调查与消防安全管理等内容。

消防安全风险评价主要是采用逻辑分析、综合评价、火灾模化等评估方法对城市区域、系统行业、社会单位、群众活动、消防设计、火灾隐患等特定对象的消防安全状况和危险因素进行综合度量，并提出科学合理的消防建议。随着超高层建筑、大型综合体呈现规模化、区域化发展，贯通式地下空间建筑大量涌现，大型化工企业呈现高度聚集化趋势，灾害事故风险识别、预测与预警难度增大，消防安全风险评价难度不断提高。近年来，重特大火灾及其衍生事故灾难呈现高频次发生态势，复杂边界条件下的重特大火灾发展演变过程十分复杂，火灾行为预测难度极大，并且容易诱发爆炸、危险化学品泄漏等次生灾难，目前的火灾风险评价方法难以对整个事故灾害链进行科学准确的风险评估，定量化、实时动态化评估技术水平不足。

火灾监测预警与探测报警技术主要通过监测被保护区域内的烟雾、火焰、温度、气体等火灾发生时所产生的物理、化学现象，确定是否发生火灾，同时启动各类消防联动控制设备，进行警报、广播、疏散照明指示，以及联动通风、灭火等过程，实现初期火灾控制的目的。近年来科技攻关方向重点集中在感烟探测、感温探测、图像探测、气体探测等技术领域。其中在森林草原火灾监测预警和探测方面，主要研究方向集中在卫星遥感监测与预警技术研发领域。当前，火灾监测预警与探测报警技术朝着智能化、标准化、网络化的方向发展，对火灾探测报警系统的可靠性也提出了较高的要求。

防火阻燃技术领域主要是研发实用新型的建筑防火材料、先进功能材料，如隔热保温材料、防火涂料、防火封堵材料、装饰织物、装修材料、阻燃及耐火电线电缆等，近年来防火阻燃技术在个人防护装备方面也得到了较高的关注。通过对防火阻燃材料的不断创新和改进，以增强防火阻燃制品各方面的性能，扩大和增加其在消防领域的应用范围。为满足高效火灾防控与环保要求，防火阻燃技术主要在环保防火材料和阻燃剂、先进防火阻燃材料国产化、高环境耐受性防火阻燃材料等方面寻求突破。

建筑结构耐火技术主要聚焦新型建筑结构耐火技术，建筑整体结构耐火及防火保护技术，多灾害耦合作用下建筑结构耐火技术，火灾中建筑结构倒塌预测预警技术等研究。开展建筑结构耐火技术研究，主要目的是防止建筑物在火灾中因力学性能发生变化导致坍塌而造成人员伤亡或财产损失。建筑结构耐火的发展趋势主要是采用更精细的模型和更真实的火灾场景，研究整体结构的对火反应特征，提出最佳的耐火设计方法。

建筑抑火与安全疏散技术领域主要面向应用对象，开展高效环保灭火自动技术及装备、高效环保灭火剂及添加剂、新型灭火技术及装备的应用该技术、智能化快速灭火技术研究，针对大型公共建筑、超高层建筑、地下人员密集建筑等场所，以及人员安全疏散技术、智能安全疏散诱导技术、安全避难技术及装备、烟气控制技术等研究。当前各类复杂多功能、大规模建筑不断出现，对建筑抑火技术和安全疏散技术提出了新要求。传统灭火技术和疏散技术已经不能满足新型建筑的需求，当前已经开展针对特殊场所开展智能高效灭火技术、疏散技术和烟气控制技术的研究工作，但成熟的技术和产品仍不能满足现实需求。

工业火灾防控技术体系主要针对工业场所火灾预防、控制、扑救技术与应急处置技术装备开展研究。重点包括工业火灾隐患辨识和风险评估技术、工业建筑防火技术、工业火灾监测预警与探测报警技术、石油化工火灾防控与扑救、危险化学品泄漏及火灾爆炸事故防控与应急处置技术等。我国在工业火灾爆炸风险评价、防治与应急处置技术方面的研究起步较晚，现有研究主要在借鉴国外现有技术的基础上，通过技术集成以及应用创新，在一些关键技术和火灾、爆炸防治理论上取得一些创新性成果。但是在工业火灾、爆炸防治基础研究以及应急处置技术与装置方面与国外发达国家仍存在一定差距。需要在全过程动态工业灾害评估体系方法，突发恶性工业火灾、爆炸及耦合灾害成灾机理、应急处置技术关键防控技术，重大工业灾害事故预测、预警、应急救援处置技术与数字信息平台，工业灾害全过程模拟以及灾害事故重现虚拟现实技术研究，工业火灾、爆炸灾害应急处置关键技术装备等领域进行技术研发。

火灾原因调查主要开展火灾现场勘验与物证提取技术、火灾物证鉴定分析技术、火场重构技术、火灾事故成因调查技术、火灾调查标准化技术和火灾调查装备研发等。重点解决建筑火灾、交通火灾、危险化学品火灾、新能源火灾、森林火灾等事故的调查及致灾原因分析技术难题。当前我国火灾调查技术发展迅猛，利用科技手段成功完成了多起重特大火灾爆炸事故的火灾原因认定工作，当前火灾调查技术正朝着科学化、智能化和精准高效化方向发展。

消防安全管理围绕消防监督检查技术及装备、消防产品监督检测技术及装备、社会消防安全培训教育体系、消防救援指战员培训及评价体系、消防宣传教育体系、消防安全文化建设等内容开展研究。近年来，针对大型城市综合体消防安全管理、消防安全网格化管理、社区消防安全管理、智慧消防在安全管理中的应用、危险化学品消防安全管理等方面的研究成果较多，未来消防安全管理需要在智能化、精细化、高效化等方面取得突破。

3.2.2 应急救援科技体系

应急救援科技领域主要包括消防通信指挥、火灾扑救、消防救援现场处置、消防员防护、消防无人装备、消防实战化训练和消防员职业健康等内容。

消防通信指挥技术装备主要面向消防与应急救援，开展消防通信体系规划、灭火救援现场信号快速覆盖技术、通信网络融合技术、消防通信保障装备研发、重大灾害现场态势融合及调度一体化技术、天空地一体化应急通信网技术、通信调度指挥技术及平台等研发。目前，消防通信指挥技术重点向数据驱动、智能响应、情景应对和体系协同技术方向，公专互补、宽窄带融合、全面覆盖技术等方向发展，现场组网通信技术朝着快速化、轻便化、全覆盖化方向发展。

火灾扑救技术装备研究领域包括建筑、人员密集场所、石油化工场所、非石油化工类生产场所、交通工具、仓库、森林草原、农村等领域的火灾扑救技战术及装备研发。重点涉及新型高效灭火技术装备，灭火保障技术装备，消防供水技术装备，回燃、轰燃预测预防技术，高可靠性排烟和消烟技术装备研发等。当前火灾扑救技术装备朝着专业化、智能化、高效化方向发展，产出了一系列高效灭火剂，大流量、高射程灭火装备，移动排烟风机等成果。

消防救援现场处置技术装备领域围绕水灾、旱灾、台风、地震、泥石流等自然灾害和交通、危险化学品等各类灾害事故，开展破拆、堵漏、封堵、围堵、吸附、搜救、转输等技术装备研发。重点开展消防救援破拆技术装备，消防救援现场洗消技术装备，危险化学品运输泄漏现场处置技术装备，高层建筑火灾扑救技术装备，灾害环境快速侦检技术装备，堰塞湖应急处置技术装备，水域冰面事故救援技术装备，急流洪水救援技术装备等研究。

消防员防护技术装备领域重点围绕消防员在火灾扑救和应急处置中的个人防护和救援需求，开展正压式消防空气呼吸器、消防头盔、消防员灭火防护头套、消防员灭火防护服、消防员隔热防护服、消防员化学防护服、消防手套、消防员灭火防护靴、消防腰斧、消防用防坠落装备、消防员呼救器、正压式消防氧气呼吸器等装备研发。

消防无人装备领域重点围绕火灾扑救、抢险救援、应急处置、侦察监测和破拆搬运等需求，开展侦检与建模机器人、灭火机器人、排烟机器人、堵漏机器人、洗消机器人、破拆机器人、救援机器人、物资投送机器人等机器人以及无人机和无人船的研发及应用技战术研究。重点解决大跨空间建筑、高层建筑、地下建筑和石油化工场所等高危场所的火灾扑救与应急救援技术难题，通过消防无人装备的运用，有效提高火灾扑救和应急处置效率，降低消防救援人员伤亡事故。

消防实战化训练与职业健康领域重点开展消防实战化模拟训练和职业健康体系建设，消防训练的理论方法研究，消防培训和职业健康系统平台建设，训练过程中的心理生理监测技术设备研发，真火模拟训练设施建设，危险化学品模拟训练设施建设，自然灾害真实场景模拟悬链设施建设，模拟训练考核评估体系研究等。目前我国在实战化模拟训练技术理论、体系建设，职业将康管理体系和智能化技术运用等方面还存在较大提升空间。

3.2.3 消防标准化体系

全国消防标准化技术委员会（SAC/TC113）由应急管理部筹建及进行业务指导，负责专业范围为全国消防等专业领域标准化工作，秘书处设在应急管理部消防救援局，下设 15 个分技术委员会（SC），各分技术委员会名称及专业领域见表 3–1。

表 3–1 消防标准分技术委员会及专业领域划分表

序号	委员会编号	委员会名称	专业领域	成立时间
1	TC113/SC1	基础标准	负责全国消防标准术语、符号、标记和分类等专业领域标准化工作	1989 年
2	TC113/SC2	固定灭火系统	负责全国固定灭火系统及部件等专业领域标准化工作	1989 年
3	TC113/SC3	灭火剂	负责全国类灭火剂等专业领域标准化工作	1988 年
4	TC113/SC4	消防车、泵	负责全国消防艇、船、消防专用飞机、泵车等专业领域标准化工作	1989 年

续表

序号	委员会编号	委员会名称	专业领域	成立时间
5	TC113/SC5	消防器具、配件	负责全国消防枪、炮、灭火器、消防员个人防护器材，消防抢险救援器材，消火栓等专业领域标准化工作	1989 年
6	TC113/SC6	火灾探测与报警	负责全国火灾探测与报警等专业领域标准化工作	1988 年
7	TC113/SC7	防火材料	负责全国阻燃材料、防火涂料、堵料，建筑材料燃烧性能等专业领域标准化工作	1989 年
8	TC113/SC8	建筑构件耐火性能	负责全国承重和非承重的建筑构件耐火性能等专业领域标准化工作	1989 年
9	TC113/SC9	消防管理	负责全国消防管理等专业领域标准化工作	2001 年
10	TC113/SC10	灭火救援	火灾扑救技战术、灭火预案、消防应急救援、消防站建设、装备配备及队伍管理等	2008 年
11	TC113/SC11	火灾调查	火灾现场勘查技术、火灾物证鉴定技术和失火案、消防责任事故案鉴定技术以及火灾调查管理等	2008 年
12	TC113/SC12	消防员防护装备	消防员个人防护装备、防护装备配备技术与监督管理等	2008 年
13	TC113/SC13	建筑消防安全工程	建筑消防安全技术、性能化消防设计与评估等	2008 年
14	TC113/SC14	消防通信	消防通信	2008 年
15	TC113/SC15	电气防火	应用场所电气防火技术、电气防火专用产品、电气防火检测技术（不包括电器产品防火性能要求及检验方法）	2015 年

3.3 我国消防救援科技主要成就

“十三五”期间，我国消防科技研发机构利用各级科技计划项目，面向消防救援国家重大战略需求，重点围绕火灾防控与消防救援共性基础科学问题、火灾风险识别与监测预警、主被动火灾防控、消防救援技战术与装备、个人防护、典型场所火灾防治等重点方向的关键科技瓶颈问题，开展基础理论研究、应用技术攻关、装备研制和应用示范，产出了一大批新技术、新材料、新产品、新装备，为提升我国消防安全综合保障能力提供了科技支撑。

在火灾基础理论研究方面，深入开展了火灾动力学演化及灭火理论等消防基础理论研究并取得了大量卓有成效的成果。揭示了可燃物热解过程中的演化规律和反应动力学机制，提出了森林和建筑极端火行为的临界条件和理论模型，建立了高层建筑和森林火灾防控新理论，建立了近熄灭极限区固体火蔓延速度模型，掌握了火焰炭黑和烟颗粒的生成机制及规律，发展了地铁、隧道等特殊建筑的复杂气流与边界条件下的烟气输运模型，构建了高层建筑火灾烟气运动数值预测平台，突破了利用卫星定量遥感森林火灾发展蔓延的关键技术，建立了实时动态火灾风险评估模型。

在火灾防控技术装备方面，突破了建筑结构耐火、自动灭火、防火阻燃材料、安全疏散、烟气控制、电气防火等关键技术。开展了建筑结构倒塌预警相关研究，提出了基于温度和位移等关键参数的监测预警技术，研制出具有主动功能的自动喷水灭火系统，实现了高大空间自动灭火技术工程应用的技术突破，研发了全氟己酮灭火剂，并深入研究了全氟己酮的测试技术和工程应用技术，深入开展多信息耦合下的人员智能疏散引导技术研究。研制出直接探火管式超细干粉灭火技术及装置，环境友好型水性膨胀防火涂料、木结构古建筑透明防火涂料、铝合金结构防火涂料，轻质不燃聚苯乙烯保温板、彩钢夹芯板，柔性陶瓷化耐火硅橡胶及耐火电缆，供配电系统火灾危险性和电气火灾监控系统。

在火灾探测报警技术方面，突破了火灾视频图像分析技术，研制出可视图早期火灾报警系统。开展了电气火灾综合预警技术研究，研制出负载自适应的剩余电流式电气火灾监控探测器和区域电气火灾物联网监控与隐患分析平台等。基于前后双向散射和双波段光源的米氏散射（Mie scattering）原理。提升了光电型感烟火灾探测器的智能化水平和抗干扰能力。通过复合感温、一氧化碳探测功能，实现了极早期报警的误报率降低。研制出了电动汽车充换电站、综合管廊、供配电系统等场所的火灾监测预警装置。针对森林草原火灾探测需求，开展基于地理信息系统和空间信息技术的广域火灾探测技术研究。

在火灾扑救技术装备方面，研制了大流量压缩空气泡沫举高喷射消防车和自行走式智能消防炮，为石油化工特种火灾扑救及处置提供科学高效的技术手段。提出了大型石油化工储罐火灾扑救技战术，明确了火场展开及站位、灭火战术及火场供水、现场泡沫保障等技战术要求。提出了复杂建筑灭火救援数字化预案技术，建立了对二甲苯（PX）化工项目工艺装置火灾灭火救援技战术组合方案。研发出混非视距遥操作地面消防机器人、大流量移动式遥控消防炮灭火系统、移动式大流量泡沫供给及输转模块、移动式远射程中倍泡沫灭火装备、大型移动式水力排烟机、多功能转角消防水枪、火场专用型便携式六合一气体侦检仪、高效水性消烟剂及其性能评价方法、地铁车站固移结合排烟技战术及装置、钢－混框架结构与门式刚架轻钢厂房结构受火倒塌预测预警技术等一系列的火灾扑救技术装备，为提升火灾智能高效扑救提供了利器。

在应急处置技术装备方面，研发出了混合气体爆炸性能现场测试装置、有机液体危险化学品泄漏应急处置装置、有机液体危险化学品常压储运装置微小孔洞自封堵技术、安保警戒机器人、反恐驱暴机器人、小型侦察机器人、防爆型化学侦检机器人、基于高压水射流可疑爆炸物现场处置系统、特种生化弹和脏弹处置系统、消防用轨道交通快速反应运载设备、便携式消防疏散诱导标志、低温带压槽罐车泄漏事故处置模拟训练装置、多功能带压应急堵漏模拟训练装置、危险化学品现场专用型便携式六合一气体侦检仪、便携式激光甲烷遥测侦检仪、消防通信装备现场应急供电装置、便携式宽浓度多组分危险气体检测仪等一系列技术装备，显著提升了应急处置能力。研制出了多功能化学侦检消防车，实现了行进中 3km 远程探测和现场监测，气、液、固体分析鉴定全覆盖，具备车载防爆机器人、无人机和侦检消防车三位一体协同侦检能力和人装洗消能力。

在个人防护技术装备方面，研制出抗结冰型消防员灭火防护服、消防员水域救援成套化防护装备、消防员个人生化防护系统、高效轻质恒温正压式消防氧气作业呼吸器、新型消防安全腰带、改进型佩戴式防爆照明灯、手提式强光照明灯、消防员智能呼救与搜寻系统、高性能阻燃密胺纤维制备及在消防装备中的应用等。提升了消防救援人员安全防护水平和救援效率。

在通信装备方面，开展了消防指战员通信与身份识别管理用智能手表、消防车工况及装备状态实时监测系统、可快速配置抛弃型自组网现场气体侦检系统、消防应急长期演进技术（LTE）专网通信基站、消防车辆动态信息管理系统、基于消防作战车辆的信号传输和图文传输装备、新型地下应急通信装备等领域的研发工作，取得了一系列科技成果，提升了通信指挥作战效能。

在火灾调查技术装备方面，我国已建立了较为完善的技术体系，深入开展了“典型引火源引燃特性”“典型建筑构件热烟气沉积和侵蚀痕迹多维数值模拟”“危险化学品火灾事故调查”“车辆火灾深度调查”和多种火灾物证鉴定分析技术方面的研究，形成了多个系列技术标准。在锂离子电池火灾现场勘查及物证鉴定技术、基于稳定性特征的铜导体熔痕鉴定技术、合金电气线路致灾可能性及物证鉴定技术、传统汽车和新能源汽车火灾物证鉴定和起火原因分析技术等方面开展了大量研究，研制出基于图像处理技术的火灾事故调查视频分析系统、基于表面增强拉曼（SERS）技术的检测芯片、基于纳米传感技术的现场物证快速检测试剂盒、基于功能性材料基底的火灾现场检测器件。相关研究成果为多起重特大火灾事故调查和原因确定提供了科技手段。

4　国际消防救援科技发展现状与趋势

4.1　国际消防救援科技研究机构综述

消防安全一直是各国普遍关注的重点。国际上很多国家，特别是欧美、日本等发达国家均建有专门的消防科研机构，多数设置在综合科研机构中，如设置在美国国家标准与技术研究院的工程实验室，设置在加拿大国家研究院的加拿大建（构）筑物研究中心，设置在英国建筑研究院的消防研究中心等。

为全面了解国外应急消防救援相关科学技术研究、科技成果及应用、消防标准化以及相关消防培训、教育以及科普等最新动态，本节从如上几个方面对美国、加拿大、澳大利亚、英国、法国、芬兰、瑞典、日本等国家的应急消防科研机构及其科研动态进行信息跟踪，为我国消防救援领域的政策决策和科学研究方向提供参考和借鉴。

4.1.1　北美洲

4.1.1.1　美国国家标准与技术研究院工程实验室

美国国家标准与技术研究院（National Institute of Standards and Technology，NIST）的前身为原美国国家标准局（National Bureau of Standards，NBS），

创建于 1901 年，1988 年 8 月 23 日正式更名为美国国家标准与技术研究院。NIST 隶属于美国商务部，由美国国会批准成立，拥有强大的科研能力，为美国工业、商业、科研院所及政府机构提供重要的技术支持。除了研究标准、测量技术以及为其提供试验数据、方法和标准服务外，NIST 还帮助企业接受先进的科学技术，提高企业在国内外市场上的竞争能力，面向中小型企业开发新技术、新产品，进行技术服务和技术转让。作为美国政府最大的标准化科学研究机构，NIST 研究领域涵盖环境、计量、现代化通信、纳米技术、人工智能、消防等各行各业。NIST 内部机构隶属关系如图 4–1 所示。

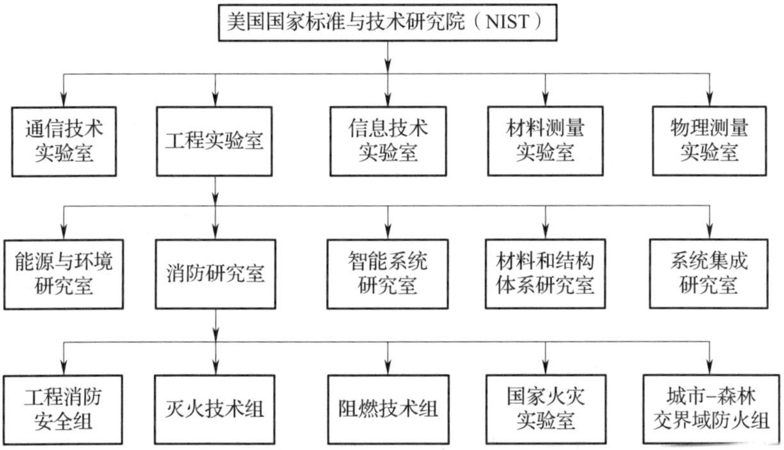

图 4–1 美国国家标准与技术研究院内部机构隶属关系

NIST 下设的工程实验室（Engineering Laboratory）主要聚焦能源和环境、消防、智能系统、材料和结构体系以及系统集成。作为工程实验室一个重要组成部分的消防研究室（Fire Research Division），包括工程消防、灭火技术、阻燃、国家火灾实验室以及城市 – 森林交界域防火组 5 个研究组，旨在开发、验证和利用测量和预测方法量化火灾的特性，完善消防安全工程、灭火、火灾调查、防火检测、火灾数据管理以及故意纵火等方面的理论和技术，以减少火灾对人员生命、财产和环境的影响。该消防研究室拥有的国家消防研究实验室，基于实验室先进的试验设施，通过大量试验研究，深入了解火灾特性和结构对火反应，进而解决促进美国创新和工业竞争力的关键技术问题，推进工程系统的测量科学、标准及技术，以增强经济安全和提高生活质量。

NIST 消防研究室于 2020 年和 2021 年 1 月发布的研究报告，内容涉及 NIST 火灾量热数据库、床垫可燃性标准、火灾导致办公建筑楼板垮塌的原因、家用软垫家具火灾风险及应对策略等，从基础数据到试验研究，从产品到标准化、从住宅建筑到办公建筑，多角度、多方面研究火灾风险及其应对措施，为相关行业的消防安全提供技术支持。

4.1.1.2 美国国家消防协会

美国国家消防协会（National Fire Protection Association，NFPA）是一家非营利性国际民间组织，成立于 1896 年，致力于通过制定火灾相关规范、标准，以及通过开展相关研究、培训、宣传教育来提供消防科研成果、消防安全信息和相关知识，进而降低因火灾、电气和相关危害而导致的人员伤亡和财产损失。

目前，NFPA 由以下 4 个常设部门组成：① NFPA 政府事务部，代表 NFPA 向政府部门提供最新消防安全领域相关的专业知识，从而影响、倡导和引领政策制定者决策制定；②消防及生命安全政策研究所，通过分析和政策建议的方法来帮助政策制定者理解和处理公民生命安全保护问题；③ NFPA 地区办事处，负责包括规范和标准、培训、认证、公共教育、研究和其他重点 NFPA 项目等在内的 NFPA 工具和资源在北美各地区的推广使用；④ NFPA 野火部门，依托 NFPA 在野火领域公认的权威研究地位，促进相关各界对野火安全建立共识，倡导加强保护处于野火风险中的人员生命和财产安全。NFPA 的标准和规范涉及消防行业的方方面面，从基础标准到应用标准，从工程建设标准到系统标准、产品标准以及相关测试方法标准，此外还包括相关从业人员资质标准、教育培训标准等。

在火灾研究方面，NFPA 设有火灾研究数据分析部门，开展与消防相关的各类专题研究，拥有大量火灾数据和研究分析结果。美国消防协会下设的消防研究基金会，是一个独立的非营利组织。其任务是通过科研的规划、管理和交流来对协会提供技术支持。研究基金会成立于 1982 年，致力于推动美国消防协会法规和标准规范的影响力。基金会先后推动了多个领域的研究，包括探测与信号、危险化学品、电气安全、灭火、物品存储、消防员防护装备以及最近几年集中开展的应对高层木结构建筑火灾挑战等系列科研项目。项目一旦成立，即成立专业技术攻关小组，项目向全球开放，各大学、研究机构、相关单位等可以申请承担或参加项目的研究。

此外，NFPA 还开展相关火灾事故调查研究，其设立的消防研究基金会组织火灾研究的计划、管理和交流工作，以支持 NFPA 的规范和标准的发展，及其技术委员会和更广泛的消防界进行技术性火灾事件的调查。

在培训方面，NFPA 采用课堂培训、在线培训、现场培训、会议等方式对相关人员进行火灾、电气安全方面的规范和标准培训。此外，NFPA 制定有专业的认证计划，包括消防专家认证、消防检察员认证和消防计划检察员认证。

在教育与宣传方面，NFPA 开发了适用于不同年龄段的教育程序、工具和资源，包括针对儿童的“不玩火”教学项目、针对老年人的“记住何时”学习项目等。为了减少住宅火灾和野火损失，NFPA 通过提出消防倡议和社区计划等宣传方式，提高人们的消防意识，鼓励全民参与，制订火灾的应急应对方案。

此外，NFPA 拥有自己的多部刊物，包括仅面向其成员、涵盖行业新闻的双月刊杂志《NFPA 杂志》；列出各种先进消防产品及服务的《NFPA 杂志®采购指南》；涵盖拉丁美洲防火、安全和生命安全信息的《NFPA 杂志®拉丁美洲》等。

2020 年，NFPA 发布了多项研究及调研报告，内容涉及以下方面：美国火灾伤亡率、损失率、事故损失趋势及模式等美国国家火灾相关问题；美国住宅、学校、加油站、重建建筑等建筑结构火灾问题；基于机器视觉的数字化可燃物载荷测量方法等研究；声报警信号有效性、住宅燃气扩散及气体探测装置分布分析等火灾探测及信号技术领域研究成果；美国 2014—2018 年火场消防员受伤情况、2019 年美国消防员受伤情况及死亡情况年度报告等应急响应人员相关研究；无氟消防泡沫防火效果评价、坡屋顶仓库消防保护、仓库高架通道对喷淋系统的影响等火灾防控方面的相关研究；以及野外 – 城市交界域火灾疏散模拟平台的介绍。

4.1.1.3 美国工厂互助会

美国工厂互助会（Factory Mutual Global，FM Global）是一家成立于 1835 年价值 55 亿美元的互助制工商企业财产保险公司，总部位于美国东北部的罗得岛州。该公司的业务范围包括工业、商业财产保险、保险客户的产品认证以及为其全球企业客户提供财产防损方面的工程咨询服务等。

为了更好地服务客户，FM Global 设有独立的研究部门（FM Research），主要开展火灾、自然灾害、风险、可靠性及失效预防等相关研究，深入了解各种灾害造成的损伤并制定相应的预防措施。此外，FM Global 于美国罗得岛州建有世界先进的实验中心，该中心占地 1 600 英亩，设有专门的试验场馆用于开展火灾试验、风灾雪灾等自然灾害试验、爆炸试验和产品检测工作，是全球财产防损相关科学研究和产品测试中心，在全球同类研究机构中规模较大，实验技术及设施较先进。

工业火灾作为 FM Global 传统保险业务领域，是 FM Research 最为重要的灾害研究领域之一。FM Research 在工业火灾及水喷淋消防保护方面的研究水平世界领先。FM Global 利用其大型火灾实验室开展了大量全尺寸火灾实验及自动喷水灭火系统灭火试验，在世界上首次研制了适用于货架火试验的标准燃烧物，对燃烧物火灾危险性进行了分级。基于其获得的大量实验数据建立了完备的火灾数据表，制定了自动喷水灭火系统产品系列标准，为全球工业火灾及火灾防控研究提供了理论和试验指导。

2019 年，FM 认可（FM Approvals）新建立了电气灾害及气体检测实验室，可为全球认证提供一站式服务，其中的环境试验和有毒、可燃气体、新型气体检测实验室是美国最先进的气体检测实验室，可对 47 种不同的有毒和可燃气体进行检测和认证。近年来，FM Global 开展了“坡屋顶及有障碍物屋顶下水喷淋性能”研究、外墙外保温系统火灾蔓延及烟气产生的全尺寸火灾试验方法研究，旨在为 FM Global 标准制定提供防损指南和试验方法。

4.1.1.4 保险商实验室

保险商实验室（Underwriters Laboratories，UL）是一家非营利组织，致力于通过运用科学技术解决安全、安保和可持续发展方面的问题，进而为创造美好世界贡献自己的力量。UL 涉及的行业包括汽车、建筑工程、能源与公共设施、医疗保健与生命科学、工业产品和系统、生命安全与保障等，其工作内容包括针对相关行业开展独立研究、标准开发、产品测试和认证，以及提供分析和数字解决方案。其中，UL 重点研究领域包括电池安全、化学研究、数据科学、教育推广、消防安全和标准化。

在消防安全研究方面，UL 建有消防员安全研究所（Firefighter Safety Research Institute，FSRI）。该研究所通过与全球消防部门合作，推进救援人员安全科学知识的进步与共享，为消防员更好地执行职责决策奠定基础。在由消防人员组成的全球顾问委员会的指导下，UL FSRI 通过全尺寸试验、实地试验和建模等方式模拟消防员面临的实际火场情况，调查住宅、商业和工业火灾。研究结果通过学术和同行评审进行审查，发表在期刊上，并转化为电子课程和线下培训课程。目前，以上课程已服务全球数十万名消防员。UL FSRI 将进一步提高消防部门、其他职业健康机构和消防安全的利益相关者对消防安全问题的认识，推广应用关于特定灭火策略使用等的研究成果。

近年来，UL FSRI 重点开展了针对住宅火灾和消防员火场防护的研究课题，包括开展住宅轰燃火灾扑救减少水量研究，消防培训环境安全性、逼真度、暴露性研究，火灾环境中水蒸气现场测量研究，火灾中反复暴露及救援后反复清洁对消防员灭火防护服防护性能影响的研究，以及消防人员执勤过程中受伤并近距离脱险的相关研究。旨在为规范、标准和消防员战术的改变提供建议，并制定预防类似伤害的培训材料和课程，为消防员火场救援提供有效防护，减少火场人员损伤。

4.1.1.5 国际消防长官协会

国际消防长官协会（International Association of Fire Chiefs，IAFC）是面向世界各地消防员和紧急救援人员的组织，其成员包括消防、紧急医疗服务、反恐、有害物质泄漏处置、自然灾害救援、搜救和公共安全政策方面的权威专家。协会由美国和加拿大不同区域的 8 个分支机构组成，形成了各地区消防和应急管理服务之间的沟通、宣传和教育渠道。协会的任务是为当前和未来的消防志愿者、消防救援负责人、消防总监、公司主管和应急服务组织经理人提供领导管理技术支持，提高该类人员的专业水平和能力。

4.1.1.6 伍斯特理工学院

伍斯特理工学院（Worcester Polytechnic Institute，WPI）成立于 1865 年，是一所位于美国马萨诸塞州伍斯特市的世界知名私立研究型大学，1979 年伍斯特理工学院建立了消防工程硕士点，是美国第一个拥有消防工程硕士学历学位授予资格的学校。1991 年建立了第一个消防工程博士点，并在 1993 年推出了第一个全球远程教育消防工程学位项目。这些里程碑使得 WPI 成为全球公认的消防工程研究生教育的领导者。WPI 消防工程专业的发展推动了该领域的前沿发展，通过其先进的消防实验室解决现实消防难题，培养训练有素、有影响力的消防专业从业人员，其研究领域主要包括防火材料、火灾爆炸防护、建筑消防系统、消防员职业安全管理、建筑火灾人员疏散以及火灾风险评估监管等。

4.1.1.7 加拿大国家研究院

加拿大国家研究院（National Research Council，NRC）是加拿大最大的综合性研究机构，包括高级电子和光电研究中心、航空航天研究中心、汽车和地面交通研究中心、建（构）筑物研究中心等 14 个研究中心，研究领域涉及航空航天、海洋生物、陆路交通、医疗、信息等方方面面。其中，消防研究属于建（构）筑物研究中心。该中心下设 6 个研究部门，包括加拿大住宅技术部、民用基础设施和相关结构检测部、消防安全检测部、湿热性能研究部、室内环境检测部以及材料排放物检测部。消防安全检测部在消防研究方面为工业企业、政府以及学校等提供技术支持。研究领域包括材料、结构和产品的火灾特性；消防系统、烟控系统、火灾探测以及灭火系统等的技术开发、改进以及检测；标准检测或个性化检测服务；火灾模拟和火灾风险评估；人在火灾中的行为等。研究成果可帮助建筑、交通运输、航海、航空以及汽车等行业提升其消防安全水平，降低火灾风险和火灾损失。

4.1.2 大洋洲

4.1.2.1 澳大利亚消防科研和产品检测及认证机构

澳大利亚联邦科学与工业研究机构（Commonwealth Scientific and

Industrial Research Organization，CSIRO）是澳大利亚最大的国家级科研机构，前身是于 1916 年成立的科学与工业顾问委员会（Advisory Council of Science and Industry）。CSRIO 综合实力在世界上排名前 10 位，包含工业、农业、医疗、军事等学科，为工业、社会、环境提供科学的创新性的解决方案。该研究院也是澳大利亚拥有科学家数量最多的机构，有 6 500 名员工在澳大利亚和其他 57 个国家和地区开展科学研究工作。

澳大利亚联邦科学与工业研究机构下属的消防科学与技术实验室（CSRIO Fire Science and Technology Laboratory）一直致力于消防科学研究、咨询及检测，是澳大利亚最大的火灾预防和控制科研机构。该实验室从事与建筑及制品对火反应及耐火反应性能相关的消防检测认证和标准化工作，同时也开展消防安全工程和评估工作。其检测设备齐全，大部分设备已在澳大利亚国家检测机构协会（NATA）登记注册，主要依据 ISO 标准、澳大利亚标准（AS）、英国标准（BS）和美国标准（ASTM、UL、NFPA）以及其他标准进行检测。该实验室也提供其他有关消防的咨询服务。消防科学与技术实验室开展的消防产品检测范围涉及：墙、门、楼板、卷帘、管道、天花板等构配件耐火性能；建筑材料燃烧性能；热释放速率；建筑材料烟气蔓延试验等。

澳大利亚的产品安全认证没有一个统一的认证标志和唯一的认证机构，所以澳大利亚产品安全认证仍然统称为 SAI 认证（即 Standards Australia International Limited，前身为 Standards Association of Australia）。SAI 国际认证集团（SAI Global）是澳大利亚最大的认证公司，从原澳大利亚标准制定的最高组织 SAI 独立出来，也是亚太区最有权威的产品认证专业机构之一，在国际标准、规则和符合性服务领域提供服务。SAI 认证范围包括产品认证、体系认证和培训，产品涉及消防、汽车配件、元件和材料、煤气产品、建筑材料、健康保护、电子技术产品、园艺、工程类产品、个人防护产品、水质量、废物处理、水暖器材类等。公司的前身可追溯到 1922 年成立的澳大利亚英联邦工程标准协会（Australian Engineering Standards Association）和 1929 年成立的澳大利亚质量协会（Quality Association of Australia）。SAI 国际认证集团（SAI Global）总共有超过 1 400 名员工，遍布全球 100 多个国家。澳大利亚也有其他消防安全产品检测机构，根据不同的产品标准对消防产品进行检测，如昆士兰州的澳大利亚消防栓检测公司（FHTA），英国威灵顿驻澳大利亚防火消防实验室等。

4.1.2.2 澳大利亚森林火灾和自然灾害研究中心

澳大利亚森林火灾和自然灾害研究中心（Bushfire and Natural Hazard CRC，BNHCRC）是著名的森林火灾研究机构，将澳大利亚和新西兰的火灾和应急管理研究领域的专家聚集在一起，针对森林火灾、洪水、龙卷风、地震、海啸等自然灾害的成因、后果、处置措施等方面开展研究。

该中心研究项目主要分为委托研究项目、战术研究基金项目和快速响应基金项目三种。其中委托研究项目是受各州或地区消防部门、土地管理和紧急服务机构、政府部门、非政府组织和行业协会等合作伙伴委托开展的自然灾害研究项目；战术研究基金研究中心是 2017 年设立的，以鼓励开展短期的最受用户关注的研究项目为主，解决某一行业的战略问题和具有国家重要意义的问题；快速响应基金是 2016 年设立的，为研究人员前往受灾地区提供资金支持，以确保及时收集数据，帮助确定重大灾害引起的重点研究课题。

近年来，澳大利亚森林火灾和自然灾害研究中心开展了大量森林火灾相关项目，主要研究成果包括森林火灾对自然保护区的影响、对河口系统的影响、对动植物系统的影响、火灾后森林恢复能力评估、可预防的住宅火灾死亡的战略分析、通过火灾行为的物理测量预测火灾危险等级、森林火灾案例研究指南、灾难性森林火灾后果量化研究、用于遏制森林火灾的空中地面资源有效性分析等。

4.1.2.3 新西兰建筑研究委员会

新西兰建筑研究委员会（Building Research Association of New Zealand，BRANZ），前身是成立于20世纪50年代的建筑研究局（Building Research Bureau）。20世纪60年代，建筑行业和政府联合成立了新西兰建筑研究委员会。1973年，BRANZ成立了消防科研和检测实验室，将其业务从建筑科研、检测、咨询和信息提供方面拓展到了建筑防火安全。目前，BRANZ的业务领域涉及与建筑有关的各类科学研究，如结构安全、防火安全、建筑节能等，同时还包括各类产品检测和认证以及各类技术咨询。

消防研究一直是BRANZ的重点研究领域。近期开展的项目主要集中在中、高密度住宅区的消防安全问题。BRANZ设置了研究课题和检测项目，包括建筑外立面的耐火性能研究、火灾沿外墙的竖向蔓延研究、工程木产品的安全应用以及高密度住宅区人员安全疏散研究等。

4.1.3 欧洲

4.1.3.1 英国BRE集团

英国BRE集团（BRE Group）前身是建筑研究站（Building Research Station，BRS），成立于1921年，是由英国政府资助的中央实验室，后逐渐合并了森林产品研究实验室、消防研究站等多个独立的研究、测试和批准组织，成立了建筑研究院（Building Research Establishment），并一直作为政府实验室运行。1997年，实验室完成了私有化，并停止使用“建筑研究院”的全称，更名为“BRE”。为了保留BRE在公共资助下发展起来的权威和独立性、避免其受到商业压力的驱使，与BRE合作的各行各业成员一起组建了一个新基金组织——建筑环境基金会。2005年，该基金会更名为BRE信托。BRE信托基金是一个注册慈善机构，支持与公众利益相关的建筑环境研究。为保证权威性和独立性，1999 年，BRE 开展了独立于政府关系的产品认证业务，2006 年，BRE 认证更名为 BRE Global，与 BRE、BRE 信托一起组成了现在的 BRE 集团。

BRE 集团是一个在研究、咨询、培训、试验和认证方面都具有世界领先地位，为建筑环境及相关领域提供可持续发展和革新服务的机构。其下设房地产、建筑施工和产品制造三个部门，拥有 BIM、能源、消防安全、建筑韧性领域的专业研究人员，旨在为房地产行业、建筑行业和产品制造业提供全生命周期各阶段的解决方案。

其中，BRE 火灾研究团队已有 50 多年的火灾研究和火灾调查经验，拥有欧洲最大、最先进的消防研究设施之一，可为与建筑、交通运输及其基础设施有关的所有火灾问题提供消防安全设计、规范、防火测试、火灾研究及调查、消防培训等全方位的技术服务。近几年，在消防研究及火灾调查方面，BRE 主要开展了用于解决火灾误报问题的智能多传感火灾探测技术研究、火灾探测设备测试技术方法研究、停车场等交通运输基础设施火灾蔓延风险研究、光伏系统潜在消防问题研究、基于计算流体动力学（CFD）的火灾计算软件研发、基于事故报告的建筑火灾伤亡因素分析及针对弱势群体的消防安全问题解决方案研究等具体研究项目。

4.1.3.2 英国消防协会

英国消防协会（The Fire Protection Association，FPA）致力于引发人们对火灾安全的关注，并将灾害的风险和损失降到最低。自 1946 年成立以来，在消防各个领域的工作质量和专业性都得到了多方认可，业务包括消防科技研究、咨询服务、培训、文献出版、风险调查等方面。

4.1.3.3 法国 Efectis 集团

Efectis 集团是由荷兰应用科学研究组织和法国钢结构科学技术中心基于其 60 余年的火灾科研经验及消防服务活动合作成立的消防科技公司。

Efectis 集团被认定为官方检测机构已经超过 65 年，拥有 6 个实验室和 22 套防火测试装置，涵盖了消防相关的产品测试、火灾调查、火灾建模、产品认证、人员培训等业务，涉及商业、仓库、公共等建筑场所，建筑材料、石油天然气工业领域，核电领域，以及基础设施领域等。

在产品测试方面，Efectis 集团实验室拥有先进的燃烧器、量热器和烟雾测量设备等，可以开展建筑构配件性能测试、灭火系统全方位性能测试、消防员个人防护服性能测试等，还可以定量测量产品的可燃性、放热量、发烟量和失重率等重要参数，从而测定产品的防火性能及其对火灾发展的影响。对于非标产品或系统，Efectis 集团可提供定制测试或现场测试，用以评估产品防火性能或灭火系统的有效性。在业务培训方面，Efectis 集团凭借近 70 年的消防安全领域研究背景，提供了包括各种消防法规、产品测试标准、CE 标准及公司资质要求等各方面的定制培训课程。

4.1.3.4 瑞典研究院

瑞典研究院（Research Institutes of Sweden，RISE）是瑞典国家技术研究机构，其研究领域包括生物经济、ICT（数字产品、服务和商贸）、生物科学和材料、安全和交通、建（构）筑物环境、RISE 认证。

消防安全研究是 RISE“安全和交通研究部”的重要研究领域，主要从事消防理论、消防安全工程、法律法规、海上消防安全、风险评估、消防检测和认证、工厂检查等工作，其业务遍布全球。具体工作涉及火灾增长和烟气蔓延的理论分析和曝火结构的温度计算、第三方消防设计和评估、欧盟各项消防相关标准的制修订、消防产品和系统的研发、材料和产品的耐火测试以及灭火剂和灭火设备的检测等，其隧道火灾研究居全球领先地位。近年来，RISE 开展了海上火灾安全疏散、外墙防火性能欧洲评估方法、海上锂离子电池火灾控灭火技术以及材料无卤阻燃技术等方面的相关研究。

4.1.3.5 芬兰VTT技术研究中心有限公司

芬兰VTT技术研究中心有限公司是芬兰国有独资有限责任公司。除母公司外，VTT集团还包括四个全资子公司。芬兰国家计量学院和国家标准实验室是VTT集团的一部分。2019年，VTT集团营业额达1.47亿欧元，经营收入310万欧元。截至2019年底，VTT集团拥有员工2 103名。

作为一家独立、公正的非营利性研究中心，其主要职责是促进研究成果和技术在社会相关领域的广泛应用和商业化。VTT集团研究领域广泛，涉及计量、传感、交通运输、信息通信、工业生物技术、制造工艺、食品、能源、智能建筑等各领域跨学科科学技术，可在生物产业、化学、建筑业、电子产业、森林产业、航天工业领域为客户提供全方位技术服务。目前，VTT集团的三个主要业务领域包括知识密集型产品和服务、智能产业和能源系统以及生物和过程技术。

近年来，VTT集团研究涉及森林产业、制造产业、能源、交通等各行各业，主要开展了通过热解建模提高消防安全性，遥感技术在自然灾害的灾前、灾中、灾后救援中的应用，消防员智能服装开发，核电厂抵御飞机撞击火灾能力分析，基于新生物材料的高效阻燃涂层等多项消防安全和火灾防控方面的研究。

4.1.4 亚洲

4.1.4.1 日本消防设备安全中心

日本消防设备安全中心于1975年成立，在推动日本消防和灾害救援应对方面发挥了突出作用。其主要职责包括消防防灾工程师培训；消防设备和系统认证；消防安全评估；消防信息与通信系统研究、设计与安装监督；防火防灾研究；消防国际合作；防灾书籍出版以及为执法部门提供相关技术支持。该中心除开展独立研究外，还与各研究机构、大学、政府机构、消防机构以及一些私人实验室合作，根据社会需求，就综合防灾减灾相关问题进行研究。

4.1.4.2 日本总务省消防厅消防研究中心

日本总务省消防厅消防研究中心成立于2006年，其前身是成立于1948年的消防研究所。该研究中心下设火灾灾害调查部、技术研究部、技术计划部三个部门，主要研究领域包括市内人口密集区火灾预防，防范化学物质引起的火灾爆炸及其处置应对措施，石油储罐地震防灾及老化处置对策，大规模自然灾害消防救援研究，特殊灾害安全防护等。

4.2 国际消防救援科技成果综述

4.2.1 火灾防控

4.2.1.1 建筑耐火

建筑物是供人们居住、工作、学习、生产、娱乐及进行其他社会活动的工程场所，建筑物火灾是危害程度非常严重的灾害之一。随着社会经济的发展和科学技术的进步，建筑物的类型、规模和用途等都发生了巨大的变化，建筑用电、用气、用火的规模也不断扩大，加之新材料、新技术、新产品和新能源的广泛采用，建筑物的传统和非传统火灾隐患不断增加，致使建筑火灾的形势也随之有了重大变化。建筑火灾风险的不断增加，火灾危害性的不断增大，对社会的影响也越来越大，特别是一些重特大建筑火灾的发生，不仅给人民的生命、财产造成巨大损失，而且对经济建设和社会稳定产生了严重的危害。因此，必须采取科学、合理、先进的防控措施，才能有效地预防建筑火灾的发生，并减少火灾的损失。

建筑内火灾产生的高温是影响结构安全的主要因素。火灾高温下建筑材料发生不可逆质变，结构力学性能严重衰减，导致建筑结构局部损坏或整体坍塌，如连接意大利和法国的勃朗峰公路隧道火灾，大火持续 2 天，隧道结构严重受损，混凝土穹窿全部沙化，隧道关闭 3 年（见图 4–2）。美国“9 · 11”事件中世贸中心大厦在飞机撞击后发生火灾，高温达 1 000℃以上，导致楼层内钢结构软化，强度大幅降低，最终失去承载能力，造成大厦坍塌。2019 年 4 月 16 日，巴黎圣母院在翻新过程中引发火灾，导致教堂顶部的木质结构被全部烧毁（见图 4–3）。

图 4–2　勃朗峰公路隧道混凝土损伤

图 4–3　巴黎圣母院木质结构烧毁

上述火灾案例中的建筑结构对应常见的混凝土结构、钢结构、木结构，当发生火灾时，均会出现力学性能的大幅衰减或整体的坍塌。下文分别从火灾场景、建筑材料类型方面对建筑结构火灾防控研究进展进行综述。

1. 火灾升温曲线

在结构防火设计中，首先应确定火灾高温边界条件，一般按最高温度下的最不利情况考虑。一些国家和研究机构提出了不同场景的火灾升温曲线，广泛应用于结构耐火试验及结构、构件等的耐火检测评定中。典型室内火灾温升曲线有：ISO 834 标准曲线、HC 标准火灾曲线、ASTM-E119 标准火灾曲线；典型隧道内火灾温升曲线有 RWS 火灾曲线、HC_{inc} 火灾曲线，RABT-ZTW 火灾曲线。

2. 混凝土、钢筋混凝土结构

为保证结构耐火安全，国际上从 20 世纪 50 年代开始重视结构耐火研究，波特兰水泥协会、美国混凝土协会、美国预应力混凝土协会、欧洲国际混凝土协会先后成立了混凝土结构耐火研究小组，主要研究了混凝土的高温材料性能，梁、柱和板的耐火性能与计算方法及框架的火灾反应。高温下混凝土材料性能方面，对混凝土和高强混凝土的热工参数（导热系数、比热、质量密度、热膨胀系数等）进行了广泛研究，并给出了相关的函数表达式；高温下和高温后混凝土的力学特性方面，通过大量的试验研究，揭示了高温对混凝土强度、弹性模量、峰值应变、应力－应变曲线、钢筋与混凝土黏结强度、爆裂等的影响；混凝土构件和结构方面，通过试验和理论研究，国内外学者开展了火灾高温对板式构件、梁式构件、柱式构件、墙式构件及框架结构的耐火性能分析。在试验数据基础上，形成了混凝土结构、构件防火设计与损伤评估方法，编制了混凝土防火设计规范。20 世纪 60 年代我国成立了公安部消防科学研究所，1989 年建立了火灾科学国家重点实验室，1991 年建立了土木工程防灾国家重点实验室。我国科技工作者通过大量的火灾试验和抗火研究，形成了一系列混凝土结构防火设计规范和火灾后结构损伤评估与加固设计标准，如《建筑设计防火规范》GB 50016–2014 和《火灾后建筑结构鉴定标准》T/CECS 252–2019。

在提高混凝土结构易损部位的耐火性能及火灾后混凝土结构修复方面，目前主要从材料和构造两方面考虑。材料方面，主要通过掺入纤维（如聚丙烯纤维、钢纤维等）来提高混凝土的抗爆裂性能或剩余承载能力；构造方面，主要有适当增加保护层厚度、加大截面尺寸和涂抹防火涂层。

从目前混凝土结构防火研究现状来看，对高温下和高温后混凝土力学性能的研究多为单向受力状态下，而实际火灾中结构常处于多向应力状态，目前相关成果极少，还待进一步深入研究。此外，对于混凝土爆裂的研究尚无统一的定量结论，尚待开展深入系统研究。目前，建筑物防火研究多集中在单个结构构件的耐火性能，对整体结构的结构反应、承载能力和破坏特性缺乏深入、系统研究。

3. 钢结构

国际上从 20 世纪 70 年代开始进行钢结构的防火研究，在 20 世纪 80 和 90 年代已经取得了相当丰富的科研成果，并编制了基于计算的钢结构防火设计规范，其中 BS5950《英国钢结构设计规范》中的 BS5950–8《结构防火部分》最有影响，提供了较为完整的基于计算的结构防火设计现代方法。BS EN–1993《欧洲钢结构规范》中的 Part1.2《钢结构防火设计规范》于 2005 年取代了英国 BS5950–8，目前该规范被认为代表了结构防火的较高水平。我国从 20 世纪 80 年代末开始开展钢结构防火研究，经过多年积累，于 2006 年颁布了基于计算的钢结构防火设计方法的协会技术标准《建筑钢结构防火技术规范》CECS 200–2006，之后启动了国家标准《建筑钢结构防火技术规范》GB 51249–2017 的编制，并于 2018 年 4 月实施。

对于钢结构的防火研究，主要包括高温下结构钢（包含耐火耐候钢、高强螺栓等）的材料特性、钢构件的耐火性能、钢结构的整体耐火性能。此外，也开展了大量的钢 – 混凝土组合结构耐火性能研究，如钢 – 混凝土组合柱、组合梁等。研究发现：普通钢材的强度和刚度均随着温度的升高而加速衰减，当温度超过 600℃后，普通钢结构将失去大部分的强度和刚度，进而造成钢结构承载能力的降低。火灾下钢结构所承受的建筑物荷载一般没有明显变化，但当钢结构的温度升高到某一数值时，钢结构就会因承载力不足以承受其上的荷载而发生破坏，一般该破坏的临界温度为 600℃；通过对高温钢构件的极限承载力进行理论和试验研究，提出了钢构件高温极限承载力计算方法或公式，同时发现火灾后钢结构连接焊缝开裂比较严重；此外，已开展了理论和试验对钢结构在约束条件下的承载能力进行研究，建立了一些相应的计算方法。

对于钢结构的火灾防控主要从提高钢结构耐火性能和采取有效的防火保护措施方面入手。提高钢结构耐火性能方面，目前主要采用耐火耐候钢、耐火能力强的构件（如钢混组合构件）或采用钢混组合结构，及在防火要求较高的部位采用钢筋混凝土结构；在防火保护措施方面，通过对已有的钢结构进行额外的防火加工，即在原结构基础上，通过外涂、屏蔽等方法提高钢结构的耐火性能。

未来钢结构防火安全的发展趋势中应注意以下一些问题：钢结构耐火极限的性能化需求、钢结构局部火灾温升与受力性能、钢结构防火保护隔热性能的现场快速检测、钢结构防火防腐装饰一体化、钢结构火灾下破坏预警、预应力钢结构防火设计、钢结构抵御火灾下连续性倒塌等问题。

4. 木结构

木结构在古建筑中广泛使用，在美国、加拿大、澳大利亚及许多欧洲国家，木结构建筑也广受欢迎。但火灾会给木结构建筑造成毁灭性伤害。木结构建筑的火灾特点主要表现在火灾荷载大、火势蔓延迅速、火灾中承载能力低、灭火困难。

10 多年来，随着新的工程木产品的出现以及装配式木结构和木结构混合结构建造技术的发展，木结构建筑的应用范围，也从传统的小型公建和低层、单（双）户住宅，向多高层住宅和综合体方向发展，且建筑高度越来越高。多高层木结构建筑多数出现在美国、加拿大、澳大利亚及许多欧洲国家。据不完全统计，截至 2019 年底，国际上已建成的多高层木结构建筑约有 40 ~ 50 栋。自 2009 年英国建造了全球第一高的 9 层木结构住宅后，英国、瑞典、德国等相继建造了多栋 6 ~ 8 层住宅建筑。其后，奥地利、意大利也建成了 8 层、9 层的木结构居住建筑。2013 年，澳大利亚墨尔本建成了 ForteTower10 层（32m）木结构住宅，挪威于 2015 年在卑尔根市建成了 14 层木结构住宅 Treet（51m），美国于 2016 年在明尼苏达州建成一座 7 层的商用建筑，于 2017 年在波特兰市建成了 8 层（26m）的商住两用木结构建筑，加拿大于 2017 年建成了不列颠哥伦比亚大学（UBC）18 层（53m）学生公寓，是当时国际上最高的木结构建筑。2019 年更多高层木结构建筑建成并投入使用，如奥地利集酒店、办公、公寓和健身中心于一身的 24 层（约 84m）的木结构综合体 HoHo，挪威在布鲁孟德尔市的 18 层（85.4m）办公、宾馆和公寓综合体建筑 MjösaTower。至此，MjösaTower 成了目前国际上已建成的最高的木结构建筑。

以上木结构建筑是通过性能化设计实现的，而在规格式规范中，为保证木结构建筑的防火安全，国内外纷纷制修订了本国相关标准对木结构的防火安全进行了规定。我国涉及木结构建筑防火的规范主要有 3 个：

《建筑设计防火规范》GB 50016–2014 主要从木结构建筑的适用范围、主要构建的燃烧性能和耐火极限、高度、层数、防火分区面积、防火间距、安全疏散及消防设施等方面，对木结构建筑防火给出原则性规定；《木结构设计标准》GB 50005–2017 关注于木结构建筑的防火构造和细部防火措施；《多高层木结构建筑技术标准》GB/T 51226–2017 提高了木结构建筑的最高允许层数，并明确了较高木结构建筑其他防火要求。现行国家标准《建筑防火设计规范》GB 50016 和《木结构设计标准》GB 50005 规定木结构的最高允许层数为 3 层，《多高层木结构建筑技术标准》GB/T 51226 规定了最高允许层数为 5 层。北美和欧洲各国对木结构建筑高度和层数规定也经历了慢慢放开的过程，2015 版《加拿大国家建筑规范》规定了木结构建筑的层数由原来的 4 层提高至 6 层，美国国际规范委员会（International Code Council，ICC）颁布的 2018 版《国际建筑规范》允许木结构建筑最高建至 6 层，到 2020 年欧洲大部分国家的木结构建筑最高允许层数放宽至 5 层。对于防火分区，我国给出了较为严格的规定，而加拿大、美国、芬兰等国家对木结构防火分区面积规定较为宽松。

从构件耐火极限来看，我国对重要的竖向承重构件的耐火极限规定比较慎重，从构件燃烧性能上，芬兰的规定与我国的几乎一致，而美国和加拿大的规定更倾向于鼓励使用未经防火保护的构件。

一直以来，学术界和工程界都在研究和应用木结构建筑防火的方法有饰面防火保护、采用水泥砂浆、包裹防火板材等，上述方法虽然起到一定的防火保护作用，但防护效果和适用性均难以令人满意。目前，对木材防火保护的方法主要有浸渍法和表面涂覆法。表面涂覆法是采用防火涂料对木材表面进行涂刷处理，增强木材阻燃性能，降低木材燃烧速率，控制火势蔓延，从而有效减少火灾损失。

目前，建筑结构防火面临两大主要问题：一是防火设计理论和方法落后，表现为较高的耐火极限要求导致防火浪费，构件高温加载采用标准升温曲线，要求过严，与构件实际受火状态不符。二是防火涂料综合性能欠佳。通过采用先进的结构防火设计方法，根据实际火灾荷载密度，与构件的受力和约束情况确定防火涂料厚度；提高防火涂料的耐久性和工厂化自动喷涂技术。

4.2.1.2 防火阻燃技术

阻燃塑料制品、阻燃织物和防火阻燃建筑材料的应用，在火灾预防方面发挥了显著作用。随着科学技术进步和经济社会发展，特别是人们对于环保、健康和防火安全等方面的重视，近年来防火阻燃材料服役安全性、耐候耐久型防火阻燃材料、环境友好阻燃技术、抑烟减毒技术及低烟低毒防火阻燃材料、协效阻燃技术和本质阻燃技术等方面成为防火阻燃领域的研究重点。

1. 防火阻燃材料服役安全性

防火阻燃材料在长期使用过程中会经历多种环境因素的影响，如雨雪、大风、高温、低温、冻融、盐雾、酸碱、风沙、紫外线辐照、震动等，其服役安全性一直是科研人员的研究热点之一。Turku 等通过加速老化试验，研究了不同阻燃剂对聚丙烯基共挤木塑复合材料耐久性的影响。Molaba 等的研究表明，高温高湿的环境会使得阻燃剂处理亚麻织物的力学性能极大地降低。Tan 等的研究表明，含有氢氧化铝或氢氧化镁的乙烯－醋酸乙烯酯和聚乙烯作为电线电缆材料使用，并暴露于自然环境下若干年后，其阻燃性能变化不大。Porfyris 等研究了紫外老化和热老化条件对阻燃改性聚乙烯材料阻燃性能和力学性能的影响，结果表明，老化条件对聚乙烯阻燃性能影响较小，但是会极大地降低其力学性能。Ullah 等的研究表明耐候性试验会影响膨胀型防火涂料的膨胀倍率。Bahrani 等研究了自然环境对膨胀型防火涂料阻燃性能的影响。Beraldo 等的研究表明未含有反应活性基团的笼型聚倍半硅氧烷相比含有反应基团的笼型聚倍半硅氧烷在膨胀型防火涂料中表现出更好的抗紫外老化性能。Mangin 等的研究表明，聚甲基丙烯酸甲酯相比聚乳酸具有更好的耐水热老化性能。Liszkowska 等还研究了高湿和紫外线辐照等老化条件对硬质聚氨酯泡沫材料性能的影响。美国 UL 实验室通过长期的研究建立了较为完备的材料黄卡制度，基于光伏材料色差的变化，保障产品在设计时选用的材料满足长期安全使用需要。

目前，防火阻燃材料的服役安全性的研究主要侧重材料本身理化性能的变化，涉及的阻燃体系及高分子材料还比较零散不够系统；同时，防火阻燃材料在服役期的防火阻燃性能的演变规律研究还比较缺乏，目前的研究对象主要是防火涂料，亟待开展系统研究。

2. 环境友好防火阻燃技术

卤系阻燃剂由于具有阻燃效率高、添加量少等优点而被广泛应用，但是其毒性和生物累积性会对环境和人类健康造成潜在危害。随着国际社会对卤系阻燃剂安全性评估的深入进行，越来越多的卤系阻燃剂被禁用，这对全球阻燃剂领域产生了极大的影响，环境友好防火阻燃技术的研发逐渐受到研究人员的重视。Adner 等通过含磷丙烯酸酯单体的聚合反应制备了一种无卤大分子阻燃剂，并用于聚对苯二甲酸乙二酯的阻燃改性研究，当阻燃剂含量达到 2.5wt% 时，阻燃样品能够通过垂直燃烧测试 V-2 级，氧指数达到 28%。Laoutid 等研究了无卤钙基水合矿物在聚乙烯和乙烯 - 醋酸乙烯酯共聚物中的阻燃作用，结果表明，其能显著降低复合材料的热释放速率，并且氢氧化钙有助于膨胀炭层的形成。Kappes 等以氨基硅烷和苯基磷酸为原料，通过溶胶 - 凝胶法对棉、涤纶及其混纺织物进行无卤阻燃改性，阻燃改性后的织物显示出优异的阻燃性能。Luyt 等研究了 6 种无卤阻燃剂对聚乙烯阻燃性能的影响，结果发现，三嗪衍生物和聚磷酸铵的阻燃效率最高，其添加量达到35wt%时，复合材料能够通过垂直燃烧V–0级。Nguyen等以可再生多元醇为原料，氢氧化铝和磷酸三苯酯为阻燃剂，制备了无卤阻燃软质聚氨酯材料，并将其用于织物的阻燃涂层，该研究表明氢氧化铝和磷酸三苯酯能够显著提升聚氨酯和织物的阻燃性能。Wilke等研究了聚磷酸铵、可膨胀石墨和其他阻燃助剂在热塑性弹性体中的阻燃效果，结果表明，该无卤阻燃体系具有较高的阻燃效率。Mendis等的研究表明磷酸化木质素能够显著提升环氧复合材料的阻燃性能。Nguyen等成功合成了一种新型含磷无卤阻燃剂，并将其用于棉织物的阻燃涂层。Edwards等分别以磷酰胺和环三磷腈单体为原料，合成了三种新型无卤阻燃剂，并用于棉织物阻燃，三种阻燃剂均表现出较高的阻燃效率。Tirri等合成了一种基于次磺酰胺结构的新型无卤阻燃剂，该阻燃剂在聚乙烯、聚丙烯和聚苯乙烯中显示出较高的阻燃效率。该研究人员进一步将基于次磺酰胺结构的阻燃剂与其他无卤阻燃剂复合使用，研究了其在聚丙烯材料中的阻燃效率。Habibah等以氢氧化铝为无卤阻燃剂，制备了阻燃改性环氧化天然橡胶，结果表明，氢氧化铝的粒径较小时，阻燃效率较高。Entezam等研究了有机改性纳米黏土与聚磷酸铵/季戊四醇无卤阻燃体系对乙烯–醋酸乙烯酯阻燃性能的影响，结果表明，两者具有较好的协同阻燃性能。

随着环境保护和资源利用要求的不断提高，绿色化成为阻燃剂的必然选择和发展趋势。生物质材料由于具有可降解、可再生等环境友好特性，成为当今阻燃领域的研究热点。Matsushita等以硫酸盐木质素和α,ω–烷二醇为原料，配合其他生物质原料，合成了一种生物基阻燃树脂，该树脂表现出优异的阻燃性能。de Souza等以椰壳纤维、废木料和桃木石等生物质材料为碳源，用于制备钢结构膨胀型防火涂料，并通过试验确定了其最佳添加含量。Howell等以淀粉衍生物双–2,5–（羟甲基）呋喃为原料制备了一系列含磷阻燃剂，并用于环氧树脂的阻燃改性研究，结果表明，含有双 –2,5–（羟甲基）呋喃和 DOPO 结构的阻燃剂阻燃效率最高。Jasiūnas 等以消化污泥、大麻秆和甜菜浆为原料提取出了生物质多元醇，并用于硬质聚氨酯泡沫的制备，该泡沫具有优异的热稳定性和阻燃性能。Li 等以硫酸盐木质素为原料，制备了具有优异保温性能和阻燃性能的生物质酚醛泡沫。Costes 等通过磷 / 氮两步改性法，制备了含有磷氮元素的木质素阻燃剂，并用于聚乳酸的阻燃改性研究，结果表明，该阻燃剂在聚乳酸中表现出优异的阻燃性能。Barbalini 等以植酸和生物炭为阻燃剂用于棉织物的阻燃处理，当两者的添加量在 8wt% 时，棉织物在水平燃烧和垂直燃烧测试均可自熄，并且在热通量为 $35kW/m^2$ 的锥形量热测试中不会起火燃烧。

虽然国际上在膨胀阻燃剂、生物质阻燃剂和无卤阻燃剂等环境友好阻燃剂研发方面开展了非常多的研究，但是目前膨胀阻燃剂热稳定性仍不能很好满足部分防火阻燃制品高温加工的需要、生物质阻燃剂热稳定性及耐水性差、部分无卤阻燃剂产业化缓慢及环境友好性有待进一步考察。同时，欧美等发达国家从环保、安全及健康方面发布了欧盟《关于化学品注册、评估、许可和限制的法规》（REACH 法规）、《关于限制在电子电气设备中使用某些有害成分的指令》（RoHS 指令）、《报废的电子电气设备》（WEEE 指令）、《关于持久性有机污染物的斯德哥尔摩公约》（POPs 公约）和《欧盟物质和混合物的分类、标签和包装法规》（CLP）等与阻燃剂相关的环保法令和法规，我国也出台了与阻燃剂相关的环保法规，环境友好防火阻燃技术的研究已成为国家和社会发展的必然要求。

3. 抑烟减毒技术

火灾统计数据表明，火灾中 70% 以上的伤亡人员是由吸入火灾烟气造成的，而聚合物复合材料在燃烧过程中往往伴随着大量有毒烟气的释放，因此抑烟减毒技术及低烟低毒防火阻燃材料的研发具有重要的现实意义。Pan 等的研究表明，赤铁矿包覆的氧化锡能够提升柔性聚氯乙烯复合材料的阻燃性能，并显著降低有毒烟气的释放。de Juan 等将有机改性海泡石应用于膨胀阻燃聚丙烯复合材料，结果表明，有机改性海泡石能够显著降低复合材料的一氧化碳生成量、总产烟量、产烟速率及烟气温度。Holder 等采用层层自组装的方法，以多壁碳纳米管为原料，对聚氨酯泡沫进行涂层处理，从而有效降低了聚氨酯泡沫的热释放速率和烟释放速率。Wang 等发现层状双金属氢氧化物与膨胀阻燃剂的协同作用能够显著提升聚丙烯复合材料的成炭性能和抑烟性能。Mohammadia 等的研究表明，磺酸盐改性层状双金属氢氧化物能够显著提升蓖麻油基软质聚氨酯泡沫的阻燃性能和抑烟性能。Sabet 等发现氧化石墨烯在环氧树脂、聚苯乙烯复合材料具有优异的阻燃性能和抑烟减毒性能。Li 等将二茂铁应用于聚苯乙烯复合材料，当二茂铁的质量分数仅为 3% 时，复合材料的总烟释放量可降低 56.9%。Labuschagne 等对比分析了含有不同金属元素的层状双金属氢氧化物对柔性聚氯乙烯复合材料抑烟性能的影响。Pan 等制备了一种高比表面积、高孔容的介孔 $SnO_2/Ca_2P_2O_7$ 杂化晶体，并应用于柔性聚氯乙烯的阻燃改性，结果表明，该阻燃剂能够显著降低聚氯乙烯的火灾和烟气危害。Malkappa 等合成了一种新型的可交联超分子聚（环三磷腈）功能化氧化石墨烯，并应用于聚丙烯，制备了一种阻燃性能、抑烟性能、热稳定性和黏弹性优异的聚丙烯复合材料。

虽然已报道的抑烟减毒技术在防火阻燃材料中取得了优异效果，但是目前这些技术离产业化还有一定距离，在阻燃抑烟减毒的同时如何保持防火阻燃材料的高性能仍是未来研究的一个重要方向。

4. 协效阻燃技术

在高分子复合材料中一般需要加入较高含量的阻燃剂才能达到理想的阻燃效果，这会极度恶化复合材料的力学性能，因此需寻求更为高效的阻燃体系，协效阻燃技术是提升阻燃体系阻燃效率的重要渠道之一。含有磷、氮、硅、硼、硫等阻燃元素的化合物以及可膨胀石墨等是目前常用的协效阻燃剂。Langfeld 等的研究表明，二乙基磷酸盐 / 三聚氰胺聚磷酸盐 / 无机物协效阻燃体系在热塑性苯乙烯－乙烯－丁烯－苯乙烯弹性体中具有较高的阻燃效率。Tirri 等研究发现，次磺酰胺类阻燃剂和传统无卤阻燃剂在聚丙烯中具有优异的协效阻燃作用。Acuna 等和 Akdogan 等的研究表明，可膨胀石墨与苯基膦酸苯胺盐以及可膨胀石墨与五硼酸铵八水合物的阻燃体系均在硬质聚氨酯泡沫中具有优异的协效阻燃作用。氧化物、氢氧化物、黏土等无机微纳米颗粒子本身阻燃效率较低，但是由于其具有一定的成炭能力，并且一些无机微纳米粒子还存在催化成炭作用，因此其往往被用于协效阻燃剂。Kalali 等合成了一种植酸插层的层状双金属氢氧化物，并与聚磷酸铵一起用于聚丙烯的阻燃改性，结果表明，两种阻燃剂之间具有较好的协效阻燃作用。Cavodeau 等的研究表明，氢氧化铝和硅藻土在乙烯－醋酸乙烯酯复合材料中表现出了较好的协效阻燃性。Hassan 等研究了壳聚糖类阻燃剂和有机改性蒙脱土在聚乙烯复合材料中的协效阻燃作用，并确定了其添加含量。Ldumah 等将剥离石墨烯纳米片与无卤阻燃剂用于红麻粉－聚丙烯复合材料的阻燃改性研究，并证实了两者具有较好的协效阻燃作用。

通过协效技术降低阻燃剂添加量和提高阻燃效率已成为防火阻燃技术研究的热点，如何筛选有效的协效剂和降低对制品性能的影响仍是未来研究的重点。

5. 本质阻燃技术

本质阻燃技术是通过共聚的方式将阻燃元素或耐高温单体引入聚合物主链或侧链中，在提高聚合物阻燃性能的同时，避免阻燃改性聚合物材料在使用过程中阻燃剂迁移或挥发等问题，并且该方法对聚合物的其他性能影响较小。Kim 等通过含磷阻燃剂的引入，制备了具有自熄性的本质阻燃热塑性聚酯弹性体材料。Mourgas 等通过两种含磷化合物的引入，制备了本质阻燃聚酰胺材料，该材料制备的针织布的极限氧指数能够达到 35%。Mourgas 等进一步以两种含磷化合物为原料制备了共聚单体盐，获得了本质阻燃聚酰胺材料，该材料制备的针织布的极限氧指数能够达到 36% ~ 38%。Abbasi 等制备了基于含磷阻燃剂的本质阻燃聚对苯二甲酸乙二酯材料，其极限氧指数能够达到 44%。

本质阻燃技术是实现高分子材料防火阻燃与高性能相统一的重要途径，但目前能起到有效防火阻燃作用且对高分子材料本身性能影响较小的共聚单体数量还比较有限，另外，实现本质阻燃高分子材料的产业化仍是未来努力的方向。

4.2.1.3 安全疏散

在火灾初期阶段，建筑内人员需要撤离着火区域或建筑物并到达安全地点，该过程即为人员的安全疏散。安全疏散的研究成果主要集中于疏散设计规范、疏散设施设备和疏散模型方面，三者相辅相成。

1. 疏散设计相关规范

疏散设计规范的成果较为成熟，主要为各国颁布实施的建筑防火相关设计规范。

英国设立的国家标准组织（The British Standards Institution，BSI）颁布的 BS 9999：2017《建筑设计、管理和使用中消防安全的实施细则》（*Fire safety in the design，management and use of buildings–Code of practice*）规定了人员安全疏散相关的疏散距离、疏散宽度、疏散设施等相关技术要求。美国国际规范委员会颁布的《国际建筑规范》（*International Building Code*）、美国消防协会颁布的 NFPA 101–2019《生命安全规范》（*Life Safety Code*）以及日本政府颁布的《建筑基准法》《建筑基准法施行令》《建筑基准法施行规则》均规定了疏散设计相关要求。

2. 疏散设施设备

疏散设施设备主要包括建筑内设置的疏散楼梯间、避难走道、安全出口、消防应急灯具等，以及特殊疏散逃生设备。

疏散楼梯间主要包括敞开楼梯间、封闭楼梯间、防烟楼梯间。敞开楼梯间是三面围合、一面敞开的楼梯间形式，多用于人员较少、层数较低的建筑。封闭楼梯间是在楼梯间入口处设置门，以防止火灾的烟和热气进入的楼梯间。防烟楼梯间是在楼梯间入口处设置防烟的前室、开敞式阳台或凹廊（统称前室）等设施，且通向前室和楼梯间的门均为防火门，以防止火灾的烟和热气进入的楼梯间。避难走道是采取防烟措施且两侧设置耐火极限不低于 3.00h 的防火隔墙，用于人员安全通行至室外的走道。安全出口是供人员安全疏散用的楼梯间和室外楼梯的出入口或直通室内外安全区域的出口。

消防应急灯具是为人员疏散、消防作业提供照明和指示标志的各类灯具，包括消防应急照明灯具和疏散指示标志灯具。消防应急照明灯具是为人员疏散和发生火灾时仍需工作的场所提供照明的灯具。疏散指示标志灯具是用图形、文字指示疏散方向，指示疏散出口安全出口、楼层、避难层（间）、残疾人通道的灯具。疏散楼梯间、避难走道、安全出口、消防应急灯具是建筑中至关重要的疏散设施，国内外标准对于此类设施的材质、形式、设置方式等相关要求较为统一。消防应急灯具逐渐智能化。

除了上述较为普遍的疏散设施外，国内外科研机构和人员发明了一些使用方便、构思巧妙的特殊疏散逃生设备，简要介绍如下：

（1）袖珍型降落伞背带。该背带配备一副弹簧锁扣，逃生者将锁扣固定在建筑上，套上背带下滑逃生。

（2）电磁逃生系统。在建筑物每个转角设升降竖井，逃生者穿上特制金属救生衣直接跳进竖井，井内电磁片对金属衣施加阻力，使逃生者缓慢安全地降落。

（3）自救逃生索。逃生索平时安装在窗口的外墙上，火灾时，消防控制室联动，绳索自动脱垂，在各个窗口形成一条条救生线，逃生者把绳索系在身上逃生。一种是设置在窗口和阳台的逃生缓降器，逃生者靠自重以一定的速度自动下降，能往复使用；另一种是类似滑道的不锈钢螺旋形室外楼梯，每层 2 个回旋，逃生者跳入梯内下滑，坡度安全，下降平稳；还有设置在阳台的避难井，打开井盖，通过可折叠的金属梯逃生。

（4）滑道。一种是可以在 5min 内完成充气的尼龙膜充气袋，充气后立即成型为柔软的槽型倾斜滑道，逃生者跳入滑道逃生；另一种是便携式的，能在 10min 内快速安装在消防云梯车上，对救援者和逃生者都具有保护作用。

（5）高楼滑动鞋。在建筑外墙窗户旁安装一道窄钢轨，逃生者穿上滑动鞋，沿管道下滑，离心刹车装置可以控制以 0.5 ~ 1.8m/s 的速度下降，落地安全平稳，老人、儿童都可以使用。

（6）轨道式的逃生箱。逃生箱是由嵌齿轮和单轨道两部分组成的，轨道上附有若干载人小箱，每个小箱载质量为 200kg，逃生者进入每层的小箱沿轨道下滑。

（7）逃生缓降器。由调速器、安全带、安全钩、钢丝绳等组成的逃生缓降器，主要针对普通家庭和个人，每次可承载约 100kg，逃生者系好安全带从窗户撤离，下滑速度约为 1.5m/s。

（8）救生气垫。用高压气瓶作为气源，采用高强度纤维材料制成，逃生者从窗户等开口直接跳到气垫上，利用气垫充气产生的缓冲逃生，仅限于高度为 3 ~ 4 层的楼房使用，应用范围有限。

（9）逃生软梯。一种移动式梯子，经久耐用，轻质高强，携带、使用方便。逃生者抓住梯子向下移动，广泛应用于抢险救援、高空作业，但救援能力有限，对高空恐惧的人员不能进行有效救援。

（10）楼顶缓降器。主要由圆球、支架和滑动平台组成，圆球内有螺旋桨，下降的过程中，螺旋桨旋转产生阻力，逃生者套上圆球内的钢索，从平台一侧的圆洞跳下，借助阻力缓速下降，成本较低，但需克服高空恐惧，且一次只能运送一个人，实际应用效果差。

（11）柔性救生滑道。安装在高层建筑外墙，外罩材料防火、抗渗水、抗辐射，最高耐温 600℃，速度不大于 3m/s，虽适用不同人群，但多层设置入口易造成人员碰撞和踩踏，长期暴露在空中，材料寿命会受影响。

（12）高楼救生缆梯装置。安装在高层建筑楼顶和窗口，可在消防车上进行遥控。装置由卷缆器、减震气囊和牵引电缆绞盘等部件构成，三路供电、自动切换、楼内外系统控制，根据安装位置的不同，分为楼顶救援式缆梯、楼顶厢体式缆梯、楼层窗口式缆梯等多种类型，可将消防员快速运输上楼，也可安全快速连续疏散楼内人员，还可用在高楼外墙清洗、大体积物体提升等方面。

3. 疏散计算模型

在人员疏散计算模型研究领域，国内外学者对人员疏散行为的研究历经了基于解析法的简单描述、基于实验法的录像调查分析和基于计算机的仿真建模研究。由于解析法对人员行为描述较为粗糙，实验法的实际应用效果不理想，基于计算机的行人流建模仿真成为当今人员疏散行为研究的主要方法。当前存在的疏散模型按照研究对象的粗略程度可分为宏观模型和微观模型两类。

宏观模型以群体为研究对象，忽略了个体间的差异性与相互影响作用，将人群视为无差异化的流体进行考虑，常被应用在模拟大量人员的场所，模拟精细化程度较差；而微观模型立足于考虑个体间具体的行为特征，如移动速度、体积、恐慌程度等，精细化程度较高，代表了未来行人疏散模型的发展方向。典型微观模型包括社会力模型、元胞自动机模型、格子气模型等。

社会力模型（SFM），该模型把人的主观意愿、人与人之间的相互影响关系以及环境对人的影响量化为力的形式进行计算分析，主要优点为具有良好的空间连续性，模型中行人可从任意位置朝着任意方向任意角度去运动，具有较高的空间自由度，规则明确、结构清晰，具有很强的拓展性，但难以实现复杂行为的建模、模型运算速度较慢，并且人员越多，运算速度越慢。

元胞自动机模型（CA），通过定义离散、有限状态的元胞空间，人员根据自身状态以及周围格子的占用情况作出分析判断和移动，运算规则简单，运算速度快，能够反映不同密度下的人流特征，更新机制快，但受网格限制，模拟精度较低，反向运动受限。

格子气模型（LGM）是元胞自动机模型的具体化表现，利用 CA 模型的动态特性模拟粒子流体运动，个体有质量、无体积，只能存在于网格点上，计算效率非常高，既能反应行人宏观特点，也能表现出行人流中微观物理现象，但人员移动受运动倾向影响，具有偏随机特点。

势能场模型，通过人员受全局障碍物与出口信息的势能场影响来决定运动状态、算法复杂度只与地图的复杂程度有关，与人数无关，在人群路径优化方面具有优势，但无法针对每一个人员进行势能场的建立，所有人员行为相似。

基于人员疏散计算模型研究成果，国内外科研界和工程界研发了几十种人员疏散模拟软件，包括 Pathfinder、Legion、MOMAD、CRISP、EVACNET、

EXIT89、Buliding EXODUS、STEPS、SIMULEX 等，其中应用较为广泛且版本更新较快的主要是 STEPS 和 Pathfinder。

STEPS 是基于经典元胞自动机理论的大型三维疏散模拟软件，由英国 Mott MacDonald 公司设计编写，目前广泛应用于地铁、飞机场、办公楼、大型购物中心等场所的人员疏散模拟。STEPS 人员疏散过程主要包括以下五个方面：绘制建筑几何模型、设定人员参数、将平面网格化、计算网格积分、人员路径选择决策。STEPS 提供了丰富的建模工具，如 Shapes、Planes、Exits、Stairs、Lifts、Blockage、Location 等。由于 STEPS 可以模拟地铁人员疏散，因此还提供了 Vehicles 工具。软件中对人员几何特征的描述有身高、肩宽和胸厚。软件提供了多种不同特征的人员类型，如乘坐轮椅、携带手提包、携带拉杆箱等。软件还提供了两种定义人员步行速度的方法，速度既可设定为随机正态分布，也可由用户自行设定。

Pathfinder 是由美国 Thunderhead Engineering 公司开发的基于 Agent 技术的疏散模拟软件。软件中人员运动模式包括 SFPE 模式和 Steering 模式两种。SFPE 模式以人员流量为基础，人员会自动转移到最近的出口，人员不会相互影响，但列队将符合 SFPE 假设。Steering 模式是路径规划、指导机制、碰撞处理相结合控制人员运动，如果人员间的距离或最近点的路径超过某一阈值可以再生新的路径以适应新的状况。Pathfinder 软件模拟疏散过程包括以下三个方面：绘制建筑几何模型、设定人员参数、人员路径选择决策。Pathfinder 提供了实用的建模工具，如 Polygonal Room、Rectangular Room、Thin Wall、Thick Wall、Stairs、Ramp、Door 等。软件中对人员特征的描述有肩宽和身高，用户可以设定出口对行人的吸引程度，行人可以通过的最小宽度、人员最大步行速度等。

目前，在安全疏散领域的研究工作，主要集中于新型逃生装置的研发、疏散模拟软件或模块的研发、基于 BIM 或者基于优化算法的建筑消防疏散路径规划研究等。

4.2.1.4 火灾监测预警与早期识别

火灾探测器性能优劣直接影响着火灾自动报警系统响应的及时性和可靠性，是能否充分发挥灭火设施有效性、减少火灾损失、保护生命财产安全的首要前提。无误报、准确可靠的极早期报警是火灾探测器追求的最高目标。由于火灾发生时以接触式和非接触式的形式迅速向外释放能量，其中接触式包括可燃气体、燃烧气体和烟雾、气溶胶等，非接触式包括声音、辐射等，因此火灾探测器最基本的工作原理就是对烟雾浓度、环境温度、火焰强度和燃烧气体等火灾参量做出有效反应。目前国内外火灾探测装置主要分为感烟探测器、感温探测器、感光式火灾探测器、可燃气体探测器、视频图像火灾探测器。

1. 感温感烟及复合探测

传统感烟探测器分为电离式烟雾探测器和光学烟雾探测器，与电离式烟雾探测器相比，光学烟雾探测器对阴燃火灾非常敏感，对环境条件有更大的耐受性。它们的灵敏度在很大程度上不受环境温度的影响，而且它们能更好地抵抗一般的炊烟。然而，光学烟雾探测器探测到的烟雾粒子范围在 1.0 ~ 10.0μm，它们在探测带有小烟雾粒子的火焰时有困难。此外，非火灾产生的颗粒，如灰尘和其他有害的气溶胶，可能会导致光学烟雾探测器误报。近年来，国内外火灾早期预警研究从被动的感知逐渐向主动的探测预警倾斜。

在传统感温探测器之后，分布式光纤温度传感器被认为是一种具有发展前景的新型防火热探测技术，20 世纪 80 年代末，国外基于瑞利散射和拉曼散射的分布式光纤温度传感器被引入火灾探测，目前已被应用于相对恶劣环境下的防火保护，如隧道、车站、钢铁厂和石化工厂等。在此基础上，科研工作者们相继研发了基于瑞利散射的分布式光纤传感器、基于拉曼散射的分布式光纤传感器以及基于布里渊散射的光纤光学系统，并证明了其在火灾探测应用方面的能力。目前更多的研究在于如何提高空间分辨率，如何除实时火灾报警信息之外探测火灾规模和发展态势。

在改进感温感烟探测器可靠性的同时，该领域最重要的进展是能提高火灾探测概率的多传感器探测装置的快速发展。目前，国外科研人员通常认为 3 ~ 4 个参量构成的复合探测器性能最佳，信息融合技术在欧洲和美国发展十分迅速，应用越来越多。西门子公司等先后推出了三传感器甚至更多传感器的探测装置，霍尼韦尔公司也推出了双光路感烟探测器以及复合了双光路和温度的多传感器探测器。我国这方面研究产品以 2 ~ 3 个参量为主，如南京消防集团研制成功的 SH9432 智能型光电感烟式烟温复合探测器。实验表明，多传感器火灾探测系统比通用的感烟型探测器具有更快的探测速度和更高的准确度，且不会在常见干扰源的干扰下产生误报警。

2. 感光式火灾探测

感光式火灾探测出现在感温、感烟探测器之后。其利用火灾过程中产生光学辐射的特性进行探测。在一些要求快速响应且范围广阔的场合，比如化工厂、炼油厂、仓库等，火焰探测器是最佳选择。目前国内外推出新型的智能红紫外复合火焰探测器根据光谱判据、火焰频谱判据、火焰光谱判据、背光谱判据等多种复合判据来排除干扰源，从而识别某种特定物的燃烧（爆炸）火焰，发出火灾报警信息，解决了单光谱火焰探测器误报的难题。在发达国家，采用紫外红外火焰探测技术的新型火警探测器已广泛应用于航空领域，无论在抗电磁干扰还是环境干扰方面，它都比传统的火警探测器更可靠，是飞机火警探测技术的发展趋势。

3. 可燃气体探测

气体是火灾的早期特征之一。目前检测火灾的气体主要有 CO、CO_2、

NO_X、甲烷、H_2、胺（$-NH_2$）等。可燃气体探测报警系统适用于使用、生产或聚集可燃气体或可燃液体蒸汽的气体浓度探测，在泄漏或聚集可燃气体浓度达到爆炸下限前发出报警信号，提醒专业人员排除火灾、爆炸隐患，实现火灾的早预防，避免火灾、爆炸事故的发生。特别是近年来，CO 火灾探测技术发展迅速，CO 火灾探测器是适用于探测供氧受限、缓慢阴燃火灾的一类理想产品，在某些应用中已经成为替代感烟探测器的首选。在 CO 火灾探测器之后，国外推出了增强型 CO 火灾探测器，对 CO 探测器不能探测明火的不足进行了改进。

目前，国内外用作探测气体的传感器有很多，应用最广泛的主要有半导体式、电化学式、红外吸收式、紫外吸收式、色谱质谱技术、紫外差分式等，近些年，国内外相继推出了便携及小型的工业气体探测器。随着激光技术的迅猛发展，科研人员发现了系列高灵敏的探测方法，主要包括差分吸收光谱技术、傅立叶变换红外光谱技术、可调谐激光二极管激光吸收光谱技术、差分吸收激光雷达、高光谱遥感以及多种技术复合的方法。基于光学技术的气体探测可以实现快速、简便、非接触式的定性和定量测量，特点是精确度高、误报率低，然而往往成本较高、需定期维护、环境适应性有待提高，因此还未实现广泛的应用。

4. 视频图像火灾探测

视频图像火灾探测技术适用在大型开放空间长距离监测火灾，因为摄像机可以监控“体积”。因此，视频火灾探测没有传统的“点”传感器所遇到的传输和阈值延迟问题。一旦烟雾或火焰出现在摄像机的一个视图中，就有可能立即探测到火灾。视频火灾探测技术的研究始于 20 世纪 90 年代末，大多数最先进的监测技术集中在颜色和形状特征以及烟雾和火焰的时间行为，还可以提取有用的相关信息，如火灾中被困人员的存在、火灾大小、火灾增长、烟雾方向等。其中由于火灾的烟雾总是先于火灾火焰的发生，而时效性是火灾报警的一个非常重要的指标，所以相对于火灾火焰，火灾烟雾的检测极为重要。

（1）火灾烟雾的检测技术。对于火灾烟雾的检测技术，通常从颜色、静态与动态的纹理特征，运动方式以及频率等方面展开研究。在烟雾颜色、静态与动态的纹理特征研究方面，起初人们对火灾烟雾的检测在其颜色特征方面关注较多，比如最早的 RGB 模型的运用和专用于烟雾检测提出的 HSI 模型。近年来，则多是对于一些颜色模型的综合利用或者与烟雾其他特性的混合使用相关方法的研究。相比颜色，烟雾的纹理检测的效果较为准确。而传统的烟雾纹理的研究只是基于一些简单的边缘检测，面对复杂的火灾烟雾环境效果很差。提取局部二值模式（LBP）作为纹理特征较好地解决了该问题，也成为烟雾纹理检测主要的研究方向，但该方法多用于从视频中的单帧图像获得静态纹理特征，很有可能出现检测效果不佳的状况，这使得国内外学者对于动态的烟雾纹理特征展开了研究。近年来，有学者提出了一种高阶线性动态系统（h-LDS）的烟雾检测算法，提升了检测烟雾动态纹理特征的稳定性，显示出利用烟雾纹理特征检测火灾发生的巨大潜力。在火灾烟雾的运动方式研究方面，研究人员通过分别提取静态图像的熵及帧差图像熵值和熵增的频谱特征来检测视频图像中火灾的烟雾，该方法能有效地降低环境的干扰，且弥补了烟雾识别的传统算法计算较为复杂的不足。在烟雾的漂移特性方面，由于烟雾的湍流运动会使其形心的位置发生变动，所以可以运用图像前景形心的移动进行烟雾检测。此外，一种基于集合卡尔曼滤波器的逆向建模方法的提出，使得在隧道发生火灾时，实时检测烟雾运动的性能得到大幅度改善。在火灾烟雾的频率研究方面，早期人们通过实验发现，由于烟雾的出现会使得色彩对比度下降，造成频域里的高频分量逐步降低，通过这个现象学者先是使用傅立叶变换来监测烟雾，但傅立叶变换不包含时空的信息，这对时间窗和数据窗的尺寸要求较高。此后人们发现小波的方法相对于傅立叶变换效果更为优越。

（2）火灾烟雾的识别技术。基于机器学习与深度学习的识别算法研究，是近年研究热点，运用深度学习算法大幅提高了烟雾识别的性能。此外，有学者提出一种专门用于烟雾识别的深度多尺度卷积神经网络，该方法具有运算速度快，针对烟雾识别效率显著提高等特点，得到了检测率为95.23%，误报率为0.39%的实验效果。

（3）火灾报警系统。近年来，我国加大了对火灾报警系统的研发，天津消防研究所成功研制了“火眼”报警系统。该系统的特点在于采用了我国自主研发的图像识别技术，不需要借助任何传感器，能够实时对烟雾和火焰进行快速识别，并且抗干扰能力强、兼容性强、安装便捷，可以保留起火证据，适合用于如仓库、地铁隧道以及重要文物保护场所等高大空间的场馆及人员较多的场所，目前已在一线城市内许多公共场所和大型企业实现应用。

综上所述，从火灾探测技术研究现状可以发现，火灾监测预警与早期识别的基础是传感能力的升级，从单一信号到多信息，进一步到谱图数据将有助于提高火灾监测预警与早期识别的时效性与准确性，智能化、网络化、小型化是目前的研究热点，也是火灾早期探测技术发展的必然趋势。

4.2.1.5 防烟排烟

防烟排烟系统的目的是要防止火灾产生大量的烟气，阻止烟气的迅速蔓延，确保人员的安全疏散和改善扑救条件。现代防排烟技术及方法主要有自然通风排烟技术、机械防烟排烟技术、化学消烟技术等，其中机械防烟排烟技术是目前应用最为成熟有效的防烟排烟技术。

1．机械防烟排烟

机械排烟系统是用风机将起火建筑内的烟气通过排风风机和管道抽

送出建筑外，以减少或消除建筑内的烟气，阻止烟气蔓延。机械送风系统是对建筑物内的特定空间（如疏散楼梯间、前室、避难间等）进行加压送风，使保护区的空气压力高于有烟气的区域，形成一个正压差，以抵御火灾烟气因热浮力特性产生的压力，使烟气不能流向保护区。

机械防排烟技术最早起源于20世纪50年代的英国，从20世纪60年代开始在国际上开展了广泛研究，20世纪80年代防排烟技术装备在各类型建筑开展了广泛应用。20世纪80年代初，加拿大国家研究院建造了世界上首座高层建筑火灾试验塔，主要进行高层建筑机械防烟排烟系统的研究，因此北美成为全世界机械防烟排烟技术的研究中心之一。机械防烟排烟技术非常适用于复杂建筑、高层建筑、地下建筑或无窗建筑。它可以不受建筑结构形式的限制和环境、气象条件的影响。该系统需要配备与其功能相适应的风口、风阀、送风或排烟管道、风机和联动启闭系统等，虽然该方法费用较高，占用建筑空间较多，但是目前尚无其他方法可以完全代替，是目前公认的最为安全有效的控烟方法。现在绝大部分高层建筑、地下商业建筑、中庭及大空间建筑都采用机械防烟排烟技术作为其主要的消防安全措施。

2. 自然通风排烟

自然通风排烟技术简便易行且较经济，无须较多的维护管理，也是目前较广泛采用的控烟技术之一，但易受外界环境的影响和建筑本身的限制，因而设计要合理，外界风压的影响要给予充分的考虑，目前国外开发出了能自动开启和减小外界风力影响的风阀，较为有效地减少了外界风压的影响。

3. 化学消烟

理论上火灾烟气中有毒成分为一些酸性物质或可溶于水的物质，烟雾的本质是一种气溶胶，因此向烟气喷洒能中和酸性物质的化学药剂或水，以消除烟气中的有毒物质，或使气溶胶凝聚消除烟气的减光性。国内外都已研究出一些消烟剂，但受效果、喷洒技术和成本的限制还未能真正进入广泛应用阶段。

近年来，防烟排烟领域的研究主要集中在火灾烟气运动规律及其数学模化研究、防烟排烟系统的设计和评估、防排烟系统技术参数和设备等领域。

火灾烟气运动规律及其数学模化研究方面，美国、加拿大、日本、英国、澳大利亚以及北欧一些国家都在广泛开展火灾烟气运动规律的研究。烟气流动特性和规律是防排烟的理论基础，根据流体力学的原理，烟气运动的计算机数学模化研究也正在深入，国外已开发出十几个模型或程序，如美国的 FDS、加拿大的 IRC 和日本的 BRI 等软件。随着计算机技术的飞速发展，今后将会出现更多的结合虚拟现实技术或三维动态仿真技术等先进技术手段的模化软件。

防烟排烟系统的设计和评估方面，传统的机械防烟排烟设计方法只是为了满足现有规范的要求，各国规范采用技术指标不尽相同，实际工程中很难达到某些特殊建筑的要求。目前国外防烟排烟系统的性能化设计和评估方法已较为成熟。

防烟排烟系统技术参数和设备方面，对高层建筑、地下建筑、大空间建筑的防烟排烟系统技术参数的研究还有许多研究空间，主要围绕送风压力、排烟量、风口设置、防排烟区域、开口与泄漏特征研究等方向。防烟排烟设备主要围绕研制新型风阀、新型管道材料及管道防火保护材料和新型耐高温风机等方向。

防烟排烟研究的不足主要是防烟排烟技术消防安全标准体系不完善、数值模拟模型有待改进、特殊建筑的烟气控制尚需完善、待开发新型风阀、新型管道材料及管道防火保护材料和新型耐高温风机等。

4.2.1.6 固定灭火系统

在灭火设施中固定灭火系统是建筑消防工程的重要组成部分。在多数火灾事故中，固定灭火系统能够对火势进行有效控制。固定灭火系统按照喷射灭火剂的种类，可分为自动喷水灭火系统、泡沫灭火系统、气体灭火系统等。

1. 自动喷水灭火系统

自动喷水灭火系统是人类至今最为有效的灭火设施，其机理主要是通过水滴蒸发冷却火焰和燃烧产物，同时水滴能够润湿物品和阻隔热辐射来减缓火灾蔓延的速度，以实现灭火。

美国自 1970 年开始开展了喷头及其喷水性能原理的研究，旨在为新的自动喷水灭火设计提供理论和技术基础，包括闭式喷头热敏性能的定量分析、喷头启动时间预测和喷头灭火效能影响的评价等。这些原理促使自动喷水灭火系统的效果达到最优。

在喷头技术上，现已有标准喷头、快速响应喷头、大水滴喷头、快速响应早期抑制喷头、扩展覆盖边墙型喷头、启闭式喷头等。在系统方式上，除了常规的湿式系统、干式系统、预作用系统、雨淋系统和水幕系统外，还出现了重复启闭预作用系统、自动喷水—泡沫联用灭火系统。在系统的给水方式中，明确了稳高压给水系统，并采取了保证给水可靠的相关措施。

现阶段，国际相关研究机构在自动喷水灭火系统的智能化装备、系统可靠性、特殊场所领域的应用及复杂天花板环境等开展了一定研究。在系统可靠性领域，FM Global、NFPA 等机构都针对系统的 ITM（检查维修测试过程）对整体可靠性的影响开展了研究，并对其故障模型进行了建模分析，以对整体系统可靠性进行提升。此外，还对自动喷水灭火系统的可靠性评估方法，提出了以整体系统为基础结合组件故障树的方法，进一步提升了可靠性评估的准确性，为进一步提高自动喷水灭火系统可靠程度奠定了坚实的基础。

自动喷水灭火系统在特殊场所的应用上，FM Global 及 NFPA 对自动喷水灭火系统在锂离子电池储能系统上的应用进行了研究，基于燃烧实验对自动喷水灭火系统对其防护性能进行了评估。FM Global 开展了两次大型试验以评估自动喷水灭火系统对烟花零售店的影响，对烟花零售的火灾风险进行了初步分析并对自动喷水灭火系统的布设提供了指导意见。此类研究拓宽了自动喷水灭火系统的应用领域，并对 NFPA 13《喷水灭火系统安装标准》的应用范围进行了拓展。

（1）闭式自动喷水灭火系统。

1）湿式自动喷水灭火系统。湿式自动喷水灭火系统，由闭式洒水喷头、水流指示器、湿式报警阀组以及管道和供水设施等组成，而且管道内始终充满水并保持一定的压力，是世界上使用时间最长、应用最广泛、控火灭火成功率最高的一种闭式自动喷水灭火系统。目前世界上已安装的自动喷水灭火系统中，有 70% 以上是采用湿式自动喷水灭火系统，在国内外安装使用已有 100 多年的历史，具有较丰富的设计安装和管理经验。

基于湿式系统，国外发达国家对自动喷水系统的智能化进行了深入研究，研发了基于紫蜂协议（ZigBee）的无线火灾探测系统和自动灭火系统，该系统可通过无线通信系统的智能火灾传感器在内部探测并触发警报至建筑物内人员及消防部门。此外 UL 最新研发了由“智能”电子传感和控制系统操作的 K16.8 ESFR 洒水喷头。该系统基于电子传感器可以更快地检测热源，降低总需水量的 55%，并具有更良好的灭火效果。此类智能系统的研发顺应了大数据的发展，提升了原自动喷水灭火系统的性能。

2）干式自动喷水灭火系统。干式自动喷水灭火系统是除湿式系统以外使用历史最长的一种闭式自动喷水灭火系统。干式系统主要由闭式喷头、管网、干式报警阀、充气设备、报警装置和供水设备组成。

此外，国内外在部分场景下还应用了干湿式自动喷水灭火系统，在干式系统的基础上，为了克服干式系统控火灭火率较低的缺点而产生的一种交替式自动喷水灭火系统。

（2）开式自动喷水灭火系统。

1）雨淋系统。雨淋系统所使用的喷头为开式喷头，火灾发生时，系统保护区上方的所有喷头开启喷水灭火。雨淋系统通常由火灾探测传动控制系统和自动控制雨淋报警系统两部分组成。自动控制雨淋报警系统是具有开式喷头的自动喷水灭火系统。

国内外一般在危险性较大的区域设置雨淋系统，例如，储存生产低闪点物质、可燃溶液等危险品的加工厂。此外部分场所还应用了泡沫－水雨淋系统，应用于扑灭需要灭火和冷却剂的火灾。例如，燃料油提炼厂、飞机机库和可能发生易燃液体泄漏火灾的区域。

2）水幕系统。水幕系统由水幕喷头、供水与配水管道、雨淋阀（或者手动快开阀）、供水设备和探测报警装置等组成。雨淋阀的动作通过玻璃球式喷头的感温炸裂来实现，也可通过手动快开阀来实现。

国外主要侧重对水幕系统的整体性进行研究，针对整套系统进行模拟，具体包括：水幕喷头、计算流体动力学（CFD）模拟，并通过小尺寸试验，研究了不同喷头类型、布置方式、系统流量压力等因素对水幕及热辐射衰减的影响，以提升水幕系统的效果以及对多种场景的适用性。

3）细水雾灭火系统。细水雾灭火技术以其无环境污染（不会损耗臭氧层或产生温室效应）、灭火迅速、耗水量低、对防护对象破坏性小等特点，在喷水灭火系统中占有重要的地位，已被看作是卤代烷系列灭火剂的主要替代品。细水雾灭火系统也包含表面冷却这个灭火机理，但随着雾化喷嘴不同，工作压力以及流量的变化，它还通过气相冷却、隔氧等机制共同控制、扑灭、抑制火灾。因此，由于其灭火机理，该系统对于防治高危技术领域和重大工业危险源的特殊火灾，诸如计算机房火灾、航空与航天飞行器舱内火灾以及现代大型企业的电器火灾等，展示出广阔的应用前景。

在细水雾灭火技术的应用与研究方面，欧美发达国家起步较早，已经生产出了一系列专利产品，并制定了相应的设计、施工及验收规范。美国从 20 世纪 70 年代起，就开始组织多家研究机构对高压水喷雾灭火系统的灭火性能进行研究。美国标准技术研究所（NIST）、美国海军试验室（NRL）等通过低压水雾、高压两相流细水雾和高压单相流细水雾等三种灭火系统的灭火效果进行的一系列对比试验，证明高压单相流细水雾灭火系统的灭火效果最佳。芬兰 Marioff 公司研制的 HI-FOG 系列高压细水雾灭火系统已通过该国及美、英、俄罗斯、德国、意大利、波兰、日本等多个国家船舶局或海军的认证。澳大利亚 Phierx 公司研制出 FOGEX（r）系列高压细水雾灭火系统，已广泛在船舶、舰艇、高压变电站、电信设备等领域应用。丹麦著名跨国液压公司 Danfoss 于 1994 年成功地研制出 Nessie（r）系列中高压水泵及水压控制阀以后，又与 Semco Marine 公司合作，研制出 WM 系列高压细水雾喷嘴。德国雾特公司的 FOGTEC 细水雾系统可用于公共设施，如地铁系统的站台区、道床、列车、设备间、购物区等。此外，该细水雾系统对于工业厂房、传送系统、食品工业、变压器及涂装系统均能提供相应的保护。

2. 泡沫灭火系统

泡沫灭火系统是扑灭甲、乙、丙类液体火灾和某些固体火灾的一种主要灭火设施，主要由泡沫产生装置、泡沫比例混合器、泡沫混合液管道、泡沫液储罐、消防泵、消防水源、控制阀门等组成，工作原理如图 4-4 所示。

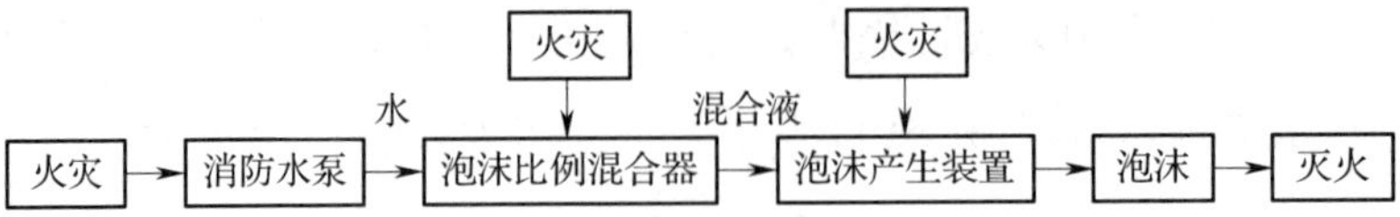

图 4–4　工作原理

泡沫按其发泡倍数分为三种：发泡倍数低于 20 倍的为低倍数泡沫，发泡倍数在 200 ~ 1 000 的为高倍数泡沫，介于两者之间的为中倍数泡沫。与低倍数泡沫灭火系统相比，高倍数泡沫具有灭火速度快、水渍损失小等优点，可以有效地控制液化石油气和液化天然气火灾。两种泡沫灭火系统作为固定消防设施一般没有问题，但对于消防队利用消防车灭火时，消防指战员往往没有注意不同火灾类型，只要是油类火灾就一律使用泡沫灭火，而未考虑是选用低倍数泡沫还是高倍数泡沫，结果造成一些火灾灭火时间长，泡沫液用量大等弊端。

此外，欧美等发达国家还对压缩空气泡沫系统的适用性、有效性等进行了研究，加拿大研究委员会在与国防部的研究合作中研发了固定压缩泡沫系统，并利用 NFPA 16《泡沫洒水喷头及喷淋系统标准》进行了对比，并用 UL 162《安全标准　泡沫设备和浓缩液体》的测试标准对压缩泡沫系统的灭火性能进行了评估，得出在所有测试中，使用 TAR 喷嘴喷射 A 级和 B 级两种泡沫时，固定压缩泡沫系统的灭火时间均优于泡沫洒水喷头。除与普通喷淋系统比较以外，还将其与传统泡沫系统的灭火性能进行了研究，实验结果证明就灭火性能而言，压缩空气泡沫系统在所有流动条件下的灭火时间都比传统泡沫系统短。

3. 气体灭火系统

气体灭火系统主要适用于表面火灾，尽快扑救火灾，及时恢复被保护场所的工作状态，强调商业连续性和完整性。国外工业发达国家应用气体灭火系统的历史较早，从 20 世纪 70 年代开始到 80 年代末，卤代烷 1211、1301 灭火系统在航空、工业及民用建筑等场合得到比较广泛的应用。美国消防协会于 1991 年制定了 NFPA 2001《洁净气体灭火系统标准》，它对美国以及世界哈龙替代系统的研究和应用起到了非常大的影响，对我国哈龙替代系统的研究也起到了指导作用。美国环境保护局（EPA）、美国海军研究实验室（NRL）、加拿大国家研究委会（NRC）均对 HFC-23、HFC-227ea 和 FC-3-1-10 等气体灭火系统进行了试验研究以确定其灭火效果，相继开发出适用于气体灭火系统的驱动控制装置并且在不断地丰富和完善。驱动装置的种类原来只有电磁型、电爆型、气动型三种，现在已达到了 7 种，增加了燃气型、机械型、液压型和电动型的驱动装置。控制装置也有了专业的配套生产单位，控制装置的功能更加完善、适用，而且在可靠性方面也在不断提高。

目前，国内外在气体灭火系统的应用上主要包括二氧化碳灭火系统、七氟丙烷灭火系统、三氟甲烷、氮气及全氟己酮等气体系统。

应用最广泛的二氧化碳灭火系统根据储存压力不同可分为高压二氧化碳自动灭火系统和低压二氧化碳灭火系统。按应用方式可分为全淹没灭火系统和局部应用灭火系统。按系统装配形式组成可分为独立单元灭火系统和组合分配灭火系统。目前，国内外将二氧化碳自动灭火系统用于电器开关和配电室、电缆间和电缆沟、电器老化间、电子计算机档案库、食品仓库、烟草库、卷烟库、纸张库、棉花库、毛皮库、散装液体库房等场所。

七氟丙烷灭火系统是一种化学灭火剂，其灭火机理与卤代烷相同，为物理方式和部分化学方式灭火。在灭火过程中会分解出微量的氢氟酸有害气体，散发刺鼻的气味。在国外，七氟丙烷也被称为 FM-200 洁净灭火气体，该气体作为美国消防协会确认的较理想的卤代烷 1301 气体替代物，在欧美等发达国家已经普及应用。目前石油化工、数据中心、大型交换机房、档案室、大型无人值守配电室等的灭火系统中都优先选用FM-200。主要应用装置有集气体灭火、自动控制及火灾探测等于一体的现代化智能型自动灭火的无管网柜式七氟丙烷气体灭火装置（也称预制灭火系统）及传统式柜式气体灭火装置。

三氟甲烷无色无味、低毒，对大气臭氧层的损耗潜能值为零。灭火速度快，灭火后无残留物，对设备无污染，电绝缘性能好。其灭火机理为主要以物理方式和部分化学方式灭火。与七氟丙烷相比，具有在严寒、酷热环境下都能使用的特点和优势。三氟甲烷最大的特点是对人员的安全系数较高，最适合保护经常有人活动的场所。它的灭火效率较高，灭火剂输送能力强于七氟丙烷，但也有一定的毒性。三氟甲烷灭火系统有管网系统和无管网系统（即柜式灭火装置）两种形式。

惰性气体中氮气由于无味、无毒，具弱导电性，是大气层的主要成分，属于完全意义上的洁净气体。其灭火机理为物理窒息。适用于保护经常有人的场所。氮气可以从空气中分离提取，来源广泛，充装低廉。此外，国内外较为广泛使用的还包括IG541灭火系统，该系统是氮气、氩气和二氧化碳以52∶40∶8的体积比例混合而成的一种灭火剂。它的三个组成成分均为无色、无味、不导电、无毒的气体，其密度近似于空气的密度，由于含有二氧化碳和氮气，所以这两种气体在灭火过程中有可能参加反应。其灭火机理为稀释燃烧区的氧气浓度，达到窒息灭火的目的。Argonite®-IG-55气体灭火系统，由50%氮气和50%氩气的混合物组成。与空气相比，氩的密度相对较高，与密度较低的氮的混合可以使整个灭火区域达到最佳混合效果。

全氟己酮（Novec 1230）作为氢氟烃替代灭火剂，已被列入ISO 14520《气体灭火系统物理特性和系统设计》和NFPA 2001《洁净气体灭火系统设计规程》。全氟己酮灭火系统主要用于计算机房、通信机房、精密仪器设备室，已在美国、加拿大及欧洲国家注册使用。

综上所述，国外欧美等发达国家在固定灭火系统的研发与应用中，是在传统灭火系统的基础上逐渐向智能化、清洁化发展。进一步提高固定灭火系统在火灾中的作用，切实提高自动灭火系统的智能化、有效性、可靠性、场景适用多样性等是固定灭火系统技术的发展趋势。

4.2.1.7 特殊场所及新兴产业

工业决定着国民经济现代化的速度、规模和水平，在当代世界各国国民经济中起着主导作用。我国以基础工业为主，目前已成为世界领先的工业生产国，正迅速朝大型一体化、集约化、深加工方向发展。但随之而来的火灾爆炸固有风险显著提高，高净空大跨度工业建筑、石油化工企业密集的工业园区等区域模式日趋复杂，锂电池、氢能、太阳能及风能等新能源产业蓬勃发展，工业火灾防控面临许多新的挑战。面向工业火灾存在的防控扑救难度大、灭火效率低、次生衍生连锁事故多发等突出难题，重点开展物流仓储等典型工业建筑、石油化工、新能源等领域的工业火灾防控技术，为防范化解重特大工业火灾事故风险、提高预案实战化水平与应急处置能力提供科技支撑，全面提升工业火灾综合防控能力。

1. 物流仓储等典型工业建筑火灾防控技术

在物流仓储等典型工业建筑火灾防控技术研究方面，国际上有美国消防协会（NFPA）、德国工程协会（VDI）、欧盟（EN）、荷兰国家应用科学研究院（TNO）、美国国家标准与技术研究院（NIST）、美国工厂互助会（FM Global）、英国阿尔斯特大学、瑞典隆德大学、新西兰坎特伯雷大学等，我国有中国科学技术大学、香港理工大学、中国矿业大学、南京工业大学、东北大学、中国安全生产科学研究院、北京劳动保护科学研究所和应急管理部天津消防研究所等在工业建筑防火设计技术、工业火灾爆炸演化机理与防爆抑爆技术、建构筑物爆炸泄压技术等方面开展了大量研究工作。

目前研究主要集中在：①研发新型防火涂料、良好热绝缘防火板、高强度耐火钢架结构等各类建筑防火设计材料；②形成工业建筑物防排烟、耐火、消防设施布局等防火设计技术；③开展厂房仓库等高大空间火灾探测报警和倒塌预测预警技术研究；④高净空大跨空间结构建筑及工业厂房、公共建筑等典型场所自动喷水灭火系统的应用技术，研发具有早期火灾自动识别与主动抑制作用的智能型喷水灭火系统；⑤开展水雾及含添加剂、超细干粉、多孔介质、惰性气体、气液两相协同等抑爆技术研究；⑥开展建筑防爆隔爆泄压技术及装置研究。

存在的主要问题及不足：已有研究尚存在建（构）筑物爆炸泄压设计及试验模拟验证不完善、基于物质火灾危险性确定建（构）筑物生产厂房或储存仓库火灾危险性分类标准及试验鉴定方法不健全、基于火灾场景的综合风险防控技术体系不健全等问题。

未来的主要发展趋势：①新材料新工艺火灾危险性及事故场景研究；②基于火灾风险分析的工业建（构）筑物或场所火灾危险性分级与综合防火防爆技术应用，气氛惰化与复合协同抑爆技术及工程应用研究；③涉粉爆环境建（构）筑物泄爆及结构抗爆设计及应用研究；④大空间、大跨度消防系统灭火有效性及工程应用研究，固定灭火系统全生命周期可靠性评价及健康状态的监测预警技术，多技术协同综合防控技术；⑤工业建（构）筑物人员安全疏散、搜救与避难技术研究。

2．石油化工火灾防控与处置技术

石油化工行业是我国的支柱产业之一，在石油化工火灾防控与处置技术研究方面，大多涉及大量易燃易爆化学品的生产与储运。园区化发展成为石化行业主要的调整结构内容和趋势，火灾固有风险显著提高。美国消防协会（NFPA）、美国国家标准与技术研究院（NIST）、美国工厂互助会（FM Global）、美国保险商实验室（UL）、美国BP石油公司和美国威廉姆斯公司、瑞典国家测试和技术研究院（RISE）、日本建筑研究院（BRI）、德国专业安全协会（VdS）、英国标准学会（BSI）、中石化青岛安全工程研究院、中石化洛阳石油化工工程公司、中石化工程设计有限公司、中国石油大学、应急管理部天津消防研究所、中国安全生产科学研究院等在标准规范、监测预警、风险评价、清洁高效灭火剂、处置技术与灭火装备等方面开展了研究。

目前研究主要集中在：①开展石化工艺装置火灾危险性分析、危险化学品火灾爆炸危险性分级与鉴定技术、火灾爆炸场景演化趋势预测等基础理论研究；②编制石油化工企业防火设计标准规范，在总平面布局、储罐选型要求、罐组布置、防火间距、消防系统供电方面等提出防火标准；③基于自动检测、传感器技术、物联网等信息技术手段开展实时监测事故早期征兆和异常信号预测预警技术研究；④开展大型罐区消防资源需求预测与调度优化、基于侦测数据的动态应急辅助决策技术、基于三维GIS的应急演练技术研究；⑤开展储罐表面火灾泡沫足迹理论、大型储罐全液面火灾压缩空气泡沫灭火技战术等大型石油化工储罐火灾灭火救援技战术研究；⑥含全氟辛烷磺酸及其盐类（PFOS）泡沫灭火剂替代技术研发与工程应用技术研究，新材料在新一代泡沫灭火剂研发中的应用研究，泡沫灭火剂环保性能评估方法研究；⑦研发举高喷射消防车、大流量消防炮等大流量泡沫灭火装备、灵巧性石化装置操作消防机器人等。

存在的主要问题及不足：当前尚存在全周期火灾风险防控技术标准体系不健全、基于火灾场景的消防系统设施设计及工程应用技术不足、大型石化火灾“杀手锏”灭火技术装备不足、灭火技战术体系不完善等问题。

未来的主要发展趋势：①危险品燃爆特性如可燃气体危险性、危险化学品热不稳定性及反应失控危险性、非标态燃爆特性研究；②多火源大尺度石油化工火灾事故演化、风险在线精准识别、智能快速预警技术研究；③基于火灾场景的石油化工防火设计和固定消防系统有效性研究；④ PFOS 替代品研发与应用、低混合比泡沫灭火剂研发、用于特殊火灾扑救的高效泡沫灭火剂研发、泡沫灭火剂环保性能评估及控制技术；⑤基于高分子材料的泄漏物自封堵、围堵、吸附、收集传输技术；⑥专业化、模块化、智能化、精准化火灾扑救技术装备；⑦基于多源信息融合的石化火灾应急救援可视化指挥调度与辅助决策技术。

3. 新能源火灾防治技术

新能源产业是我国重点发展的战略性新兴产业，其消防安全日益突出，在新能源火灾防治技术研究方面，已有研究集中于对锂离子电池、氢能、光伏太阳能、风能等新能源消防安全研究。国内外多家机构如美国消防协会、欧洲铜业协会、日本氢能检测研究中心、欧盟燃料电池和氢气联合协会、美国保险商实验室、埃德船级社、应急管理部天津消防研究所、清华大学、合肥工业大学等单位开展了大量工作。

目前研究主要集中在：①在锂电池火灾防治方面，国外侧重锂离子电池储能系统火灾防控技术研究，如 DNV GL 船级社对镍钴锰三元锂离子电池、磷酸铁锂锂离子电池、钛酸锂锂离子电池进行系列电池火灾灭火试验，并对锂电池储能站已形成涵盖生产、设计、安装、运行维护、防灾等方面较为完整的体系。我国主要集中在电动车和储能应用领域，侧重于电动客车的火灾防控技术、储能装置火灾探测和灭火技术；②在氢能火灾防治方面，国外美国、日本、欧盟在制氢、储氢、运氢、用氢各环节均形成了相对成熟的技术，在氢泄漏早期探测预警、70MPa 级气态氢储运与使用、液氢制备与储运安全及燃料电池使用安全等方面开展了系列研究工作，形成了相对成熟的技术并建立了氢能安全的标准规范体系，然而我国仍停留在对氢安全基础理论的研究阶段；③在光伏太阳能火灾防治方面，美国国家电气规范（NEC）和美国保险商实验室（UL）标准是业内普遍认可和应用的光伏系统规范标准，规范对故障电弧断路器的安装及光伏系统直流故障电弧断路器的有效性和可靠性测试方法进行了规定，我国也规定了故障电弧探测器、过流保护、探测报警以及电气装置的选择和安装等标准要求，以保证光伏电站稳定运行的可靠性；④在风电火灾防治方面，目前研究多致力于对风力发电机组自动消防系统的研发，如欧洲 Minimax 和美国 Firetrace 等公司都提出了风电机组防火解决方案。我国多家研究机构和学者相继对风电机组火灾理论和消防技术进行了研究，通过开展风电机组火灾特性和灭火试验，验证了热气溶胶、超细干粉、二氧化碳等灭火系统扑灭风电机舱火灾的有效性，并设计了风电机组火灾监控报警系统，提出了相关的消防管理措施。

存在的主要问题及不足：尚存在新能源系统装置火灾预警及安全监测技术较少、消防安全标准体系不完善、灾害事故应急处置技术及装备缺乏等问题。

未来的主要发展趋势：

在锂离子电池火灾防治技术方面：①新型锂离子电池致灾机理及热蔓延规律研究；②基于失效物理模型和数据驱动融合的锂离子电池系统可靠性及安全性预测模型研究；③锂离子电池火灾智能监控技术及体系研究；④锂离子电池火灾应急处置装备及救援技战术研究；⑤集探测、阻隔、灭火、应急处置于一体的锂电池系统主动防护体系研究。

在氢能火灾防治技术方面：①氢灾害事故演化规律及链生、次生灾害致灾机制研究；②氢气泄漏高精度、极早期感知探测技术与装备研究；③氢储运设施喷射火特性及抑制技术与装备研究；④复杂条件下的受限空间氢爆炸泄压及抑制技术研究；⑤氢燃料电池火灾监测预警与防控技术研究。

在光伏太阳能火灾防治方面：①光伏发电系统致灾机理与火灾行为研究；②光伏系统火灾超前感知预警技术及装备研究；③光伏系统火灾无人扑救技术与装备研究。

在风力发电火灾防治方面：①风力发电机组灭火与应急救援关键技术研究；②风电场大型储能系统灭火与应急救援关键技术研究；③海上风力发电机组火灾救援与人员逃生关键技术研究；④林区及草原风力发电场灭火与应急救援关键技术研究。

4.2.1.8 火灾原因调查

准确查清灾害事故原因，研究事故发生、发展以及扩大致灾机理，剖析事故导致重大人员伤亡和财产损失的根本原因，对于探究灾害事故隐含的火灾科学问题、分析灭火救援与火灾防控的消防科技问题和总结经验教训杜绝类似灾害事故发生，具有十分重要的意义。欧美及日本等国家都很重视火灾爆炸事故的调查，为此他们在火灾调查基础理论、调查技术、调查装备、调查数据分析等方面开展了大量的研究工作，制定了详细的调查方法技术流程和类别众多的规范标准，以此来保障事故调查的规范性、科学性和严谨性，并根据调查结果提出行之有效的预防措施，真正的发挥了事故调查在火灾事故主动预防中的主导作用。

1. 火灾调查基础理论

国外学者注重将火灾科学理论应用于火灾调查，针对火的形成条件、火灾燃烧速度理论、传质和传热过程开展研究，并在此基础上形成了火灾动力学、火灾热力学、层流火焰理论、湍流火焰理论、火羽流、轰然及爆震现象等一系列火灾科学理论。

在燃烧基础理论方面，系统提出了燃烧的要素、条件、类型、燃烧速度、热释放速率、燃烧温度和烟气产生等理论，为依据证据正向分析火灾过程，以及科学推演逆向还原火灾过程提供基本原理。

在火灾动力学方面，研究了火灾的燃烧过程、烟气的蔓延过程和热量的传播过程，以及建筑物内火灾的发展规律。建立了火灾数学模型，提出火灾痕迹形成的相关理论，并对木材痕迹、混凝土痕迹，以及液体燃烧痕迹等进行归纳和总结，为分析认定起火点、火灾燃烧蔓延过程提供科学依据，同时为火灾现场重构及分析提供原理。

2. 火灾现场勘查技术

国际上对火灾爆炸现场勘查技术的研究主要集中在三个方面：①火灾现场痕迹辨识方面，美国火灾研究机构、高等院校等通过实体火灾实验，结合热传导、可燃气体浓度、热动力学化学平衡等各类数学模型对不同类型材料、构件、建筑、车辆和森林草原等火灾后的痕迹特征规律进行了研究，在深入的痕迹研究中形成了大量可切实指导火灾爆炸事故调查的痕迹理论。②事故现场重建方面，美国 USFA 联合 NIST 开展了针对火灾事故调查的“USFA burn pattern tests”系列研究，针对不同形式的火灾事故进行了现场重构研究，并开发了相应的现场重构方法、程序及设备，可以对大多数事故现场进行灾后重建工作。③物证提取方法，各国在痕迹物证提取方面做了很多研究，如 Eric Stauffer 等人编著的《火场残留物分析》（*Fire Debris Analysis*）一书，详细介绍了现场助燃剂的提取方法和检测技术，对火灾残留物成分、火灾起因确定进行了系统性研究。

此外，国际上针对火灾爆炸事故现场的调查程序、调查方法、勘查过程中拍照等现场记录技术、询问技术、事故相关人员的心理活动、火灾调查过程中程序合法性等问题均进行了系统的研究。

3. 电气火灾调查

国外普遍采用 NFPA 921《火灾与消防爆指南》开展电气火灾现场调查工作。在电气火灾物证鉴定方面，国外一些发达国家开展了相关研究工作：日本根据导线熔痕的特征，提出火烧熔痕、一次和二次短路熔痕的宏观分析法，并通过炭化物结构、枝晶间距及氧化物浓度反推熔痕形成时的环境温度；瑞士提出了表面成分分析法，美国研究了金相分析技术，俄罗斯提出了星茫效应，均用于区别铜导线短路熔痕与火烧熔痕。但是，相关研究成果，均未作为鉴定标准应用于电气火灾物证鉴定。在仪器分析方法方面，目前大致分为以下四类：①显微组织分析；②拉曼光谱分析和 X 射线微区分析；③二次离子质谱分析（SIMS）；④俄歇电子能谱分析（AES）和化学电子光谱分析（ESCA）。

美国学者 Vytenis Babrauskas 指出，由于缺少理论支撑及定量判据，试验样本量太少，可重现性不佳，实验室制备熔痕的条件与实际火场环境存在较大差别等原因，目前尚无法完全区分一次短路熔痕与二次短路熔痕。

4. 汽车火灾调查

由于车辆火灾载体的特殊性，美国要求从事汽车火灾调查的人员不仅要具备一般火灾调查技术资格，同时还要具备汽车火灾调查的专项资质，如 NAFI 颁发的 CVFI（Certified Vehicle Fire Investigator）。

NFPA 在由美国消防署（USFA）的国家火灾报告系统得到的数据基础上，通过对全美消防部门的调查对车辆火灾的数据进行详细的研究。不仅包括原因和数量，还会具体到发生火灾的时间分布、车辆年限、行驶公里数、伤亡情况、起火地点、起火部位分部、季节性、当事人特点等因素。通过详细的数据分析，对消防灭火策略改进、有重点的加强消防教育、改进产品问题、完善法律法规，根据火灾表现的统计学特点制定切实有效的预防措施。

NFPA 921 针对车辆火灾调查设置专门的章节，分析车辆结构与火灾的关系。汽车的火灾调查普遍采用现场调查方法，主要依靠火灾调查人员的观察和分析。有的把这种分析车辆火灾原因的过程归纳为 rFMEA 方法，即逆向失效模式与效果分析方法。通过车辆火灾原因或由此引发问题，进行专项研究降低火灾危险，比如针对交通事故中碰撞安全与火灾事故问题，制定了车辆燃油系统完整性标准。针对车辆上使用越来越多的可燃材料，制定车辆内部材料可燃性标准来限制车辆火灾蔓延速度。对 ATV（All Terrain Vehicle）数量与森林火灾的数量关联性的研究，规定 ATV 使用的时间禁止 ATV 车辆的随意使用并改进车辆排气系统设计。

车辆火灾原因调查研究从普遍的车辆火灾共性原因分析，向差异性转变。针对不同车辆、不同结构、不同排量车辆的火灾危险特点，建立火灾原因产生的差异性原理。

5. 危险化学品火灾调查

危险化学品火灾随着快速甚至急剧地放热、释放气体和释放能量，表现为迅速而猛烈地燃烧，甚至爆炸。国外重点从燃烧爆炸事故机理、火灾现场痕迹、物证提取鉴定等角度对事故引发及扩大成灾的原因进行分析判断。在危险化学物质燃烧爆炸基础理论方面，国外开展了大量的研究，如 NIST 对各种化学成分和材料展开了大量分析测试研究；联合国建立了《全球化学品统一分类和标签制度》，出版了《关于危险货物运输的建议书规章范本》和危险物质《试验和标准手册》；ISO 国际标准中也包含了大量火灾危险性参数测试方法。在危险品物证鉴定方面，国外有众多的实验室和组织机构开展了相关研究，并形成了适合各国情况的鉴定标准或技术规程。美国材料试验协会（ASTM）对各种材料、产品的性能及测试方法制定了一系列标准，常用的火灾物证检验鉴定标准如 ASTM E1386 溶剂提取法、ASTM E 1413 动态顶空法等，已成为世界公认的化学物证鉴定的重要方法；西弗吉尼亚大学等高等院校对汽油在不同温度下挥发后成分的变化规律进行研究，并通过建立模型研究事故现场残留汽油的精准鉴定和自动判别技术。

6. 森林草原火灾调查

近年来，美国、加拿大、澳大利亚、俄罗斯、希腊、印度尼西亚、墨西哥等国家相继爆发历史罕见的森林大火，国际社会对森林草原火灾的重视程度日益增强。火灾调查技术作为查明火灾原因的技术手段，对预防森林草原火灾相应预案提供了素材库和技术方向，在世界各国均得到重视。

国际上开展森林草原火灾调查技术研究的代表性机构为美国农业部林业局（U.S. Forest Service），美国加州林业保护局（California Department of Forsetry and Fire Protection）、火灾 / 爆炸调查公司（Fire/ Explosion Investigator）等机构也进行了相关研究，研究内容主要集中在两个方面：

对各类引火源的研究。主要研究内容为对可能的起火原因的研究，包括纵火等犯罪活动，闪电、自燃、自然灾害、阳光聚焦等自然原因，篝火、营火、烟头、户外垃圾、烟花爆竹等人为因素导致的火灾，输电设备、铁路等电气设备故障引发的火灾等。研究方向主要为各种因素导致的森林草原火灾后原因调查的方法、注意事项、调查程序及相关准则，形成了完备的森林草原火灾调查的技术方法。

对燃烧蔓延因素及过程的研究。森林草原火灾燃烧蔓延受到各种因素的影响，国际上有大量的针对各种能够影响火灾蔓延速率、蔓延方向因素的研究，主要包括：不同的可燃物在不同引火源条件下的起火过程及蔓延机理研究；气候因素如温度、空气湿度、风向等对森林草原火灾起火过程的影响，对森林草原火灾燃烧蔓延过程的影响，对森林草原火灾蔓延燃烧后痕迹识别的影响；地理因素如坡度、海拔、坡位、地形风等对森林草原火灾起火过程的影响，对森林草原火灾燃烧蔓延过程的影响，对森林草原火灾蔓延燃烧后痕迹识别的影响；森林草原火灾扑救战略战术、扑救过程对火灾后痕迹识别的影响等。

总之，国际上对森林草原火灾已经有了较为全面系统的研究，基本能够查明大部分火灾的起火原因及蔓延过程，能够为森林草原火灾的预防提供相应的支持。

7. 爆炸事故调查

欧美及日本等发达国家非常重视爆炸事故的调查及相关研究工作，其中以美国消防协会等机构的研究最为充分全面。截至目前，美国相关研究机构已经对物理爆炸、沸腾液体蒸汽膨胀爆炸、燃气爆炸、粉尘爆炸、回燃或烟气爆炸、室外蒸汽云爆炸等各种类型的爆炸事故进行了细致的研究。对各类型爆炸的特点、爆炸物的物理化学性质、爆炸过程数值模拟、爆炸事故现场重构进行了系统的研究，为各类型爆炸事故中的典型痕迹特征辨识、起爆点认定、引火源确定、爆炸物分析、调查方案制定建立了相应的方法。相关的技术方法、调查程序已经编入标准 NFPA 921 并得到了众多国家的认可。

8. 视频分析技术及应用

随着智能设备的普及，有很多的编辑软件能够通过自动编辑算法来帮助用户实施伪造篡改行为，伪造、篡改视频、图像。目前的物证鉴定工具，难以完成伪造行为的鉴定工作。需要建成一个端对端平台，该平台应当能够实施自动化的鉴定分析工作。为此，美方科技部门开展了对伪造音视频及图像物证鉴定技术开发的计划。

此外，国内外诸多高校、研究机构针对火焰和烟雾的识别算法进行研究，用于火灾的早期预警。我国监控系统应用较为成熟，视频不仅用于火灾监测预警，还用于案件侦查。因此，大数据分析、图像清晰化处理、高效处理算法等信息技术方法是现在视频分析技术的主要研究方向。对于火灾视频图像鉴定分析，未见国外有研究内容对外公布和发表。

9. 火灾调查数据资源的信息化及应用

在全球信息化快速发展的大背景下，对数据的占有、控制和运用已成为国家间新的争夺焦点。对于火灾调查领域来讲，数据和证据是衡量火灾调查工作的重要指标，有据可查的科学数据和有理可依的证据已逐渐成为火灾调查的重要法律武器。

国外很多机构和组织主要针对火灾的情况进行分析和汇总，国际组织如国际消防及救援协会（International Association of Fire and Rescue Services，CTIF），国际火灾调查员协会（International Association of Arson Investigators，IAAI）每年都会对其成员国的火灾情况进行汇总分析，形成这些国家及主要城市每年火灾数量、伤亡损失情况、火灾类型、火灾原因等情况的分析报告。美国消防协会（NFPA）的火灾调查是一项永久的资料收集和工程分析活动，目的是通过现场调查，收集、分析和报告详细的消防经验资料。这些资料用于以下几个方面：作为技术和教育资料，进行火灾分析；分发给消防社会，避免将来发生同样的火灾；向州和地区消防官员提供技术帮助等。美国还有许多经过国家认可的火灾调查机构，如全国消防保险委员会（下设纵火调查处）、互助调查局、调查总公司、肯尼迪联合公司等。这些机构专门从事或设有火灾调查部门，接受各联合保险公司的委托进行火灾调查工作，同时保险公司的人员也参与。一些大的公司和企业的安全部门，在本公司和企业发生火灾后，进行有关火灾调查活动，主要目的是通过调查发现引起火灾的管理因素、生产及设计工艺的缺陷，避免日后的类似事故。美国消费品安全委员会通过对医院急诊病例的抽样调查获取数据，注意力集中在家庭产品致伤问题上，每年发表由消费品引起火灾死亡的报告。美国林业部统计每年森林的火灾，包括火灾数字、损失和火灾原因。国际电器检验员协会（IAEI）和保险商实验所（UL）主要收集统计并分析电器火灾，与电击密切相关的火灾。

日本东京消防厅根据多年火灾调查的积累，编辑出版了很多火灾调查方面的手册，其中包括了常用家用电器、用气设备、微小火源等多种常见引火源的火灾危险性及火灾调查方法，以及各种常见危险品数据。利用该系列书籍可以查询相关内容和数据，有助于认定火灾原因。目前，该系列书籍作为日本火调人员必备的随身参考工具书，多年来经过多次的修改、补充和完善。日本还专门组织收集太阳能屋顶设施的火灾案例信息，分析这些案例的火灾原因并进行深度调查，为屋顶太阳能设施的工艺改进提供技术支持。

部分国家或组织已经建立了小型的或者针对某一领域的数据库，但是还没有真正意义上国家层面的大型数据库。加拿大国家森林火灾数据库（Canadian National Fire Database，CNFD），将加拿大全国范围内森林火灾的发生地点、分布区域、气象条件、火灾概况等近30多年的数据整合在这个数据库。英国伦敦市消防局建立了一个“Real fire library”数据库，是根据火灾伦敦地区专业火灾调查人员收集实际火灾案例建立的，内容包括火灾的规模、火灾发展情况、蔓延时间，还包括火源、最初被点燃的可燃物、蔓延途径等情况。还有一些学者就一些特殊火灾案例建立一些小型数据库，例如，芬兰和丹麦的学者利用一些化工产品仓库的火灾案例，建立了包括这些火灾细节的数据库，作为研究此类火灾之用。

综上可以看出，对以往火灾案例的充分研究、分析和利用是一个越来越被重视的工作，各国对各种火灾都有详细的数据，还有针对各类型、各种原因的火灾详细的分析报告，并且此类数据随着各国对火灾的重视也越来越丰富。一些国家和地区已经开始着手针对特定领域或者特定区域的火灾建立相应的数据库。虽然对于全国性的包含各种火灾的大型数据库暂时还没有建立，但是对于火灾科学研究、火灾安全设计以及消防管理的作用将会慢慢显现。

10. 火灾现场勘查装备

火灾现场勘查装备包含的种类较多，在现场三维重建设备方面国外已经研制并广泛配备了基于激光点云技术的三维重建设备。在侦检设备方面，UV 特种长波紫外光源、超宽光谱光源以及光离子化检测技术已经广泛用于纵火案件的调查，同时手持式用于助燃剂检测的便携式气质谱仪也已开始广泛配备。美国、以色列等国家已经使用高清晰度的便携式 X 光机检测微小痕迹物证，并采用双能技术分析被检测物品有机物和无机物组成。目前，美国、日本、德国等国的常规检测仪表如测距仪、万用表等产品智能化程度相当高，通过对原始信息的数字处理，更好地排除了外部干扰对信息影响，提高了产品的耐环境性和测量真实性。

在个体防护方面，美国的 NFPA 921《火灾和爆炸调查指南》、NFPA 1033《火灾调查员职业资格标准》等标准指南都专门针对火灾调查人员职业安全健康进行了规定，并要求火灾调查人员在进入现场前配备个人防护装备，同时还配备专业的洗消设备。研发出的具备疏水层和吸水层二合一的 Dri-Lex 面料可以真正达到防水透气效果。安全鞋除具备常规的安全保护外，最新研发的鞋垫具有优异的缓冲性能和记忆功能，能最大程度地增加穿着的舒适性和减少受损伤程度。

4.2.1.9 消防安全管理

消防安全管理是指遵循火灾发生、发展规律及社会经济发展规律，运用管理科学的原理和方法，为实现消防安全目标所进行的各种活动的总和。消防安全管理是公共安全管理的重要组成部分，在各类风险高度存在的时代，消防安全管理的作用越发凸显，世界各国一直在探寻适应社会、国情的消防安全管理体制，消防安全管理理念正逐步由灾情驱动的被动式管理向风险驱动的主动式管理发展。

1. 我国消防安全管理现状

我国早在古代就开始了消防安全管理，设置火官、约立火禁、制定火宪。中华人民共和国成立以来，消防法规体系逐步建立，到目前基本形成了以《消防法》为核心、部门规章和地方法规为基础、标准规范为支撑的消防法规标准体系，消防安全管理理念逐步由零散条文演变成较为完备的体系。在全国，消防安全管理工作形成了以“预防为主、防消结合”为总方针、“政府统一领导、部门依法监管、单位全面负责、公民积极参与”为科学构架的总局面，消防安全责任制管理体系和社会消防安全网格化管理模式已基本形成。

进入21世纪以后，社会经济高速发展，城市圈、经济带以及新型城镇化建设步伐加快，各类超高层地标建筑、地下建筑以及人员密集场所和石油、化工等企业不断出现，新的火灾致灾因子也在不断增加，特别是新技术、新工艺、新材料、新设备在应用和运行过程中带来新的火灾风险隐患，火灾防控难度越来越大，加之我国是灾害多发频发的国家，消防工作任务异常艰巨繁重，责任重大，既有消防安全管理体制已经不能满足时代需求。

为防范化解重特大安全风险，健全公共安全体系，整合优化应急力量和资源，2018年3月，国务院提请审议机构改革方案议案，公安消防部队、武警森林部队转制，与安全生产等应急救援队伍一并作为综合性常备应急骨干力量，由新组建的应急管理部管理，实行专门管理和政策保障，制定符合其自身特点的职务级别序列和管理办法，提高职业荣誉感，保持有生力量和战斗力。

自此，我国消防部队人员由现役编制全部转为具有单独职务职级和衔级体系的行政编制，实行消防救援衔制度。消防部门的职能也由“单一灾种”的防火灭火向“全灾种、大应急”的综合性消防应急救援转变。消防救援队伍实行“统一领导、分级指挥”，省级以下队伍实行以应急管理部为主，省（区、市）党委和政府双重领导的体制，逐步形成了统一指挥、专常兼备、反应灵敏、上下联动、平战结合的中国特色应急管理体制。

改革转制后，我国的消防安全管理体制也逐步向专业化发展，取得了一定成效，消防安全形势有所稳定，但局面非常脆弱。关键原因在于消防工作中还存在一些基础性、体制性、瓶颈性问题尚未彻底解决；统筹“防”与“救”的关系尚不平衡；预防控制体系和应急响应机制尚未完全构建；科技引领支撑消防工作和科技成果转化动能不足；老旧场所、高层建筑、大型综合体、地下轨道交通和石油化工企业等场所原有火灾隐患成为“老旧顽疾”，尚未解决，新材料、新业态产业发展又带来新的火灾风险。

繁重的消防监管任务与社会救援任务越发凸显我国消防救援队伍力量与现实需求不匹配的现状，亟须发展社会力量参与消防安全管理。为此，我国采取了一系列措施扩充消防救援队伍人员，壮大救援力量。将航空应急救援力量作为消防救援力量新的增长点，采取政府建设、购买服务等多种方式，分区域、分层次推进空地协同救援力量建设，支持在需求迫切的城市及自然灾害高发地区率先建设一批航空应急救援力量。广泛吸取社会力量，如消防部门依法招聘专职消防队员、企业依法建设专职消防队、乡镇农村按标准建立志愿消防队、街道社区全面普及微型消防站。初步构建了以“国家消防救援队伍为主、专职消防队员为辅、消防志愿者为补充”的多元互补的消防救援力量体系。

在信息化的大背景下，国家积极推进包括消防安全管理在内的应急管理和公共安全信息化建设，不少省市的消防部门、科研院校、软件开发公司等率先在公共安全、城市安全、消防安全等领域信息化建设方面进行了积极探索，研究基于大数据、物联网等技术的火灾风险智能预测预警模型、火灾风险隐患排查与闭环管理模式、基于火灾风险等级的应急预案等，全面推进“智慧消防”建设，我国的消防安全管理技术也逐步走向智能化、信息化。

2. 国外发达国家消防安全管理现状

国外发达国家的消防管理经过较长时间的发展与改革，在体制和机制方面有着充分的创新、检验、纠错余地，公民、社会与政府机构有机结合、相互补充，已经逐步形成了由政府部门、社会服务单位、非营利组织等共同供给的多元化和高度自治的消防安全管理体制与格局。尤其是成熟壮大的志愿消防队伍和各类消防组织、功能完备的消防中介服务组织，构建了国家消防安全管理多元化、社会化的格局，为保障国家消防力量和提升消防现代化水平提供了源源不断的动力。

目前，世界各国消防安全管理体制主要可分为中央集权型和地方自治型两大类。

中央集权型主要以法国、俄罗斯、韩国等国为代表，在国家层面和地方政府分别设置消防机构，地方消防机构隶属于国家消防机构，由政府统一领导、逐级监管、层层压实主体责任，实行由上至下的较为严格的层级管理。在各类重大灾难事件以及政府机构改革的推动下，各国消防体制经过多次发展与改革后，其职能基本形成了由“单灾种”到“全灾种”的转变，在国家层面设置综合性的防灾救灾部门，消防部门隶属于其中一部分。比如，法国在国家层面设置民防及危机管理局（DGSCGC）统一管理全法消防队伍，民防及危机管理局隶属于法国内政部，其职能相当于我国的应急管理部消防救援局；俄罗斯在国家层面设置国家消防总局，国家消防总局是紧急情况部下设的一个独立的联邦管理机关，负责领导联邦国家消防部门工作，紧急情况部和国家消防总局分别相当于我国的应急管理部和消防救援局；韩国在国家层面设置消防防灾厅，市道和市郡区层面分别设置消防本部和消防署，从中央到地方，构建了以消防防灾机构为主体，深入基层的三级灾难管理体系，消防防灾厅除了消防厅最初基本的消防职能外，还负责灾难的预防和管理工作。

地方自治型主要以美国、日本、英国、加拿大等国为代表，消防安全管理由各地方消防机构自治管理，国家层面没有设立统一的消防机构，或者国家消防机构与地方无隶属关系，充分挖掘地方政府和社区机构的潜力，消防安全管理工作不完全依赖中央政府，各地方根据自身条件和民众意愿决定其消防模式。比如，美国和日本的消防管理体制较为相似，各地方政府在消防安全管理方面高度自治，各级政府间的消防机构无直接隶属关系，上级机关对下级机关仅有建议、指导权；英国在国家层面不设立专门的消防管理机关，也是采用地方自治的方式，由各郡、市设置金、银、铜三级消防机构，各部门、机构之间协同配合的联动机制较为成熟，重视协同作战应对紧急事件；加拿大在国家层面也没有统一的消防部门和消防法律，国家管理部门只负责宏观设置消防管理体系，各自治省和区等结合辖区实际情况自行开展消防工作，并依照宪法规定，建立地方消防法令，规定消防服务、防火监督检查要求和公共教育项目等内容。这种高度自治的消防安全管理体制真正发挥了各个单位和地方的工作积极性，充分体现了“谁主管、谁负责”的原则。

发达国家在消防安全管理方面除了有较为成熟的管理体制以外，还非常注重消防安全教育，主要体现在对消防队员从业能力培训和对本国公民的消防安全教育两方面。

美国设有消防学院，几乎每个州甚至一些市和县都有各种不同规模的消防学校，对消防队员职业发展强调选拔晋升与培训挂钩，注重终身职业培训；美国政府还经常深入社区进行消防教育的知识宣讲，并组织开展“国家社区安全计划”，积极招募有消防经验的志愿者参与到社区的消防演习和消防教育之中。此外，还非常重视学校消防教育，专门组织安全防火教育书籍的编写并作为学校的标准教材。英国的消防教育和培训非常系统和专业，设立了海陆空三者相互联系的消防培训，建有英国消防学院、国际航空消防员培训学校、海上消防员培训中心，国家消防部门、自治和私营消防部门的消防员都必须经过严格的实地培训才能上岗。在日本，无论是在校学生、企事业单位职工，还是居民，都必须依法接受防灾逃生教育，通过立法把防火教育列入教学大纲，日本还有众多民间消防组织和机构开展消防安全教育和宣传工作，比如女子消防俱乐部、消防博物馆和防灾教育中心等。加拿大中央政府高度重视消防培训，负责消防培训的强制执行，所有的消防员都要在各自的省里接受美国消防协会职业认证标准的认证。

纵观以上各国的消防安全教育，普遍建立了完善的消防安全教育培训体系。对包括志愿者在内的消防队员的培训教育和专业知识与技能都有着严格的考核标准，消防队员一般都经历了持续多年的有效训练和实战积累，拥有较高的职业素养。对公民消防安全意识的培养和社会消防文化建设也有较为成熟的政策体制和激励方式，积极引导公民、社会组织、市场等多方社会力量共同参与消防安全管理，提升消防安全管理工作在社会上的地位和消防员职业荣誉感，打造全民参与消防安全管理工作的局面。

4.2.2 应急救援

4.2.2.1 消防通信指挥技术装备

1. 发展现状

应急通信是指在出现自然或人为的突发性紧急情况或通信需求骤增时，保障救援和必要通信所需的通信手段和方法，是暂时性的特殊通信机制。应急通信是应急产业的基础，在全球各国对国家安全高度重视的情况下，应急通信体系建设日益完善。

应急通信过程涉及应急指挥中心、公众通信网/专用通信网、现场三个关键环节。其中，公众通信网/专用通信网是应急通信的网络支撑，应急通信现场为保障通信需接入应急通信设备，网络和设备是应急通信产业发展的基础。

在国际上，许多国家非常重视应急通信网络的研究和开发工作。尤其是发达国家，其应急通信手段发展较早，经过多年建设以及实践检验，目前已颇具规模。美国、日本及欧洲的一些国家和地区建立了较为完善的应急通信体系，在突发事件的应对中发挥了突出的作用。

美国从20世纪70年代开始建设最低限度的应急通信网，目的是为了满足美国政府对于紧急事件的指挥调度和需求。“9·11”事件之后，美国更是投入巨资建设与互联网物理隔离的政府专网，推行通信优先服务计划并利用自由空间光通信（Free Space Optics，FSO）、WiMAX、微波接入全球互操作和Wi-Fi等技术来提高应急通信保障能力。

目前，日本已建立起较为完善的防灾通信网络体系，如中央防灾无线网、防灾互联通信网等。中央防灾无线网是日本防灾通信网的骨架网络，由固定通信线路、卫星通信线路和移动通信线路构成。防灾互联通信网可以在现场迅速连通多个防灾救援机构以交换各种现场救灾信息，从而有效进行指挥调度和抢险救灾。

此外，国际上许多标准化组织也在积极推进应急通信标准的研究。比如，国际电信联盟无线通信部门（ITU-R）主要从预警和减灾的角度对应急通信展开研究，包括利用固定卫星、无线电广播、移动定位等向公众提供应急业务、预警信息和减灾服务；国际电信联盟电信标准分局（ITU-T）从开展国际紧急呼叫以及增强网络支持能力等方面进行研究，主要包括紧急通信业务（Emergency Telecommunications Service，ETS）和减灾通信业务（Telecommunication for Disaster Relief，TDR）两大领域；欧洲电信标准化协会（ETSI）主要关注紧急情况下组织之间以及组织和个人之间的通信需求；国际互联网工程任务组（IETF）对应急通信的研究涵盖通信服务需求、网络架构和协议等多个方面。

2. 应急通信方式

常用的应急通信方式有集群通信、超短波通信、短波通信、卫星通信。

应急通信首先要保障指挥通信，通常以无线方式为主，要求能够快速部署通信网络，提供通信保障。应急通信的手段主要包括以下方面：

（1）现网设备潜力挖掘。

在应急情况下，往往出现局部地区、集中时段突发话务量大的情况，对现有设备最大限度地利用是关键。

1）GSM 无线开通半速率：在损失一部分语音质量的情况下能最大数量地接纳用户；

2）3G 无线设备启用多载频：大部分厂家设备现在一块单板都可以实现多载波，只是因为采购的问题实际开通时只开启了单载波，紧急情况下可以全部打开；

3）扩容所有硬件能力，提升设备处理能力：利用备件、调拨等方式将现有硬件的平台的处理能力扩容至最大（包括互联网、承载网、本地交换机、长途交换机、关口局、无线设备等）；

4）关闭所有软件许可限制，或者临时扩容许可：对于用户数、物理信道资源、码字等的最大处理限制应该取消。为了保障有手机的人可以打出电话，可以考虑关闭营账系统对用户余额的校验，甚至可以考虑关闭移动网络的用户鉴权；

5）限制措施：为了保障正常的通信，对于无线网来说 2G 网络可以考虑关闭数据网的功能将全部信道分配给语音，3G 网络可以把用户的速率全部降到 512kb/s 以内，这样可以尽量提高网络的使用效率而不是感知。另外，对于设备极限处理能力的保护也极为重要，不能出现设备因为过负荷导致的瘫机。

（2）海事卫星。

海事卫星（Inmarsat）是卫星通信系统的一种，以其便捷、可靠、不受当地地面条件限制、全球覆盖、全天候、便携、移动等特点，在受灾地区作为主要通信手段，在抗震救灾的指挥联络、新闻信息的传递等领域发挥了不可替代的作用。在突发事件应用中，能够保持行进中的视频图像、数据通信和语音通信，可以大幅提升救灾效果。

受环境条件所限，卫星通信仍然是海上信息通信的主要手段，国外的海上通信主要为常态化部署的全球卫星通信系统，主要包括同步通信卫星系统和低轨通信卫星星座。其中，同步通信卫星系统方面以海事卫星应用为主；低轨通信卫星方面则呈现快速竞争发展的特点，全球覆盖、建设性价比较高等特点使其成为未来一段时间内卫星通信发展的主要方向。

1）国际海事卫星通信系统。国际海事卫星是全球静止地球轨道移动通信卫星系统，以海事应用为主要目标用户，能为用户提供话音及低速数据服务。最先进的 Inmarsat-4 系统由 3 颗地球同步轨道卫星构成，支持 L 频段海事移动通信，实现对全球中低纬度地区的完全覆盖，以及面向移动终端 492kbit/s 的峰值通信速率。

2）国外低轨卫星通信系统。国外低轨卫星通信系统以铱星（Iridium）及其二代系统、全球星系统为代表，主要面向传统语音与低速数据业务。铱星二代系统建设时，以作为地面蜂窝通信系统的“补充”手段为目标。目前该系统已经具备海洋或偏远陆地地区的通信能力，可作为地面的互补系统，开展海上应急通信传输。

3）国外低轨宽带互联网星座系统建设计划。2014 年以后，美国 OneWeb 和 SpaceX 公司相继宣布，启动建设覆盖全球的低轨卫星系统，打造覆盖全球的太空互联网。该系统主要针对消费者和小型商业客户，主要特点是简单、快速、低成本、高可靠。通过快速建成低成本小卫星星座，可实现满足特定需求的互联网通信，并作为全球地面互联网的备用系统，在海洋、航空、自然灾害和应急工作中发挥作用。

（3）应急通信车。

应急通信车主要是在应急车内加载 2G/3G 及天线设备，用于人民群众因重大活动广泛聚集（如奥运会、大型户外晚会等）或突发事件造成某地域通信中断（如某地区移动天线塔台损坏）的应急通信。应急通信车通常的传输方式有三种，分别是光传输、微波传输和卫星传输。应急通信车内的通信设备通常有几套 RNC（BSC）和 Node-B（BTS）设备、附属的传输设备、电力保障设备等。应急通信车通常可以满足各省重要会议会展及各种节庆等通信保障、自然灾害、处突维稳、战时战备保障。

（4）超短波无线电台。

超短波电台（无线电台）使用的频率范围较广，涉及 150MHz、200MHz、350MHz、400MHz 等多个频段。由于公众通信网络极其复杂，在灾害面前往往显得比较脆弱，超短波无线电通信方式语音清晰，抗干扰能力强，电台体积小巧便于携带，移动通信能力较强，不依赖有线和光纤特别适合于救灾及突发事件现场使用。超短波通信特点基本为“视距传输”，只有一定的绕射和反射能力，因而如果需要覆盖的区域较大，可以适当选择无线电中继站作技术支撑，通常需要选择高山高楼等制高点作“无线电接力转发”。平时维护好无线电应急救灾超短波中继台，在保障大灾时有可能成为最重要的通信手段。

（5）无人机。

无人机应急通信手段具有应急起飞、可快速抵达服务海区的特点，目前无人机和浮空器的通信系统建设研究是国外的最新研究热点。脸书公司（Facebook）临近空间长航时无人机通信系统，脸书公司从 2013 年开始推行了 Internet.org 项目，旨在以激光通信实现无线网络传输，加强偏远地区的网络覆盖，实现全球 2/3 高速互联网接入的无线覆盖率。鉴于临近空间长航时无人机具有驻空时间超长的特点，该项目选择临近空间长航时无人机作为中继平台，并开展了宽带接入的研究工作。该项目可实现针对陆地或海洋中偏远地区的互联网接入及通信应用需求。谷歌（Google）气球升空基站应用。2013 年 6 月，谷歌公司公布了基于气球升空基站的潜鸟项目（Project Loon）研究计划。该项目设计以气球构成通信网络，每个气球携带 10kg 的通信设备和仪器、电池、太阳能板等，为所覆盖区域地面用户提供不间断上网服务。2017 年 5 月，潜鸟气球为遭遇百年一遇洪水的秘鲁提供了灾后应急通信服务，同年 10 月，潜鸟气球为遭遇飓风灾害的波多黎各提供了灾后应急通信服务。

美国全球鹰通信系统。美国全球鹰无人机系统利用高空长航时大型全球鹰无人机，实现全球规模覆盖的情报、侦察与监视任务。全球鹰无人机可以同时使用超高频波段和 X 波段的视距链路、超高频波段和 Ku 波段的卫星通信链路等4种通信链路。为进行图像信息等大容量信息传输，可以使用X波段的视距链路（即通用数据链）与商业用Ku波段卫星链路，其他链路主要用于无人机的控制。除此之外，无人机上还装有国际海事/移动卫星民航通信终端（L波段），作为无人机控制链路的备份。

3. 应急通信新技术

（1）基于VSAT技术的卫星应急通信服务。

VSAT（即甚小口径卫星终端站）系统通常包括通信卫星、主站系统和VSAT端站三部分。VSAT相关技术包括天线及射频系统及设备、VSAT卫星通信系统及设备以及网络通信系统等系统所涉及的各项技术。

与地面网络通信体系相比，VSAT系统的主要特点是覆盖范围广，通信成本与距离无关；可扩容性好，扩容成本较低，建设新的通信端站所需时间短；通信受外部影响较小，可在恶劣环境下正常使用；同时具备点对点和点对多点通信能力。与传统卫星通信网相比，VSAT系统的主要特点是天线口径小，端站设备安装方便；端站发射功率较小，设备成本较低；集成化程度较高，智能化功能较强，操作较为简便；主要用于专网通信而非公众网通信。VSAT系统设备体积小，安装使用方便，通信受环境影响小，对基础设施要求较低，能提供较高的传输速率，在很大程度上满足应急通信的要求。

（2）基于LTE技术的公共安全应急保障解决方案——eLTE快速应急指挥（eFEC）。

eFEC解决方案主要聚焦在现场应急场景下的现场指挥、可视化调度，以及前后方的指挥联动。通过在各类车上集成专业无线宽带集群系统、卫星回传系统、视频采集系统、视频会商系统、专业无人机以及配套的车载平台支撑系统，满足在现场的作业需求。总体解决方案包括宽带集群子系统、回传系统、应急指挥子系统、视频采集子系统、无人机子系统等部分。目前，整个 eFEC 分为大型车、中型车、小型车三个子解决方案，根据不同场景，可以选择一个或多个进行独立组网或者混合组网，各车型特点见表 4–1。

表 4–1　车型对比

配置差异		大型车	中型车	小型车
车辆底盘		采用国际知名品牌车辆改装	奔驰 515 等车辆改装	丰田陆地巡洋舰等
车内配置		宽带集群通信系统 应急临时指挥系统 视频会商系统 卫星回传系统 视频采集系统 无人机	宽带集群通信系统 应急临时指挥系统 视频会商系统 卫星回传系统 视频采集系统 无人机	宽带集群通信系统 卫星回传系统
其他参数	天线高度	20m	12m	6m 或 8m
	会商人数	10 ~ 20 人	6 ~ 8 人	不支持
	续航时间（无市电）	>24h	>12h	>4h

（3）宽窄带融合应急通信新技术。

随着专网行业发展，尤其是公共安全领域，目前除了需要提供可靠语音业务的同时，对视频监控、多媒体广播等大数据业务也逐步有了更多需求，专网通信在市场宽带需求增加及公网 4G 技术快速发展的推动下，专网通信基于 LTE 技术演进已经是大势所趋。但在未来相当长的一段时间内，专网宽带集群将面临频谱政策、技术标准成熟度、网络安全及可靠性、用户成本等多方面因素的影响和限制。因此宽带集群技术的推广普及不可能一蹴而就，需要结合实际情况，将宽带和窄带技术融合起来，为行业用户提供满足其实际需求的解决方案，这一过程将持续相当长的一段时间。

在多媒体应急通信的需求和移动通信技术的发展下，警用数字专网最终会过渡到PDT+LTE模式，完全满足公安对于大数据应用的要求。PDT集群专网提供应急语音，LTE公网提供数据业务。在PDT窄带专网基础上，通过LTE公网管道补充图像，视频和高速数据传输能力是专网用户向宽带演进最经济和、最高效的方式。在终端形态上，可将PDT和LTE统一融合到一台终端中，方便执勤警察随身携带。在窄带集群专网覆盖不到的区域，依托公网。

无线宽带专网提供了行业业务应用、专网集群对讲、无线视频图传与专网视频监控等更为丰富的应用模式，通过数字对讲专网提供了更好音质与更高保密性的对讲通信应用，并且实现了4G LTE无线专网、数字对讲专网与无线公网之间的跨网络、跨平台、跨媒体互通，各智能终端、对讲机以及公网手机等终端实现了无缝通信与统一管理。宽窄带融合应急通信具有如下优势：

1）公网、专网、数字、模拟集群、常规对讲网、短波电台等各种终端实现对讲互通；

2）支持音视频联动调度，现场视频实时回传与转发，手持终端可随时远程调取监控视频图像；

3）对讲保密性很高，语音信号完全数字化处理，使得加解密技术得到很好的应用；

4）对讲话音质量高，数字通信技术拥有系统内错误校正功能，与模拟对讲有明显区别，音质非常的清晰，几乎切断了所有的背景噪声；

5）具备单呼、组呼、全呼、紧急呼叫、遥毙/复活等多种功能；

6）支持终端的GPS定位与GIS地图行动轨迹回放；

7）4G 专网具备更高传输速率与带宽，在 20MHz 频谱带宽能够提供下行 100Mbps、上行 50Mbps 的峰值速率，频谱效率达到 3G 专网的 2 ~ 4 倍；

8）4G 专网具备更好的移动性，能够为 350km/h 高速移动用户提供接入服务；

9）高带宽利用率，数字化信号便于进行无差错中继，利用宽带链接实现更大的覆盖；

10）信息集成度高，可以提供更好的数据处理及控制功能，语音和数据服务集成更完善、更方便；

11）更低的建设成本，采用高低频段混合使用的方式部署，低频段覆盖可以减少所需的基站数量，大幅降低建网成本。

（4）第五代移动通信技术。

第五代移动通信技术（简称 5G）是最新一代蜂窝移动通信技术。5G 不同于传统的几代移动通信，5G 不再由某项业务能力或者某个典型技术特征所定义，它不仅是更高速率、更大带宽、更强能力的技术，而且是一个多业务多技术融合的网络，更是面向业务应用和用户体验的智能网络，最终打造以用户为中心的信息生态系统。

5G 的主要优势在于，首先，其数据传输速率远远高于以前的蜂窝网络，数据传输速率达到 Gbit/s 标准，峰值速率可达 10Gbit/s。其次，5G 有着很快的反应时间，可以在 1ms 内快速做出反应，相较于 4G 网络所需的反应时间（>30ms）提升十分明显。除此之外，5G 网络支持更大规模的设备接入，每平方公里接入设备数量可达 10 万个以上，可以实现理论上的“万物互联”。相较于前几代移动通信技术，5G 网络所具备的高速率、低延迟、多连接的特点使得其成为现阶段解决消防救援通信难题的有效技术手段。

（5）基于 LTE 小型化设备的灾害现场应急通信技术。

为解决灾害现场应急指挥调度和数据回传问题，通过小型化设备（便携式系统）快速搭建 LTE 宽带集群网络，实现现场语音 / 视频 /GIS 等多媒体集群调度功能。便携式系统将宽带集群终端收集到的图片 / 视频等数据通过小型化设备（简称 aMESH 系统）传输到前方指挥部或后方指挥中心。此外，aMESH 系统还可用于灾害现场遥感数据等基于 IP 的任何数据的回传。

基于便携式系统可以搭建空中调度平台和地面调度平台，空中平台通过无人机挂载便携式系统搭建，地面平台将便携式系统置于高地，并可以配合天线升降杆使用实现更远距离的覆盖。调度平台实现可视化指挥调度，帮助指挥官第一时间准确响应，做出精确部署。

aMESH 系统是一个基于 IP 的传输设备，可以为空中和地面的前端设备提供无线传输链路，具有智能化网络自组织能力，不依托固定网络设施，通过增配 aMESH 设备使其各数据链单元能够进行横向互通和纵向链接，构建自动联网，自动中继多跳转发实时视频多媒体通信，可弥补无线设备的传输距离限制。

aMESH 系统（见图 4–5）是一个双向、点对多点、非视距传输 MESH 联合节点的网络系统，可针对多种缺乏基础网络设施支持下的应急通信场所提供功能强大的传输解决方案。作为宽带自组网系统，aMESH 采用 LTE 物理层相关技术，在多径的环境下具备优秀的传输性能和穿透能力。aMESH 系统组网灵活，支持链状、网状和星型组网，不受地域限制，若添加新设备，只需要开启设备自带电源开关，短时间内可以自动进行自我配置，可以自动加入网络。高度灵活的网状网拓扑结构让数据可以在节点间以多种路径传输，节点也可以作为中继台来使用，扩展覆盖范围非常方便。

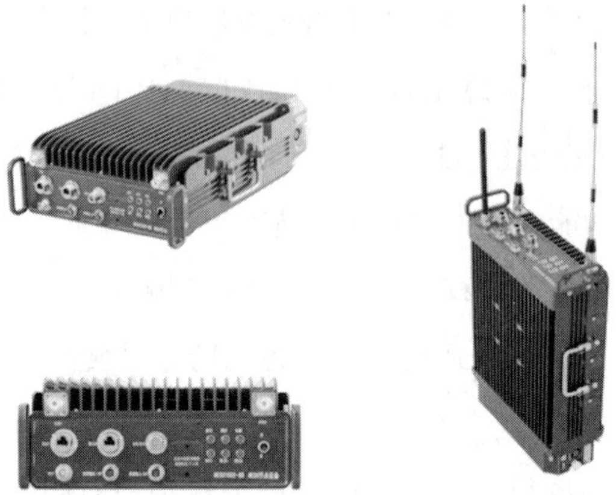

图 4-5 aMESH 系统

aMESH 系统具备无中心、零配置、高带宽、多样性、自愈合等技术特性：无中心是指每个节点设备都具备分布式智能，单个节点破坏不会影响到其他节点；零配置是指自动探知新增节点，只需要开启设备，设备自动进行配置，自动加入网络，满足临时和应急通信对于快速建网要求；高带宽是指采用宽带自组网技术，充分融合了 LTE 技术，可以应用不同的调制编码方式适应不同的信道变化，获得最大的传输效率；多样性是指组网灵活多样，支持链状、网状和星型等多种拓扑结构；自愈合是指可感知邻站，当任一台 aMESH 出现故障或者过载，受影响设备将自动重定向无线网络链路，并更新路由，自动调整网络参数，满足冗余性和稳定性的要求。

4.2.2.2 火灾扑救技术装备

1. 泡沫灭火技术装备

近年来，随着制造业技术的提升和新材料的发展，在国外更多新技术新材料被引入到消防技术与装备中，直接带动了灭火装备和灭火剂的发展更新，消防车辆功能专业化、消防炮自动化和大型化、泡沫灭火剂更清洁环保化是目前国际上的发展趋势。

（1）泡沫消防车。

泡沫消防车是利用泡沫灭火剂扑灭火灾的消防车辆，具有灭火效率高、用水量少的优点，主要装备消防水泵、水罐、泡沫液罐、泡沫混合系统、泡沫枪、泡沫炮及其他消防器材，是灭火作业的主战车辆。目前国外泡沫消防车大部分采用了自动控制压缩空气泡沫系统（简称 CAFS 系统），其核心技术是压缩空气泡沫技术，源自美国海军，20 世纪 90 年代在欧洲推广，我国 1996 年开始关注此技术，近几年经大力推广，多数消防队已有配备，但还没有完全普及。

消防车需要携带数吨消防用水，且仍需保持较好机动性，这对车辆的底盘提出了较高要求。国外主战消防车，多采用大企业的质量过硬的底盘，主要有德国曼恩、瑞典斯堪尼亚、德国奔驰和美国大力，国内进口车以及一些国产泡沫消防车，也多采用以上品牌的底盘。以美国大力公司为例，该公司有百年历史，拥有先进的消防技术，不仅可以生产整套消防车，而且可以单独售卖消防水泵、泡沫比例混合器、消防专业底盘、CAFS 系统、消防炮以及消防车附件。大力雪龙 A 类泡沫消防车，采用 Ford F650 美国消防专用底盘，模块化设计，配备 CAFS 系统，水泡沫两用炮。

对于消防车的功能要求，目前国外的消防车正向着适用场景广、消防功能更专业的方向发展。而模块化的设计，满足了多场景的需求，同时减少了成本，效率更高，逐步成为消防车辆的主要设计思路。目前，美国大力拥有 CAFS 系统的集成模块，该模块集成了水泵、空压机、泡沫系统和管路，便于组装不同车型的消防车，同时，统一的结构可以使消防员更快掌握操作方法。

对于消防车的整车结构，有向着小型化和巨型化发展的趋势。小型化的消防车，更加机动灵活，越野能力提升，可适应狭窄街道以及地面崎岖地区的消防灭火作业。对于山区、丘陵、森林、草原等地貌复杂地区的灭火救援，越野机动性能限制了城市消防车的应用，机动灵活的小型化消防车成了救援的主力。目前越野消防车和四轮消防摩托车逐渐受到森林灭火部门的重视。巨型化主要表现在消防车功率的巨大化和车载消防剂、消防用水容量的巨大化，满足较大火场和缺水地区的灭火作业，特别是石油、化工园区、码头等聚集大量危险品的地区。美国大力公司霸王龙全自动压缩空气A类泡沫车，是一种重型泡沫车，水罐容积高达9 000L，配有遥控水/泡沫两用炮。奥地利卢森宝亚（Rosenbauer）公司发明的美洲豹系列消防车，可用于机场消防，最重车型可达50t，尽管重量超大，此款消防车仍能够于满载情况下，在30s内加速到80km/h的速度，动力强劲。该公司另一款针对缺少水源地区推出的水牛消防车，作为一种超重型救援消防车，机动性稍差，整车13m，可载33t水，整车68t，装载有大功率水泵，流量可达6 500L/min（10bar压力下）。

（2）消防泡沫炮。

国家标准《消防炮》GB 19156-2019规定，消防炮作为喷射灭火剂的装置，连续喷射时水、泡沫混合液流量大于16L/s或干粉平均喷射速率大于8kg/s。消防炮是流量较大的关键灭火喷射装置，国际上对消防炮的改进，主要集中在自动化、大型化上。

消防炮自动化性能持续加强。国外研究的自动消防炮，能够精准地发现、定位着火点，实现准确、及时、高效灭火，为消防灭火抢得先机。自动消防炮的技术关键有两部分，一是发现并识别着火点，二是消防炮的机械参数的调整。机器视觉技术是通过获取的数字图像，经软件提取关键信息，根据信息发出指令驱动机器的一项先进技术，目前在先进的工业制造、医疗、消防、交通领域得到应用。视觉的识别，常用到的技术有红外识别、双目系统、YCrCb颜色空间的特征颜色等，并结合激光雷达的高精度，实现精准识别、定位着火点。而对于机械参数的调整，主要依靠轨迹模型的建立，利用计算流体力学、MATLAB 软件等工具，依据风向、空气阻力等影响，模拟仿真消防炮的喷射速度、角度、喷射距离，建立模型，用于指导消防炮参数的调整。

消防炮超大型化。在国外，针对大型储罐的全面积火灾，以及油田、码头，主要采用大流量泡沫炮灭火。美国有使用大流量巨型消防炮（250L/s）扑灭直径 60m 的油罐火灾的案例。美国威廉姆斯消防厂，生产专业扑救大型油罐火灾的大流量拖车消防炮，灭火使者系列消防炮，出厂流量 7 600 ~ 25 000L/min，射程 98 ~ 148m。

（3）泡沫灭火剂。

国际上火灾风险等级较高的场所，石化区域多采用泡沫灭火剂，并致力于研发无氟泡沫等清洁环保的灭火剂，用以替代全氟辛烷磺酸及其盐类（简称 PFOS）表面活性剂，尽可能地减少对环境的不良影响。

PFOS 是性能优良的氟表面活性剂，3M 公司利用电解法制备出氟表面活性剂，美国海军研究所利用其研发了水成膜泡沫灭火剂，使泡沫灭火剂效能极大地提升。将其引入蛋白泡沫灭火剂，制备的氟蛋白泡沫灭火剂，性能也获得了较大提升。目前，高效的水成膜泡沫灭火剂，大多依赖 PFOS 类氟表面活性剂。然而，近年研究表明，PFOS 在环境中稳定性极高，生物降解困难，这对生态环境造成极大影响。为此，2009 年的《关于持久性有机污染物的斯德哥尔摩公约》严格限制了 PFOS 的使用，3M 公司也自愿停止电解法生产 PFOS。虽然消防行业被允许可暂时继续使用，开发 PFOS 替代品已经是未来的必然趋势，相关研究正在开展。

目前，国际上的研究方向，一方面是用调聚法生产或研发短链氟表面活性剂，另一方面是进一步提升蛋白型泡沫灭火剂和 A 类泡沫灭火剂的灭火效能，进而代替含氟表面活性剂的灭火剂。

1）调聚法制备PFOS。目前有研究表明，美国杜邦公司生产的Forafac1157和Forafac1157N等Forafac系列表面活性剂，其主链不是电解法合成的全氟化主链，对环境影响小于PFOS，可以暂时代替PFOS用于制备水成膜泡沫灭火剂，但具体影响程度尚在研究中。各国采用的另一种技术是用6∶2氟调聚醇（含8∶2调聚醇）和磺酸盐衍生物的混合物制备水成膜泡沫灭火剂。目前，国外已基本使用调聚法制备非PFOS表面活性剂，进行生产水成膜泡沫灭火剂。迄今为止，3M、DuPont、Dynax、Chemguard等制造商已开发多种PFOS替代品。同时有少部分公司开发了短链氟表面活性剂，受知识产权保护，其结构尚未公开。

2）蛋白型泡沫灭火剂代替PFOS。蛋白型泡沫灭火剂的优势是成本低廉，但是目前灭火性能不如成膜型泡沫灭火剂。目前，丹麦、英国等国家计划用蛋白型泡沫灭火剂代替PFOS，虽然灭火效能稍差，但是从长远看，环保意义重大。主要的研究方向是进一步提升灭火性能，兼顾环保与性能。

3）A类泡沫灭火剂代替PFOS。国外有研究机构尝试以A类泡沫灭火剂扑救B类火灾，A类泡沫灭火剂产品有灭B类火灾的能力，具有替代含氟泡沫灭火剂的潜力。Solberg公司开发了无氟泡沫灭火剂RF6，Williams研究了RF6和水成膜泡沫灭火剂的性能，RF6具有更高的泡沫稳定性和相近的抗烧性，能高效灭辛烷火，但对汽油火效率较低。德国Hetzer等人和俄罗斯Vinogradov分别研究了一些硅基泡沫，性能相对较好，但相比含氟水成膜泡沫灭火剂还有一些差距。

2. 干粉灭火技术装备

干粉灭火系统是传统的四大固定灭火系统（自动喷水灭火系统、气体灭火系统、泡沫灭火系统和干粉灭火系统）之一。它是将干粉通过供应装置、输送管道和固定喷嘴，或通过干粉输送软管与干粉枪、干粉炮相连接并经干粉枪、干粉炮喷放干粉的灭火系统。粉体灭火剂具有灭火效率高、灭火速度快、适用环境温度范围宽、电绝缘性能优异、使用方便、贮存期长等特点，应用十分广泛。粉体灭火剂可以扑救A类、B类、C类和带电设备火灾，其中金属火灾干粉灭火剂还可以扑救D类火灾。

（1）干粉消防设备。

第一次世界大战中约有20万架飞机和大量坦克参战，对燃油的需求推动了石化企业的快速发展。而第一代消防车——射水消防车难以扑灭石油石化类火灾。1929年德国托泰尔（Total）公司制造出世界上第一辆干粉消防车，在法兰克福消防队服役，它装有500kg干粉，使用二氧化碳气体驱动。该消防车射出的灭火剂在可燃物质表面形成覆盖层，利用灭火剂的物理覆盖和化学阻燃作用扑灭火焰。

随着社会与科技的不断发展，传统干粉消防车已无法满足复杂且多样化的火灾扑救需求。传统消防车喷洒的干粉灭火剂不具有快速弥散灭火的能力，难以扑灭被障碍物遮蔽的火焰；消防车动力不足，不能以高通量喷射灭火剂，这往往会使现场救援时间长，火灾控制困难，将造成重大损失。

20世纪八九十年代出现的超细粉体灭火剂，其粒子比表面积大、活性高，受热时分解速度快，捕获自由基能力强。但它同时具有喷射不远、吸热降温能力弱、余热下易复燃等问题。新型消防车可将超细干粉灭火剂与细水雾混合喷射，并以压缩空气为动力，喷射出具有淹没特性的气溶胶态的灭火剂流体，兼具快速弥散和高通量的特点。具有良好流动性和分散性的冷气溶胶灭火剂可快速充满灭火空间，与火焰大面积接触。其中的超细干粉灭火剂可阻断燃烧反应链，快速熄灭火焰；细水雾吸热降温阻止火焰复燃，产生出极高灭火效率。欧美多国为提升消防设备的灭火效率，也研制出了将泡沫灭火剂与干粉灭火剂混合喷射的技术。法国博克，美国的阿密龙公司及威廉姆斯危险物质火灾控制公司等都已研制出相应的泡沫－干粉混合喷射消防炮和消防枪。

上述混合技术即三相射流灭火技术，也称多剂联用技术、复合喷射技术。将水系灭火剂与超细干粉灭火剂混合喷射，形成水系－超细干粉－压缩空气的“液－固－气”物理状态的三相复合喷射系统从而进行喷射灭火作业。意大利玛杰拉奇公司生产的快速救急消防车将消防设备放在行李箱和前座部位，灭火装置为泡沫和干粉两种联用。泡沫和干粉用安装在车顶的支架式双喷枪喷射，喷射距离 20m。全部灭火设备可由驾驶员在车内操纵。这种消防车可在 30s 内用大剂量灭火剂扑灭装满汽油的赛车火灾。德国曼全泡沫多种灭火剂举高喷射消防车将干粉、水、各类泡沫等多种灭火剂集成在一部车上，并采用举高喷射装置，使该车可针对各类火灾进行有效扑救。三相射流灭火技术充分综合了超细干粉灭火剂和水系灭火剂的灭火性能优势，克服了其各自存在的不足，可显著提高消防灭火剂的灭火效率，增强其降温吸热和抗复燃能力，满足高效率、远射程、抗复燃、低成本的使用需求，在消防安全领域有着广阔的应用前景。

目前，国外最先进的机场消防车可集快调、主力、干粉车一体，形成“三合一”多功能机场消防车，其性能方面具有绝对的优势。如德国马基路斯 DRAGON X6 是一款专门针对机场而设计的消防车，车辆可装载 12 500L 水、1 500L 泡沫以及 500kg 干粉，满载时总质量可以达到 39t，可配合不同类型火灾使用。除了具备出色的灭火能力，该车辆的行驶性能也毫不逊色。DRAGON X6 安装有 2 个发动机同时工作，驾驶员可在 21s 内将速度从 0 上升至 80km/h。STRIKER3000 机场消防车是由美国豪士科集团公司制造的一种专门用于应付突发事故的消防车辆，它不仅配置有消防水罐、泡沫液罐、消防泵、泡沫比例混合装置等灭火设备，还可选配 Hydro-ChemTM 干粉灭火系统等。

（2）干粉灭火剂。

19 世纪末期，人们在研究中发现，一些无机盐的固体粉末撒布于火焰中时具有很好的灭火作用，于是便开始了使用固体粉体灭火的历史。从 20 世纪 30 年代起，以美国 Ausul 公司、英国 ICI 公司等为代表的国外消防机构开始加快干粉灭火剂的研发与应用，经过 50 多年的研究，形成了适用于扑救 B、C 类火灾的 BC 干粉灭火剂（以碳酸氢钠为主要基料）和适用于扑救 A、B、C 类火灾的 ABC 干粉灭火剂（以磷酸铵盐为主要基料）。近些年，国外相关科研人员针对森林、超高层建筑、食用油等火灾扑救需求，开展了新型干粉灭火剂及应用技术研究。如 Jose Luis 等人发明了一种针对森林火灾的干粉灭火剂，其主要由木质素纤维、白云石、明矾、淀粉、碳酸钙及氯化钠组成。可将该灭火剂通过飞机喷射直接作用于森林火灾，它可有效灭火并防止复燃。同时该灭火剂也可形成有效的防火墙，创造一个不可穿透的屏障，有效窒息和扑灭森林火灾。

普通干粉灭火剂粒径较大，比表面积相对较小，在空间的弥散能力有限，用于全淹没灭火效果不理想。因此，制备可以在密闭着火空间均匀分散、具有较长漂浮时间的超细干粉灭火剂成为消防科研人员的关注焦点。

20 世纪八九十年代，随着粉体工业技术的发展进步，尤其气流粉碎技术和喷雾干燥技术的出现，为粉体材料的超细化提供了有效手段。英国凯德（KIDDE）公司研究人员通过喷雾干燥方法制备 1 ~ 3μm 的超细粉体，经过防潮处理，罐装在容器内，密封储存，使用时加压喷射形成气溶胶达到灭火的目的。美国环保局的 SNAP 项目开发出一种 PGA 灭火剂，可应用于军事设施、家庭厨房和商业性厨房、仓库等场所。它是由 50% 粒径在 10μm 以下的超细干粉灭火剂、卤代烷灭火剂和一种专门的凝胶剂组成。由于凝胶剂的作用，超细干粉悬浮于空气中，具有普通干粉无法达到的分布特性和稳定性。超细干粉灭火剂已成为“哈龙”以及氢氟烃类气体灭火剂的有效替代品之一，是配电站、电缆隧道、发电机房、发动机舱等场所不可或缺的高效灭火手段。

金属火灾干粉灭火剂，又被称为D类干粉灭火剂。最早出现于第二次世界大战时期，当时用沥青、石棉等混合物扑灭金属火灾，但发现两者之间存在化学反应，于是用砂土代替石棉。20世纪五六十年代，金属火灾灭火剂的开发与应用有了一定程度的发展，出现了多种产品。目前，金属火灾干粉灭火剂主要有三类：①石墨类，比如Lith-X干粉、G-1干粉、CK-25干粉；②氯化钠类，比如Met-L-X干粉、TEC干粉和Pyromet干粉；③碳酸钠类，比如Na-X干粉。除上述三类之外，国外消防科研人员还专门针对某一种或某一类金属火灾开发出了一些特种金属干粉灭火剂，其适用范围虽然较小，但对于特定金属火灾的灭火效能却较高。如Levcun G等人对铜粉表面包覆绝缘层，采用手提式灭火器可扑灭锂、镁、铬、钛、铝火。

当把灭火材料制成纳米粉体灭火剂时，在灭火过程中，粉体与火焰接触面积就会大幅增加，粉体对自由基的吸附能力和选择性能也将大幅提高，从而大幅提高了灭火效率。目前，国外相关机构在纳米粉体灭火剂方面也取得了一定进展。Haidar Ibrahim等人采用三种不同类型的阻燃剂合成了一种新型纳米复合材料，并对其灭火性能进行了测试。纳米复合材料由无机氢氧化镁纳米颗粒、氮基三聚氰胺氰尿酸盐和磷基ODOPB组成。小型液化石油气（LPG）火灾灭火试验结果表明，纳米复合材料在灭火时间和灭火剂用量方面均明显优于其他粉体。

3. 其他灭火技术装备

（1）水罐消防车。

在火灾扑救过程中，除了常用的泡沫灭火技术装备与干粉灭火技术装备，水罐消防车也是消防队伍成功、高效地应对突发火灾和应急救援必要装备器材。

移动装备供液能力有限，由此一些国家更注重高层建筑内固定消防设施的建设和完善，个别国家甚至减少和限制高层、超高层建筑的建设。大功率、大容量、功能丰富和动力强劲的水罐消防车辆在高层建筑火灾扑救中应用良好，目前大功率水罐消防功率可达 210kW 以上，车内还设有较大容量的贮水罐及水枪、水炮等装备，而且器材配备种类齐全，排放顺序符合消防战斗人员在扑救火灾时的使用习惯，可大幅提高救援效率。

当然水罐消防车的供水能力也是国内外的重点研究方向，发动机是消防车核心部件之一，不仅为消防车提供动力，也为消防供水系统中的泵提供动力；泵是消防车供水的核心部件之一，是连接发动机与灭火给水系统的纽带。所以发动机和消防泵质量的好坏、提供动力及获得动力的强弱直接影响到消防车的供水能力。欧美等发达国家专门为消防车研发设计了多种专用底盘，具有负荷率高、动载荷大、抗弯强度大、抗扭强度大等优点；国外的水泵体积小、压力高、流量大，质量可靠，润滑系统合理完善，驱动匹配设计精准合理，在灭火救援中能够发挥它的核心作用。目前国内外也相继出现了一种水罐泡沫消防车，可实现灭火、抢险、救援等功能，采用整车模块化设计，可实现常压水灭火、高压水灭火、泡沫灭火等。不同于传统消防车只能停下来喷水，这种水罐泡沫消防车是一种具有灵活机动、实际操作简洁方便等特性的市政消防车。

（2）消防水枪、水炮。

与各类消防车配合使用的消防水枪，在灭火战斗中发挥着不可替代的作用，各种各样的消防水枪也在研制中不断地更新换代。国内外先进水枪不断应用新的技术原理、新的设计构思，在结构、工艺等方面对现有产品进行根本性革新，结合控制系统、模式识别、传感技术、电子、计算机、机械等多个学科领域，向着自动化和智能化发展。除了传统的集中射流功能外，水枪的喷雾功能也在不断强化，并且逐渐实现电气驱动，在与火灾探测报警系统相连的情况下可以实现自动灭火，配合自动定位瞄准系统还可实现对火情的精准扑救；此外类似于消防水枪等装备逐渐向着多用途、轻量化、集成化发展，这在复杂的火场环境下，可以大幅减轻消防人员的负重，大幅提高消防人员的火灾扑救效率。

与消防水枪相似，消防水炮也是不断向智能化、高性能发展。例如，应急管理部上海消防研究所开发的移动遥控消防炮，具有自摆功能，可实现移动式遥控，适用于石化企业、油罐区、大型仓库、输油码头、机库等场合的灭火、冷却及化学污染的洗消。在实施灭火时，消防员可以撤离至安全地带进行远距离遥控操作，此装备达到了国际较为先进的水平。针对不同场合具有不同特性的消防炮也不断被改进，如用于扑灭石化特大火灾现场火灾的大流量手抬式移动消防炮，既可以以一定的俯仰角度和摇摆频率进行直流或喷雾喷射，也可以作为普通消防炮进行直流或喷雾喷射以达到灭火、冷却、稀释、保护等功能的借助于自身压力水源来驱动的自摆式消防炮等。

消防水炮的射流性能与稳定性主要受内部水流因流道的内摩擦力与局部障碍等因素产生沿程阻力与局部阻力造成的压力损失影响，降低性能输出，所以国内外许多研究人员集中于炮身整体结构优化以及炮头结构优化，从消防炮身的截面、炮身通径、入口压力、不同流道连接形式、流道直径、稳流器、喷嘴结构等方面不断地仿真、设计和实验，来改善消防水炮的动力学性能。

在自动消防炮方面，主要有基于轨迹模型的消防炮定位研究和基于图像的自动消防炮研究，这方面的研究较多，国内外采取的方法也较多，但最终目标都是研究消防水炮在不同流量、压力下，不同俯仰角喷射对应的射程，然后采取一定的控制方法实现消防水炮的偏差调节和精准定位。

（3）森林航空灭火设备。

森林航空灭火主要是指利用森林灭火专用飞机携带灭火剂在火场上空喷洒进行灭火，国内外航空灭火装备按照灭火平台的不同可以分为固定翼灭火飞机与灭火直升机。此外，还有利用飞机投掷灭火弹进行灭火。国外在森林航空灭火方面的研究起步较早，对航空灭火飞机以及灭火弹也已经进行了较多研究，他们的航空灭火装备发展已较为成熟。

1）固定翼灭火飞机。固定翼灭火飞机一般配备水箱等设备，其中装载灭火剂或水，飞临火场上空进行抛撒灭火，具有低飞性能好、载重量大、灭火效率高等优点。加拿大在森林火灾扑救领域处于世界领先地位，其森林航空灭火装备不仅包括由其他类型飞机改装而成的机型，还有针对其本国的森林火情专门设计的航空灭火专用装备。典型的有加拿大庞巴迪宇航公司研制的 CL–215 型灭火飞机，该飞机采用全金属结构以及船身式设计，可实现水陆两栖功能。在实际工作中，可实现两种补水方式，一是通过固定水库吸水，90min 可完成满装；二是飞机在水面掠过时通过两个可收放的吸水管吸水，当时速达到 110km/h，10s 即可完成满装。在满载的情况下可控制 120m × 25m 的重大森林火灾面积，3s 可完成一次投水，每天可作业上百次。

2）灭火直升机。灭火直升机最大的优点是对环境要求低、机动性强，它不仅可以搭载灭火人员，而且还可以挂载吊桶进行灭火，也是常用的森林灭火装备。例如，美国西科斯基公司研制的大型起重直升机 S–64，采用可卸吊舱的设计，为其执行森林灭火任务提供了良好的平台，满员可承载 3 人，其中 1 人在后排操控外挂荷载的装卸载。该飞机水箱容量为 9 500L，灭火剂储箱容量为 290L，航程可达 370km，保证了该直升机优良的灭火能力，使其在森林消防领域得到广泛应用。

4. 灭火保障技术装备

在火场扑救过程中，除了消防人员使用的一系列灭火装备外，安全监测、排烟、供水等灭火保障技术装备同样重要，在提高救援效率方面发挥着不可替代的作用。

（1）排烟装备。

在高层建筑或者地铁等地下空间，一旦发生火灾，排烟十分重要，及时排出烟气是保障被困人员生命安全和加快救援人员扑救的重要措施。目前排烟装备主要是建筑内固定式的排烟系统和外部排烟装备，国内外研究中，固定式的排烟系统主要是结合不同建筑的建筑空间格局、内部构造、可燃荷载及周边环境等，针对自然防排烟和机械防排烟的特点，合理进行防排烟系统设计及配备相关设施。

外部排烟装备的发展以消防排烟机器人为主要发展趋势。德国名为“陆虎 60 雪炮车”的消防排烟机器人，采用履带作为行走机构，配备的履带底盒可以保证机器人爬上大约 30°斜面，爬坡性能强大。它具有气流排烟、水雾喷射、带水推进等特殊功能，可用排风机迅速排出隧道、地下建筑中的浓烟，每小时可以排出 25 万 m^3 的浓烟，同时还可以用喷嘴喷出水雾或泡沫进行灭火。该机器人长 2.316m、宽 1.346m，顶着“大炮筒”，整体看起来像个小坦克，时速可达 40km，远程遥控时最远遥控距离可达 300m，可在空间狭窄、浓烟弥漫的火灾环境中能发挥强大排烟灭火作用，特别适用于隧道、地铁以及石油化工等危险场所的排烟及火灾扑救。

（2）供水设备。

火场战斗中，供水也是十分重要的一个环节，尤其在石油储罐火灾扑救中，火场供水的要求是极高的，需要保证瞬时流量和供水总量都满足火场需要的持续性的供水，这就需要大功率远程供水系统装备能够进行远距离取水和输水作业。

传统消防车上的配置主要是利用离心泵实现对水源的吸水，这种传统作业很大程度上会受到内压力的影响，当水升高到一定高度时就难以承载更大的压力，水源则会持续供水力不够。目前国外研制的移动式远程供水系统则是采用漂浮液压潜水泵的原理，可以将水源直接推向作业供水系统中，极大地增强了吸水能力。它充分发挥了潜水泵自身的优势，大幅降低了损耗率，整体来讲提高了吸水效率。在情况比较恶劣的环境下，也能够充分发挥吸水作用达到远程供水的目的，供水流量可达到扑灭重特大火灾所需的400L/s的平均灭火供水强度。移动式远程供水系统中，在潜水泵吸上水之后，会再加装流量大、可靠性高的增压泵作为增压装置，对水流进行二次加压，从而完成引水过程。输水部分通常情况下是由米数较长的大口径水带、水带储存箱、敷设机构、收带机构及控制系统组成的。远程供水系统作业时敷设的部分是通过移动的方式来完成的，在进行操作时通过设立一个行走的机构来配合完成最终的作业。

4.2.2.3 消防救援现场处置技术装备

消防救援现场处置技术装备通常包括破拆、封堵、围堵、吸附、洗消等系列处置技术。

1. 破拆处置技术装备

破拆技术装备主要是在火灾、地震、车祸等情况下使用，可快速清除建筑物或车体的倒塌建筑钢筋、防盗窗栏杆等障碍，通常携带重量不超过25kg，是救援任务的基本装备类型之一。

依据动力源的不同，破拆技术装备主要可分为手动破拆装备、电动破拆装备、液压破拆装备、气动破拆装备等。目前，已广泛应用的主要科技产品包括：①手动破拆装备，主要依靠破拆装备的机械结构和操作者的自身力量来完成，通常可具有撬、凿、拧、劈砍、切割、敲、拔、撕等功能，包括撬斧、腰斧、撞门器、锹、镐、刀等。手动破拆装备具有无须额外动力操作灵活等优点。但是，由于人力及机械机构的局限性，破拆力量较小，效率较低。②电动破拆装备，以电能代替人力驱动机械结构，实现切割、清障作业，包括有电锯、电钻等。相比于手动破拆装备，其工作效率显著提高。但是，在发生大型灾害事故等电源不足场景，无法实现持续作业。③液压破拆装备，利用高压能量驱动机械结构，实现破拆、升举等工作，包括扩张器、剪钳、顶杆等，具有能量大、效率高的特点，但是，设备相对笨重。④气动破拆装备，利用高压空气驱动机械结构，实现破拆功能，包括切割刀、镐、气垫等，具有体积小的特点，但是装备较难实现多种功能，因而限制了应用。

对于破拆工具的研发主要集中在提高实战中的操作性及便携性上。近年来，针对交通事故救援等事故中需要解决的实际问题，研究机构在破拆力量、破拆时间及可破拆型材与机构的种类等方面开展了研究，设计了新型几何结构刀片，增大切口、剪切力等关键参数，研发适用于圆管、方管、圆钢等多种型材与机构的破拆处置技术装备，并在此基础上，不断降低装备重量，提高装备便携性。

除应用于陆上救援外，科研机构针对手动、液压等类型破拆装备研发出两栖通用型装备，拓展了装备的适用领域。法国 LIBERVIT 公司研发的水下救援破拆用液压工具采用液压破拆动力，可在最深 80m 的环境下开展破拆作业。此外，破拆装备与智能无人化装备的研究也逐渐被提出。目前，瑞典研发的破拆机器人装备有破碎器、粉碎器、凿和铲斗，可开展砖混等结构建筑的清拆作业。在“十三五”期间，我国科技部制定了国家重点研发计划项目，针对破拆装备在水下的作业技术组织科研团队开展攻关，研究水下切割破拆技术及水下破拆处置机器人，实现 10mm 厚钢板每分钟切割长度大于 30mm，提高破拆装备的无人化、智能化水平。

2. 堵漏处置技术装备

堵漏处置技术是泄漏源控制最重要的手段之一，主要指管道、法兰、阀门等部位发生泄漏后，使用专用堵漏器具和措施封堵泄漏口，控制泄漏。封堵处置技术是基于人为外力作用大于泄漏介质压力原理，重建密封，控制泄漏源，进而实现堵漏。在各种堵漏处置技术装备中，由于带压泄漏是消防救援过程中需要解决的棘手问题，近年来，带压粘接密封技术的研究相对比较广泛，并衍生出多种分支技术，主要技术及科技成果包括：

（1）注剂式带压密封技术装备，使用专用的夹具和密封注剂，将夹具夹到泄漏部位周围，并将密封注剂注入夹具与管道之间的空隙。

（2）堵漏胶填塞粘接技术装备，按照泄漏物质的理化性质参数，选择适用的堵漏胶，调配好后，将堵漏胶快速按压在泄漏部位，等堵漏胶充分凝固后再撤除压力。

（3）顶压粘接技术装备，对泄漏部位施加大于泄漏压力的顶压外力堵住泄漏，再用堵漏胶对泄漏部位进行补强粘接，等到堵漏胶凝固后撤除顶压外力，实现封堵。

（4）紧固粘接技术装备，根据泄漏事故的泄漏部位缺陷设计制作专用紧固夹具，多通过拧紧螺栓施加紧固压力。

（5）磁力压固粘接技术装备，利用磁铁在亲磁体容器上产生的强大磁吸力的原理来实现密封。采用磁力压固粘接法后，在泄漏部位附近涂上堵漏胶进而增加密封强度。等堵漏胶充分固化后，可将磁铁取出。

由于危险化学品种类的数量多，泄漏机构复杂多样，目前已开展应用的封堵产品大多存在封堵装置不易加工制造和操作、胶黏剂配方无严格标准，封堵装置不便携带等问题。因此，在封堵装置机构及胶黏剂、封堵剂研发方面还需要结合实际开发产品。

3. 围堵处置技术装备

围堵处置技术是近年来逐渐发展起来的一种处置泄漏液态易燃易爆危险品的技术，通常采用围堵措施将液态泄漏物控制在局部区域，防止大面积流淌蔓延。围堵的主要目的是指采用物理或化学的手段设立临时性围堵墙，将泄漏物控制在局部区域，防止大面积流淌蔓延。

围堵处置技术按照物理法及化学法的分类方法，可分为预置物围堵及现场发泡围堵法两种。在预置物围堵方面，通常采用条形吸油带围堵吸附泄漏油品。同时，利用围堵物可漂浮在水上的特点，可实现对水域漏油事故的围堵处置，其形式主要包括固体浮子式橡胶围油栏、PVC 围油栏等。在现场发泡围堵方面，国外一些厂商推出便携式发泡喷雾系统，内置有聚氨酯泡沫，将发泡技术与喷雾技术相结合，短时间内完成硬化，可实现对泄漏液体的围堵，这种装置适用于混凝土、沥青及其他硬质表面。吸附棉条可以吸收围堵泄漏液体类化工品。美国 NEWPIG100% 弹性聚氨酯材料制成泄漏围堵栏，主要用于控制少量泄漏液体扩散污染。在我国，应急管理部天津消防研究所依托天津市科技计划重点项目“易燃液体危险化学品泄漏围堵处置关键技术开发与应用”，在易燃液体快速围堵处置技术领域开展了很多探索性研究，在国内率先采用快速发泡材料围堵处置大规模泄漏易燃液体，研发了快速发泡释放装置及大型自动混合发泡围堵设备。

4. 吸附处置技术装备

吸附是对泄漏后液体物质进行吸附处置的方法，主要通过物理或化学的方法将泄漏物吸附或固化在吸附剂中，形成稳定形态物质，以便于后期处置。吸附剂是吸附处置技术的核心。近年来，已得到应用的典型吸附剂包括活性炭、有机吸附剂、无机吸附剂等。其中，活性炭和有机吸附剂中的合成吸附剂是近年科技研发的重点。

活性炭是由各种含碳物质碳化后经活化制得的，包括颗粒状和粉状两种形状。经吸附处置的泄漏物可以通过解吸再生后回收使用，解吸后的活性炭可以反复使用。影响吸附效率的主要是活性炭的比表面积、孔径、被吸附物分子的极性和分子大小等因素。吸附速率通常随着温度的上升而上升，随着被吸附物浓度的下降而降低。目前，活性炭是处理水中不溶性漂浮物（有机物、某些无机物）最常用的吸附剂。

合成吸附剂能有效地吸附泄漏物和水体的不溶性漂浮物。合成吸附剂的优点是具有可再生性。合成吸附剂主要包括聚氨酯、聚丙烯以及有大量网眼的树脂。①聚氨酯的外表面形式主要包括敞开式多孔状、封闭式多孔状及非多孔状等，其吸附效率的主要影响因素包括吸附剂孔结构的敞开度、被吸附物的黏度、湿润力等因素。②聚丙烯是一种线性烃类聚合物，能够吸附无机液体。其中，具有较高分子量及结晶度的聚丙烯的溶解性较高。③聚苯乙烯和聚甲基丙烯酸甲酯是最常用的树脂，能与离子类化合物发生反应，具有良好的吸附特性。近年来，学者研发了含气凝胶的石墨烯复合材料、磁性聚氨酯海绵、石墨烯纳米带/聚氨酯等复合型合成吸附剂材料，均表现出良好的吸附能力。应急管理部天津消防研究所依托公安部计划研究项目“基于新型吸收材料的有机液体危险化学品罐车泄漏应急处置技术研究”，研发了手持式有机液体危险化学品处置装置，该装置可处置醚类、苯类、酮类等有机液体危险化学品，对于汽油、乙醚、甲苯等常见液体危险化学品可在几分钟内实现吸收固化。

5．洗消处置技术装备

为了降低或消除危险化学品事故中的化学品污染问题，需要在事故险情得到有效控制后，及时展开事故现场的洗消作业。洗消处置技术就是对感染危险化学品的对象开展的污染消除作业方式，主要目的是避免人员中毒、环境污染及装备车辆腐蚀等危害。按照洗消原理分类，洗消的基本方法主要包括化学洗消法、物理洗消法。①化学洗消法本质是化学反应消除污染危险化学品的方法，通常是对某一种或几种危险化学品作用明显，但普适性一般，不能作为种类较多的危险化学品的洗消。洗消方法的选择要考虑到洗消剂的最佳洗消条件及是否有负面反应的发生。温度是洗消反应的主要影响因素，其效率随温度的降低而变慢。此外，化学洗消法采用的洗消剂通常较多，对消防救援后勤保障及经济性方面影响较大。②物理洗消法主要是利用稀释危险化学品的浓度的原理，将其稀释到可接受的最高浓度以下，或采取防止人体接触的措施。其特点是普适性强，但是因其原理是物理法所以只适合于临时性解决措施，危险化学品最终还需要开展二次洗消。

20 世纪 80 年代以来，德国、意大利开始将高温高压射流技术应用于水基洗消装备上。其原理主要是通过高温和高压形成的射流来进行洗消，可同时具有物理和化学双重洗消的功效，这也是目前洗消技术的主流。我国在“十三五”期间，组织科研团队开展“易燃易爆危险化学品灾害事故应急处置技术装备研发与应用示范”项目研究，从救援作业保障和事故后果两个方面开展研究，分别针对救援过程中的人员、道路和场地、车辆装备的洗消，建筑物密闭空间内的洗消，水污染事故，研发多种污染物的专用洗消剂以及推车式喷洒装备、熏蒸洗消装备。

洗消剂是洗消技术的核心，目前已得到广泛应用的洗消剂包括氧化氯化洗消剂、酸碱中和型洗消剂、溶剂型洗消剂以及吸附型洗消剂。但是，这些洗消剂均具有不同程度的限制因素。近年来，国内外研发机构在洗消剂领域研发了一系列新型洗消剂，包括敌腐特灵、乳状液洗消剂和反应型吸附洗消粉、比亚有机磷降解酶洗消剂、特利沃瑞克斯以及 GD 系列雾化洗消剂等。其中，比亚有机磷降解酶洗消剂是我国“863”研究发展计划重大生物工程成果，可以利用降解酶的生物活性快速高效将高毒的农药大分子降解为无毒的可以溶于水的小分子，可用于有机磷农药泄漏现场的洗消降毒，并且降解后的水是无毒的，没有二次污染。

4.2.2.4 系列消防车辆技术装备

常见的消防车辆技术装备包括水罐 / 泡沫 / 干粉消防车、举高消防车、排烟消防车、排烟消防车、照明消防车等；随着科技的发展，一些新型消防救援车辆装备也如雨后春笋不断涌现。分述如下：

1. 水罐、泡沫消防车

水罐消防车是指车上除了装备消防水泵等器材外，还设有较大容量的储水罐及水枪、水炮等，可将水和消防人员输送到火场进行扑救火灾。水罐消防车可以从水源吸水直接进行扑救，或向其他消防车、喷水设施供水。泡沫消防车主要装备消防水泵、水罐、泡沫混合系统、泡沫枪、泡沫炮等消防器材，一般针对油类火灾使用。

水罐、泡沫消防车拥有量大、使用普遍。一般的固体火灾，以及很多易燃液体火灾主要靠其熄灭。以奔驰 16t 水罐、泡沫消防车为例，其底盘是由 ND1310W248UJ 底盘改装而成，这种消防车激动灵活、动力强劲、载液量大、消防泵流量大、消防炮射程远，其消防泵为后置式、操作便利。消防车配备的消防泵一般常压为 1MPa，中压为 2MPa，水罐车射程可达 75m，泡沫车射程可达 65m。

2. 压缩空气 A 类泡沫消防车

压缩空气 A 类泡沫消防车，是一种装备有压缩空气的 A 类泡沫灭火系统的消防车辆。压缩空气 A 类泡沫灭火系统（CAFS）的设想和要求在 20 世纪 80 年代初由美国森林消防界提出，由美国大力公司率先研制开发成功。该系统的高储能泡沫由水、A 类泡沫液和压缩空气组成，它不仅具有吸热和隔离作用，而且能将 A 类泡沫溶液充分细化和泡沫化，增强渗入燃烧物内部或黏附燃烧物表面的能力，并能降低水的表面张力和增加水的比表面积，提高水的渗透能力和增大水的覆盖面积，从而快速有效地阻止燃烧链式反应，大幅提高灭火效率，并明细节省灭火用水。

以曼 JDX5150GXFAP24 型 A 类泡沫消防车为例，该车采用德国原装的曼 TGM18.280 4×2BL 底盘和德国施密茨公司的 OS3100E CAPF 先进灭火系统，是新一代的主战车辆。这款消防车的水和泡沫液罐为不锈钢制作，外侧为 3 个帘子门，后门为上翻门，可为消防队员遮阳挡雨。车上配置德国制造的 FPN10/3000 型单级离心消防泵，并配有一组快攻卷盘；装有 POKEX 水 / 泡沫两用炮，手抬泵及水带拖车等消防设备。该车动力强劲，性能优良，灭火高效，主要适用于扑救易燃液体及一般物质火灾。A 类泡沫消防车一般乘员可达 6 人，消防泵的压力可达 1.5MPa，射程可达 45m。

3．举高消防车

举高消防车一般用于云梯、登高、举高喷射等用途。一般以伸缩式云梯为工作臂，这类消防车一般以救援为主，但也可用于喷射灭火。以 ZLJ5330JXFYT30 型云梯消防车为例，它可以安全高效地提供高空救援能力，可以用云梯为被困者提供逃生通道，也可用工作斗将被困者转移，并且还携带空气呼吸系统，能够满足被救者的氧气需求。该车上还装有消防泵、水罐、电控消防炮等灭火装备。为了救援方便，该车还装有全方位的照明系统。该车自带 220V 发电机，可解决火场照明及对外送电，其聚光灯还能实现搜救照明。一般举高车工作高度和工作幅度可达 30m，在不喷水时工作斗的额定荷载可达 450kg。

4．通信指挥消防车

通信指挥消防车是指配置通信器材，用于火场指挥和通信联络的消防车。通信指挥消防车是指挥员在火场上的临时指挥中心，具有多种通信频道，可以与各方面进行通信联络，实施灭火指挥，保证灭火战斗顺利进行。以依维柯 MX5040XXFTZ1000 型通信指挥消防车为例，该车配备有供电系统、升降照明系统、闭路监视系统、音视频无线传输系统、图文处理系统、卫星定位系统、扩音系统、风速风向探测系统、通信指挥系统、会议及办公系统，配备办公桌椅，可供火场临时开会等。

5. 排烟消防车

排烟消防车一般具有水雾系统和液压系统，具有强大的水雾灭火降温和排烟能力，是专门针对隧道、地铁、商场、火车站、地下建筑和高层建筑等发生火灾或者烟雾时的扑救而设计。它集排烟、喷雾、灭火、降温功能于一体，是消防队伍执行排烟灭火任务的理想装备。以 SXF5110TXFPY28 型排烟消防车为例，其发动机功率可达 191kW，排烟量可达 28m^3/s，用于排烟的喷水流量可达 450L/min。

6. 照明消防车

照明消防车即火场照明消防车，车上主要装备有发电设备和照明设备，如发电机、固定升降照明塔和移动灯具，同时也配有通信器材。它可以在夜间为灭火救援工作提供照明，也可兼作火场临时电源供通信、广播宣传等工作。

以奔驰（SXF5130TXFZM50 型）照明消防车为例，它选用北方奔驰 ND1160SW241D 底盘进行创新设计而成，其发电机最大功率可达 60kW，集照明、抢险功能为一体。其照明举高灯可达 13m，可在 360° 范围内自由旋转，主照明功率可达 24kW。

7. 新型消防车辆

为了适应时代需求，尤其是一些大型石化区、超高层建筑、大中型闷顶建筑火灾，以及一些特殊化学特性的火灾，在我国科研类项目的支持下，消防救援队伍、高校以及一些特种车辆生产厂商优势互补，研发了系列新型消防车辆，部分车型如下所列。

（1）大跨度举高喷射消防车。

举高喷射消防车由折叠伸缩臂结构、电动遥控消防炮、罐体及二类底盘组成，臂架为基本臂（二节臂、三节臂、四节臂），臂端安装进口的电子遥控消防炮，消防队员通过电动遥控遥控消防炮在高空中从多个角度灵活地喷雾、喷水或者喷射泡沫进行扑救一般火灾。对于一些大型石化罐区、大型城市综合体、大型仓库等大体建筑，需要水平跨度大、跨障能力高、动作灵活、精准灭火的举高喷射消防车辆。

（2）粉剂大跨度高喷消防车。

对于一些特殊火灾，如D类、E类火灾、危险化学品火灾，粉剂是灭火的合适药剂。该类消防车针对一些遇水遇湿易燃易爆危险化学品火灾、金属火灾等，具备较好的扑救能力。

（3）破拆消防车。

破拆消防车具有强有力的破拆功能，通常处理复杂大中型火场及闷顶式建筑火灾；同时，一般也具备喷水灭火功能，既可以进行破拆，又可以进行灭火。如德国曼强臂破拆消防车，此类消防车可有效用于封闭式等建筑、商场幕墙等外围破拆、排烟、开辟救援通道等。

（4）超高层建筑供水消防车。

超高层建筑消防灭火供水是一个世界性难题。芬兰博浪涛云梯车有限公司制造了一款举高车辆——博浪涛101m登高平台消防车，该车又被称为“擎天柱”，主要用于高层、超高层建筑火灾的灭火及抢险救援。

4.2.2.5 消防员防护技术装备

消防员防护技术装备主要是指消防救援人员实施消防救援作业时所用的各类防护装备及相关技术，具体范围主要包括灭火救援、山岳救援、水域救援、地震救援、核生化救援和其他类救援等。对于该类装备技术，安全性和舒适性始终是重要的关注点，其中安全性主要与火焰高温、机械强力、液体渗浸等相关，而舒适性则主与温度湿度、软硬触感、人体工学等相关。

1. 灭火救援防护装备与技术

（1）装备方面。

1）躯体防护类装备的服装。主要包括用于非火场环境救援的消防员抢险救援防护服、用于靠近火焰强辐射的消防员隔热防护服、用于普通火场灭火救援的消防员灭火防护服、用于森林草原的消防员扑火服等。各类装备的多层织物各有差别，但是总体上有相似之处。以消防员灭火防护服为例，从外而内基本上为外层、防水透气层、隔热层和舒适层，近年来的研究更加关注装备的安全性和舒适性。①对于防护服的第一层外层，常常使用芳纶 1313 纤维（比如杜邦公司的 NOMEX®）、芳纶 1414 纤维（比如杜邦公司的 KEVLAR®）以及静电纤维混纺（比如日本钟纺公司的 BELLTRON® 导电纤维），近年来一些特殊功能纤维材料的引入有助于进一步强化织物的功能：比如有在间位芳纶和对位芳纶纤维的基础上引入美国 PBI 公司的聚苯并咪唑纤维的织物，使其具有更高的断裂强力、耐磨性能和耐热性能；比如也有在对位芳纶纤维的基础上进行引入 PBI 纤维的研究，日本帝人生产的 CONEX® 产品具有更高的耐热性；比如有引入德国巴斯夫 BASF 公司的 BASOFIL 蜜胺纤维的织物，提升外层的耐热性能和抗紫外性能，使其具有重量轻、耐温高的特点；法国 KERMEL® 芳纶纤维具有轻质和耐高温的特点。②对于防护服的第二层防水透气层，在提升装备安全性和舒适性方面有如下的研究进展：美国戈尔公司推出的 GORE-TEX CROSSTECH®，该防水透气层可以有效预防血液和体液中的病原体、火场救援中的电池酸和液压液等化学品，同时还能保持较高的透湿性；针对隔热防护性能，美国哥尔公司还推出了 GORE-TEX AIRLOCK®，该防水透气层增加了点塑硅胶凸点可以有效阻隔热量传递，同时也有助于减层减重；同样的德国的 SYMPATEX® 基于疏水高分子涂层技术研发了非多孔的特殊构造，在具有一定透湿性的同时还兼顾较高的透气性。③对于防护服的第三层隔热层，理论上既可以是水刺毡无纺布，也可以是针刺毡无纺布、絮片或针织物，实际上则以水刺毡无纺布最为常用。德国的 NORAFIN 公司在常规的水平无纺布的基础上，推出了三维结构的无纺布 3D PERFORMANCE®，该产品能够提升 10% ~ 12% 的隔热防护性能（Thermal Protective Performance，TPP）。④对于防护服的第四层舒适层即内衬，通常与隔热层绗缝在一起，该织物以芳纶 1313 为主，同时添加了少量的静电纤维。对于森林草原所用的躯体防护类消防员装备，由于消防员不太可能面临城市火场那样的极端高温场景，因此有的森林草原消防装备直接采用了单外层的设计。不过，为了提升森林消防员抵御火焰辐射和抵御火花撞击的性能，有的森林消防员个人防护装备还采用了多层结构的设计。

2）躯体防护类装备的灭火防护头套。美国戈尔公司基于聚四氟乙烯膜复合技术推出了 GORE® PARTICULATE HOOD 颗粒过滤型消防员灭火防护头套，和普通头套相比洗涤 100 次后能够过滤 99% 的微米级别颗粒物，进而有效提升了装备对于头颈处皮肤的安全性和健康性。

3）躯体防护类装备的消防头盔。美国梅思安公司推出了一款兼具耐高温性能和隔热性能的消防头盔，可以承受 1 000℃的高温，进而全方位保护消防员的头部；美国博莱德公司采用玻璃纤维增强复合材料制备了流线型消防头盔壳体，可有效降低流体阻力，具有轻质高效的特点；英国 SOLOTIC 公司采用玻璃纤维和芳纶纤维混杂的复合材料制备头盔课题，同时内置了热成像系统进行火场数据采集和预警；美国头盔集成系统公司开发出了一种新型克伦威尔（CLOWIRE）双头盔产品，必要时该产品的两个头盔产品可合二为一使用，同时该头盔符合消防装备的完整性计划。

4）躯体防护类装备的消防员灭火防护靴。挪威的维京公司基于毛毡内衬防水材料提升了靴子的保暖性能，同时靴子底部采用了发泡高分子材料，通过人体工学设计提升了消防员的脚板舒适性；德国的 HAIX 公司推出了 AIRPOWER 消防靴，采用了 CROSS TECH 内衬进行了吸湿设计，可以有效保证足部的湿度舒适，同时在靴子表面进行了高分子涂层以提升耐火性能，同时在靴子底部采用了 VIBRAM 集成板，在减轻重量的同时防止了足底刺穿。

5）呼吸保护类消防员个人防护装备。为了预防火场烟气的入侵，通常进入火场的消防员使用自给式空气呼吸器（Self Contained Breathing Apparatus，SCBA）以保证呼吸安全。美国梅思安 MESIAN 公司推出的 AG2100 ICU 智能消防空呼在无级变速流量控制的供气阀基础上，新增了旁通阀，同时采用了 QUICKFILL 快速充气管预防漏气，搭配了气瓶实时监控装置、永久防雾面罩、EC10 通信等技术。美国 3M SCOTT 公司推出的 55HX60 空气呼吸器，通过提高空气呼吸器气瓶的工作压力的方式进一步开发了 5500PSI（即 37.5MPa）的碳纤维复合气瓶，该气瓶的与相同容积的 30MPa 气瓶相比可增加 20% 的使用时间，同样，美国梅思安公司也推出了高工作压力的 G1 型空气呼吸器。

6）随身携带类消防员个人防护装备。通过材料的升级和功能的叠加来提升该装备的性能。近年来，国外装备生产公司愈加关注消防安全绳等随身携带类消防员个人防护装备的轻质和高效性能。美国 PMI 公司推出了具有夜光或荧光功能的尼龙安全绳，提升了装备在复杂环境下的能见度。同时，美国的霍尼韦尔公司、荷兰帝斯曼公司和日本钟纺公司针对超高分子量聚乙烯（Ultra High Molecular Weight Polyethylene Fiber，UHMWPE）开展了深入研究，其中霍尼韦尔公司研发了超高分子量聚乙烯纤维（SPECTRA）的安全绳。

（2）技术方面。

在防护装备的研发过程中，为了提升安全性能和舒适性能，一些新型技术取得了显著的突破。比如针对防水透气层的防水性能与透气透湿性能，美国戈尔公司开发了薄膜插入技术，形成了兼顾防风、防水、透气的GORE TEX® 系列产品具体包括轻质拒油的 Paclite Shell 产品、高效保暖的 Soft Shell 产品、耐磨抗撕裂的 Pro Shell 产品、柔软舒适的 Performance Shell 产品；此外该技术也可以用于消防救援中的防护装备上，比如该技术用于消防手套后，在保证防水的同时兼顾织物的柔软性能，进而在有效减少消防手套中手掌体积的同时，显著提升了手掌的灵活性和敏捷性。

为了提升装备的安全性，有人开展了纳米纤维技术的研究。纳米纤维是指直径为纳米尺度、同时长度较大的具有一定长径比的线状材料，此外，将纳米颗粒填充到普通纤维中对其进行改性的纤维也称为纳米纤维。美国杜邦公司基于 1313 间位芳纶纤维开发出了新一代消防员灭火防护服面料即“DUPONT TM NOMEX® NANO”系列产品，该产品将纳米级粉末添加剂混入 1313 间位芳纶纤维，制备形成克重 $20g/m^2$、厚度 150μm、透气量 $6.4m^3/(m^2 \cdot min)$ 的织物，其极限氧指数（LOI 值）可达 40%，耐洗次数超过了 25 次；此外日本帝人株式会社也有类似的技术。与此同时，纳米技术也可以促进传感器在消防员个人防护装备上的集成，一方面感知消防人员的生理信息如心率、皮肤温度、人体微环境湿度等，另一方面感知火场的信息如毒害气体种类和浓度、火场温度、辐射热强度等，并通过动作或声图信号提醒消防员的人身安全。

为了提升装备的舒适性，有人开展了吸湿排汗技术的研究，以期减少与皮肤直接接触部分服装所导致的挠痒感和湿黏性，近年来，国外常常使用细纱来提升织物的亲肤性，并引入了具有吸湿性能的粘胶比如高吸水纤维（Super Absorbent Fiber，SAF），辅以亲疏水的功能整理来实现汗气的传导和温度的平衡。日本东洋纺株式会社的 POLYSONIC 粘胶纤维、日本大和纺公司的 DFG 纤维、日本佳丽宝公司的 BELL FLAME 纤维、美国的 PER RAYON 永久性阻燃粘胶纤维、法国的罗纳普郎克 TF-80 纤维、瑞士的 CIBA 公司阻燃粘胶纤维均显著提升了装备的吸湿排汗性能，目前该项的总体研究趋势是一方面阻燃剂从有机化合物、磷卤无机物逐渐转换到无卤阻燃，另一方面从后整理阻燃转到本质阻燃。

与此同时，消防员个人防护装备的洗消得到了越来越多的关注。美国俄亥俄州辛辛那提的 Kenneth Fent 教授系统研究了污染源的种类、污染物的浓度、污染物的分布、清洁洗消流程等，发现悬浮在空气中的毒害污染物颗粒通过化学键或范德华力吸附无机重金属和有毒化学物质于装备之上，常见的有机污染物包含多环芳烃（简称 PAHs）、卤系阻燃剂、塑化剂、重金属和病毒微生物等。Kirk 等研究发现灭火训练过程中，碳烟形成前的不完全燃烧产物 PAHs 常常出现在防护服上，不同火场的 PAHs 种类含量不尽相同，其中以菲、萘占比最高；电子产品、塑料制品和纺织品中常常添加了多溴联苯醚类阻燃剂（PBDEs），因此该类燃烧污染物也常常出现，特别是针织物形状的消防员灭火防护头套和消防员的螺纹袖口位置；同时还有邻苯二甲酸酯塑化剂及其衍生化学品等污染物，同时服装上的甲醛和苯等有机污染物可容易挥发；另外火场中，石化原料或电池涂料等火灾产物砷、锑、镉、铬、汞等的无机重金属也会污染装备；此外，消防员个人防护装备还会接触到细菌、病毒和真菌等，尤其是湿热环境下的消防员作战容易滋生细菌，这些毒害污染物的去除同样十分重要。国外已经建立了消防员个人防护装备的洗消标准，同时还包括了洗消设施、洗消试剂、洗消方法、效果评价。

在洗消标准方面，美国消防协会在 NFPA 1851-2020《用于结构灭火和接近灭火的消防员个人防护装备的选择、管理和维护》的第七章针对灭火防护服提出了较为详尽的清洁流程和注意事项，包括常规清洁和特殊清洁的决策流程，以及对洗消试剂的 pH 值、洗消设施的脱水 G 值、普通与深度水洗温度、深度清洗周期等都做了明确的规定。此外，针对灭火救援后现场清洁也提倡湿巾擦拭皮肤和装备表面烟尘的建议。

在洗消设施方面，国外的洗消设施主要包括冲洗槽、洗涤机、消毒机、烘干或风干机等设备。其中，冲洗槽主要用于头盔、靴子表面的刷洗，也有企业采用超声技术来提升清洁效果。为降低灭火防护服面料损伤程度，美国狮牌公司和瑞典伊莱克斯公司进一步改进了滚筒洗衣机，以提升其专业洗消的效果。此外，由于灭火防护服为高分子材料的多层结构，洗后不容易晾干，基于消防战士 24h 备战需求，因此，国外建立了立体加热烘干或者风干的方式来缩短干燥时间。

在洗消试剂方面，国外取得的进展如下。针对脂溶性污染物的去除，常选用阴离子表面活性剂和非离子表面活性剂进行洗涤去污，同时添加助洗、缓冲、增效、分散、消毒杀菌等成分；有学者针对芘污染进行研究，在热水中使用非离子表面活性剂进行脱脂洗涤循环，随后添加隔离剂、酶等添加剂进行洗涤，最后进行含氟防水处理。但是火场污染物成分极为复杂，同一配方很难满足不同污染的洗消需求。国外研究中基本采用商用洗涤试剂，如美国 CHURCH&DWIGHT 公司的 OXICLEAN ™系列洗涤剂和 DAWN® 清洁剂。

在洗消方法方面，对于有机污染物可以通过水洗的方式去除，对于细菌真菌和病毒则可以通过高温消杀等方式去除，但是对于有机污染物中的多环芳烃类 PAHs 去除效果有限。国外有学者采用工业毛刷刮去服装表面的碎片和污染物。也有通过改进的电动风机提供空气射流，吹向服装表面以去除污染物。此外还有以湿法肥皂为基础的清洗程序优化，先用水冲洗衣服，然后用 DAWN® 洗洁精的混合物肥皂喷洒衣服，再用刷子刷洗衣服，最后用水冲洗至泡沫残留，实验结果显示湿法肥皂泡沫方法最优，能有效去除 85%PAHs 污染物。还有学者通过研究了消防头套经过水洗后的 PAHs 总量降低了 81% 左右，但是 PBDEs 等阻燃剂的含量因为洗涤过程的交叉污染反而升高。

在洗消效果评价方面，目前国外的研究仍然以肉眼观察为主，以辅助装置检查为辅。有研究人员通过剪碎织物样本，使用气相色谱 - 质谱联用技术（Gas Chromatography–Mass Spectrometry，GC–MS）或高效液相色谱（High Performance Liquid Chromatography，HPLC）测定多种 PAHs 的含量，但是由于不同装备的污染状况不同、甚至同一装备的不同位置污染有所差异，因此结果较难全面评价装备的污染状况，而且该评价方法不适用于头盔等硬质高分子装备。此外，NFPA 1851 在装备的外部损坏、衬里受损等方面进行了规定，也建议通过配置灯箱来辅助检查防水透气膜的破坏程度，但是对于洗后服装清洁度和防护性评价仍缺少可操作性强的详细条款。

超临界二氧化碳技术是常规的水洗技术之外的一项干洗技术，比利时的 Decontex NV 公司、英国的克里斯汀公司、瑞典伊莱克斯公司基于超临界二氧化碳技术共同创建了液态二氧化碳清洁系统，这种干洗的方式可以利用二氧化碳液体对于有机污染物的萃取效果而有效去除 PAHs 等污染物，但是该装备设备操作压力高、推广成本大，因此目前在消防员个人防护装备上的洗消应用较少。

2. 消防员核生化救援防护装备与技术

消防员在部分应急救援场所也会涉及核生化物质，比如生物制药厂或化工厂的事故。为了能迅速处置应对使用核生化武器的场合或可能使用核生化武器的事故现场，保护救援人员不受核生化环境的伤害，安全消除隔离区域或人员所遭受的核生化沾染，亟须发展核生化防护技术装备，并提升装备的安全性和舒适性。

在国外第三代防毒面具的罩体、阻水罩中，使用卤化丁基胶、硅橡胶等合成胶及聚氨酯材料取代了天然胶；同时，面罩采用了反折边密合框设计以及阻水罩，优化的结构保护措施确保了使用者的视野明亮；在制造中采用注射成型工艺。另外，为解决防毒面具对爆炸碎片的防护要求，采用聚碳酸酯和 R39 材料，滤毒罐以改进型的 C2A1 代替 C2 罐。在防护材料方面，将高分子功能膜中的“选择性透过膜”技术应用于防毒衣中，不仅可以解决目前隔绝式防毒材料穿着合适性差的问题，而且使目前炭吸附型透气式防毒材料存在的无法防大液滴、防毒时间有限和存在解吸附的问题可以一并获得解决。在个人防护装备方面，最新型的 MCU-2A/P 型生化防毒面具将代替普通的 MCU-2P 面具。该面具可以预防所有的已知生化战剂，带有过滤器、聚氨酯透镜及两个声音传送装置。美国海军目前还致力于新一代 XM50 型的军种联合通用防毒面具，其关键性能将得到大幅改善，视野、舒适性和对各种毒剂的防护能力将得到进一步提高，未来将全面替代目前的 MCU-2P 系列产品。RST DEMRON 防辐射服对化学、生物及非游离辐射均有防护作用，对于高能量的 β 粒子也具有强大的屏蔽作用，并能屏蔽 50% 能量高达 130Sv 的 γ 粒子，对与氨气和氯气的贯穿时间是 480min，是普通防护服的 8 倍，同时符合 NFPA1994/2007 有关核生化恐怖威胁第一应急装备 2 级材料的全部要求，与其他防护材料相比散热性更好，可在 9s 内完成穿戴，是新一代的综合防护服。此外，个体防护装备向多功能一体化方向发展。核生化恐怖袭击，不止包括有毒化学品的泄漏、核辐射、生物细菌的传播，往往还伴随着爆炸和大火。防毒服增加了防碎片、阻燃、防火、拒油防水等功能，并向与战斗服结合成一体的方向发展。同时，还有通过滤毒通风、降温冷却等方式改善微气候、提升舒适性的研究。

洗消是核生化装备使用过程中的重要环节，在核生化装备的洗消方面，国外洗消方面研究的热点主要在于洗消方法和大规模洗消技术、新型消毒剂研究、消毒毒理学、敏感装备洗消等。此外，突发事件的应急洗消、结合高新技术开发的绿色洗消也备受关注。高温高压技术是确保武器、装备、人员彻底洗消的一种快速而有效的技术和方法。实践证明，对防护服以 170℃热空气和蒸汽的混合气流消毒能够完全、彻底地实现洗消，不残留毒剂。

为了提升装备的安全性，有将太赫兹波（Tera Hertz）应用技术用于生物化学制剂检测装备，太赫兹波技术涉及频率介于无线电波和光波、能量上介于电子和光子的太赫兹波辐射；该技术可以可远程检测生化制剂，提高队员的防护能力。

为了提升装备的安全性和舒适性，有应用生物传感器技术，相关技术对生物物质敏感并将其浓度转换为电信号进行检测，可以大幅提高生物制剂检测能力，实现情报收集、传输、分析、决策的高效化以及检测装备的小型轻量化。

3. 消防员山岳救援防护装备与技术

山岳救援主要指在山岳环境中进行的搜索和救援活动，包括作业遇险、旅游遇险、户外运动遇险等。美国山岳救援协会（Mountain Rescue Association，MRA）等机构具针对山岳救援救援时间紧迫、远途难以到达、各类地形复杂、高山气候特殊、通信调度困难的特点，开展了一系列的技术研究，联合研发了相关装备。

美国戈尔公司开发了 GORE-TEX®PRO 面料，该织物通过附着特殊的 GORE-TEX® 薄膜而实现持久防水和透气防风的功能，特别是在湿润的情况磨损和拧绕超过 500h 后也具有极佳的防水性能，能够应对各种恶劣天气状况，满足了户外运动和山岳救援等人士需求。

英国 MFC International 公司推出了 All terrain stretcher 即全地形担架转运车，具有装备牢固、轻质便携、狭窄适用、快速充气、多点约束等特点，并配置了内置护目镜和双向拉链的袋子。

美国霍尼韦尔研发了超高分子量聚乙烯纤维材料的安全绳，能够兼顾强力耐磨和轻质便携。此外，在具体绳索方法技术方面，章鱼系统、滑轮牵引系统和拉升系统等也得到了深入研究。

美国戈尔公司的核心微孔网格支撑技术（Micro Grid Backer）进一步提升了装备的舒适性，相关装备的内部具有更加平滑和柔软的磨光面，使得衣服各层之间可以轻松地无阻力滑动，同时还增加了衣服的透气性、便于使用者的汗气排出，采用新的支撑材料和超薄接缝压条有效地减轻了装备的重量，进而实现了装备的轻量化，这对于山岳救援装备具有重要的现实意义。

4. 水域冰面救援防护装备

水域救援主要指的是人员在水域中生命受到严重威胁或重要场所、建筑物受到水流破坏，不可抗力造成的意外灾害等，如不及时施救将会造成人员伤亡或重大财产损失所采取的救援行动。

目前，国外已形成冰面及水域救援的系列化产品及成套解决方案，以及冰面或水域救援服和救生筏艇为核心装备，此外还包括冰面救援服、水域救援头盔、可调节冰爪、水域救生刀、冰面爬行辅助器、冰面快速部署救生筏、漂浮救援板、救援抛绳包、救生口哨、船型漂浮担架、抛投式救生套圈、冰雪锥、冰雪锚、冰镐等装备。

国外较先进的水域救援服以加拿大马斯托“指挥官”系列冰面救援服和美国西北河补给公司水域救援服为代表，其特点有全套密封一体化设计，包括连体防护服、密封连接的手套和靴子、防水的头套和面罩等，防护服以带聚氨酯涂层的高强尼龙作为主要面料，胸前设有水密型密封拉链及大尺寸拉链手柄，保证防水性能的同时便于穿脱操作。配有可拆卸的保暖内衬，具有一定自漂浮性和热反射性能，使得救援人员可以在冰水中长时间的浸泡仍能保持较好的体力和身体机能。同时集成了胸部安全带，可以直接和绳索相连接，便于拖行。

美国西北河补给公司针对极端低温环境下的水域救援，采用了具有轻、速干、柔软、耐久性强的美国杜邦 CORDURA 面料，使用了日本 Yoshida Kogyo Kabushikikaisya（YKK）高强度的防水拉链保证干式设计，基于法国圣戈班的 FURON GRAB SEAL PFA 压合工艺进行缝合处处理，得到了特级的干式防寒救援潜水服。

救生筏艇类装备种类繁多、型号各异，是水域及冰上救援不可或缺的重要工具。较先进的美国充气式冰面救生筏为双面镂空设计，便于救援人员施救，同时其便携易展，可通过空呼气瓶进行快速充气，充气后形成一个水上救援平台，几乎可以在任何水域救援情形下使用，包括激流救援、静水救援和冰面救援等。船体采用聚氨酯及合金材料制成，外层涂氨基甲酸乙酯涂层，耐老化性能佳，缝隙及船底结实耐用。

此外，还有滩涂固定器、水域救援夜光漂浮绳索、冰面水深测量仪、硬底搜救船、救生冲锋舟、充气式救援浮桥、超轻救援杆、水下生命探测仪等先进装备，在不同救援场景及需求下发挥着各自的作用。

在已有水域及冰面救援装备的基础上，智能化将成为水域救援装备的重要研究方向。目前各国不断研发新型救援机器人，兼顾水面漂浮和水下搜救的工作。未来的救援机器人应具备远距离遥控、定位准确、可自主修正航向、失联自动返航、正反双面行驶、携带方便、续航持久、动力及浮力强等特点。

水域及冰面救援装备正如大多数救援救生装备一样，其性能将向着高可靠性、低能耗以及较好的环境适应性的方向发展；操作便携、人机友好也是必然的发展趋势。在通信技术及人工智能充分发展的未来，装备的智能化也必将飞速发展，水上及冰面救援装备在辅助救援人员进行施救的基础上，有望与人进行协同作业，共同承担救援任务，甚至高度智能化的救援装备能够在人的辅助下独立完成冰上、水下等复杂条件下的救援任务。

5. 地震救援防护装备

地震救援主要是指迅速搜索与营救由于地震造成的建筑物破坏而被压埋人员的举动，地震救援所用的个人防护装备主要以消防员抢险救援防护服为蓝本进行主装备的设计，同时系列装备还包括防寒服、抢险救援手套、腰带、靴子、护膝、护肘、睡袋、安全绳、帐篷、手提式强光照明灯和速干袜等。

3M公司根据美国国家标准学会，ANSI的Z 89.1《工业头部保护》的相关标准，建立了保护头部的安全帽、保护眼睛的护目镜、保护面部的面罩，用于预防震后现场掉落的碎屑、飞扬的灰尘，其中抗冲击护目镜的等级为Z87+、防尘护目镜的标记为D4。

为了预防地震救援过程中重型机械的噪声，3M还提供了听力防护用品（Hearing-Protection Devices，HPDS）、符合职业健康安全协会（Occupational Safety and Health Adminstration，OSHA）呼吸防护标准CFR 29-1910.134-2014《劳工 第1910部分：职业安全与健康标准 第1910.134节：保护呼吸》的呼吸器和坠落防护设备。

6. 极端环境下的防护装备技术

除了火场救援、核生化救援、水域救援、山岳救援、地震救援之外，近年来极端环境或极端天气频现，包括冷热、雨雪、灰尘、飓风、辐射、疫情等，针对不同情况研发了新的防护装备和技术。

欧洲针对COVID-19新冠肺炎疫情研发了配合智能头盔的护目镜，该装备结合了个人防护和温度探测的双重功能，能够在人员移动的过程中进行温度实时扫描，扫描的半径范围大约 7m，目前该智能头盔已经在意大利罗马的菲乌米奇诺机场进行了现场试用。

日本针对战场弹片、飞溅碎屑设计了 DEVTAC RONIN 防弹头盔，该装备头盔的本体的凯芙拉涂层可以达到二级防弹等级，所用的头盔的镜片可以防飞溅碎屑等，配置了搭配显示屏的支架可以获取更多信息，同时还有头置式风扇等配件，进而更好地调节头部温度。

美国的 NEWTEX 公司针对高温下的熔融飞溅物，在前期玻璃纤维基材和芳纶基材的基础上，进行了 ZETEX PLUS® 和 Z–FLEX® 多层镀铝膜的复合，防护温度可达 1 000℃，同时具有更好的耐磨性、防熔融飞溅金属、防火花和极端辐射热，具有优良的舒适性。

荷兰人身安全研究院在个人防护装备中引入了智能化装备 SUCAM，系列装备能够实现救援现场的环境参数监测、针对极端环境进行适应性地防护、监测个人防护装备的生命周期、监控个人的心率和体温等参数、个人位置的精准定位以及智能化报警和信息支撑等。

美国的 PBI 公司针对消防员个人防护装备的多样性需求，在传统防爆燃的 PBI 织物的基础上先后推出了 PBI MAX、PBI GOLD、PBI MATRIX 等系列产品，其中 PBI MAX 由 40%PBI、58%Kevlar 和 2% 抗静电纤维混合而成，具有高拉伸断裂强力、高耐磨的特性，有黄色和藏蓝色多种选择，同时撕破强力是其他外壳材料的两倍，在降低重量的前提下兼具优秀的耐热性能和隔热防护性能，适于爆燃等极端火场环境。

在国外军队中，智能辅助装备如外骨骼装备已经用于军队的士兵战斗能力提升，同时系列装备也有望应用于消防救援队伍。外骨骼装备可以协助人员完成负重劳动和快速运动，进而有助于提升作战效率、减少体能消耗，因此，该装备对于远足的森林消防员和登楼的城市消防员同样具有重要的意义，对于极端环境下的人员搜救意义重大。

美国洛克希德·马丁公司研制了第二代人体负重支撑系统（Human Universal Load Carrier，HULC），该 HULC 外置机械骨骼可以通过在人们身体下部安置的外置机器腿分担重量，同时也可以协助使用者提升运动速度，相应的电池可以使得外置机械骨骼和配戴者同步进行爬行、下蹲、上举和前进等动作。美国萨科斯防务公司还生产了 GUARDIAN XO ALPHA 品牌的电池动力外置机械骨骼；日本松下公司量产了 AWN-03 品牌的电池动力外置机械骨骼；美国科学家 Dan Baechle 还研发了非电池动力的纯机械外置骨骼。这些机械骨骼除了节约体力的同时，还可以在极端环境下辅助完成重物搬移、强力破拆等工作。

多层镀铝膜技术主要用于预防熔融飞溅和抵御闪燃爆燃，伊朗比尔詹德大学有基于多重铝箔涂层技术研发了新的纤维系统。该纤维系统包括外层玻璃纤维、无纺玄武岩、带有 $NaCl-MgCl_2$ 和半乳糖醇相变材料（Phase Change Material，PCM）的无纺玻璃纤维。该纤维系统的织物在闪燃条件下具有良好的隔热性性能。

柔性电子技术是将有机或无机材料电子器件制作在柔性或可延性基板上的新兴电子技术。相对于传统电子，柔性电子具有更大的灵活性，能够在一定程度上适应不同的工作环境，满足设备的形变要求。美国斯坦福大学 Bao Group 首次成功开发出更易量产的高密度、高灵敏度可拉伸晶体管阵列，相关技术有望应用于极端环境的信息准确传感；法国室内定位系统公司加入欧盟 SMARTEES H2020 柔性电子创新项目，相关技术有望应用于个人防护装备上进而实现复杂环境下的人员精准定位；日本东京大学研发出了柔性可伸缩的无线电源，相关技术有望应用于柔性材料的快速无线充电。柔性技术的发展有助于提升智能装备的各项性能，这对于紧急救援、特别是极端环境下的工作开展具有重要的现实意义。

4.2.2.6 系列消防无人装备

近年来，随着移动通信、互联网、大数据、人工智能等技术的不断发展，无人装备在应急救援领域中发挥着越来越重要的作用。国际上，美国、日本首先开展无人装备的研究工作，英国、法国、德国也都紧随其后，先进的无人装备技术起初主要应用在军事上，现在逐渐向民用领域转变。2007 年，美国国防部颁布了《2007—2032 年无人作战系统发展路线图》，提出了统一的无人作战系统总体发展战略规划，并明确表示，未来 25 年美国将逐步组建无人作战系统部队，实现与有人系统及无人系统之间的无缝链接，在动态环境中既可独立承担任务，也可与其他无人单元协作完成复杂任务。目前，世界发达国家纷纷将无人装备的发展上升为国家战略，力求继续保持领先优势。现有无人化装备在应急救援领域可从空中、陆地、水域划分为消防机器人、消防无人机和消防无人船 / 艇三大类。国际上系列消防无人装备开展的研究工作主要表现如下几个方面。

1. 消防机器人

消防机器人在危险性大或者普通消防设备无法有效实施的场地，可以代替消防人员进入有毒、浓烟、高温、缺氧等高危险性灭火救援现场完成侦查检验、搜索救人、灭火控制等任务，在保护消防员安全的同时提高了消防部队灭火救援能力，因此，消防救援机器人的研究在应急救援领域具有重要意义。近年来，国际上对于消防救援机器人的研究十分活跃，从事故类型上分为灭火救援机器人、矿山救援机器人、地震救援机器人、核事故救援机器人、水下救援机器人等，从行走方式上分为轮式机器人、履带式机器人、吸盘式机器人、复合行走机器人等，从控制方式上可分为主从控制机器人、半自主控制机器人、自主控制机器人等。

目前，消防机器人的智能化是世界各国主要研究方向，工业发达国家正在加快开发具有不同功能的实用型的第二代消防机器人和第三代低级智能化消防机器人，着手研究第三代高级智能机器人。2016 年美国提出《机器人发展路线图》，计划将特种机器人列为未来 15 年重点发展方向，日本提出《机器人革命》战略，将特种机器人、工业机器人和服务机器人作为三个主要方向，计划到 2020 年实现市场规模翻番。2016 年中国提出《机器人产业发展规划（2016—2020 年）》，作为“十大标志性产品”之一的消防救援机器人，要实现满足自然灾害和恶性事故等现场对灾情侦查和快速处理的需求，在高温、高压、有毒、有害等特殊环境下，可完成人员搜索、探测定位、定点抛投、排障排烟、侦测通信、危险处置和应急救援等任务。

消防机器人的研究最早可以追溯到 20 世纪 80 年代日本东京消防厅研制的消防灭火机器人，自此以后，消防机器人的研究得到快速发展，美国、英国、法国、德国、俄罗斯等西方发达国家相继研发出功能各异的消防机器人。进入 21 世纪，美国、日本、德国、中国等国家在应急救援领域对机器人的研究投入较多。在消防救援应用方面，国际上主要研究成果有消防灭火机器人、侦查机器人、洗消机器人、照明机器人、排烟机器人等。例如，美国、日本等研究团队研发的消防救援机器人，具备人员搜救、火源精准探测与灭火、视频图像回传、路径自主规划、火场烟雾清除、检测人脸识别等功能，但消防救援机器人火场高温状况下的元器件散热问题以及元器件耐火性仍需深入的研究。中国一些研发团队开发的消防救援机器人还具备互联网功能、远程诊断功能、环境探测功能、热眼检测功能、声音采集功能、自主避障功能等，从实际效果上来看，大多停留在演习阶段，具体参与实战中的不多；在抢险救援应用方面，国际上主要研究成果有地震救援机器人、矿山救援机器人、核事故救援机器人、水下救援机器人等。例如美国、日本等研究团队研发的蛇形救援机器人、搬运破拆机器人，用于在狭小空间或废墟中进行环境侦检、生命探测及搬运救援等，但目前需要解决的是执行不同任务时形体的大型化破拆任务与小型化搜救任务相互矛盾的问题。美国、中国等研究团队研发了多种水下救援机器人，这些机器人具有强大的水下导航、探测等功能，同时集成水下摄像机、成像声呐、定位声呐、精准导航系统、单自由度机械手等部件，可实现对水下物品和人员进行搜救，但目前水下机器人壳体在深水域作业下的水下压力和密封问题一直是各国亟待完善并解决的问题。

虽然当前国际上研制了各具功能特色的消防救援机器人，但是通过对现有各种救援机器人的而应用情况进行检索分析，发现消防救援机器人的实际应用情况并不乐观，最大的问题是当前的消防救援机器人技术还无法完全满足复杂灾难现场救援环境的任务需求，消防机器人的移动能力、感知能力、通信能力、续航能力以及特殊环境下对于机器人的特定要求均制约了救援机器人的应用。

2. 消防无人机

消防无人机具有无人驾驶、无视地形、高空俯视视角广阔、控制灵活、搭载多种探测设备等诸多特点和优势，在不同灾害类型的救援现场均有着不可替代的应用价值，在高温火场上空或受空气、温度、现场环境等因素影响，灾害事故后道路阻塞，消防人员无法靠近风险较高区域或第一时间到达灾害现场时，消防无人机可以实现火情监控、投送救援物资以及基础灭火等重要工作，可以有效提高灭火救援的实战效能，大幅降低人员救援风险，因此，消防无人机的研究在应急救援领域具有重要意义。近年来，随着无人机智能化水平的不断提高，其在灾害事故救援领域中发挥的作用越来越大，国际上消防无人机主要应用在灾情侦察追踪探测、图像识别采集、通信重组建立及现场模型构建方面，运送应急救援物资、投送轻便作战器具方面，以及特殊火灾时投送灭火弹、灭火剂及新型灭火装备等方面。

1917年英国研制出了第一架无人机，长期被应用于军事领域，进行侦查、监视、输送情报等工作。随着无人机技术的快速发展，无人机逐渐被运用到民用领域中，进行水文监测、航拍摄影、环境检测、农业植保、火灾救援等工作。进入21世纪，全球已经有包括美国、以色列、加拿大、德国、英国、法国、俄罗斯和中国等在内的40多个国家研制无人机，超过80个国家在应急救援领域中装备无人机。在灾情侦查、通信建立及现场建模方面，国际上主要研究成果包括通过在无人机上搭载不同的多功能模块，可实现现场的气体、温度、方向、定位和图像信息的采集，能够实现灾害事故现场3D建模及应急通信搭建，例如，美国、德国、日本、以色列等国家的研究团队给无人机配备精密电子光学系统、影像信息采集系统、3D模型构建回传系统、气体采集侦检模块等，可实现实时监测灾害事故现场动态变化信息，但无人机携带过多不同功能模块是否存在相互干扰问题以及可能导致模块功能受限或失控现象发生还有待进一步研究。

在辅助灭火、应急救援和载运物资方面，国际上主要研究成果包括利用无人机的承载能力，携带轻质消防水带、破窗弹、各类灭火药剂的灭火弹，装配紧急广播、强光照明、通信中继等设备，投抛救援工具、食品、药物等救援物资。例如，美国、俄罗斯、澳大利亚和中国等国家的研究团队研制的消防无人机，搭载消防水炮、灭火剂发射系统，可实现大重量的垂直升降、喷射水或灭火剂，实现灭火功能，载重量可达数百公斤、续航时间长达数小时。但是无人机携带灭火药剂量有限，一般需要多台无人机共同作战，同时灭火药剂的持续供给技术在火灾救援中起到关键作用。

在森林火灾监测预警方面，世界各国尤其是发达国家使用无人机作为森林防火以及预警系统中的重要一环，美国、以色列、南非等国家把多用途无人机的研制和规模生产列入国家发展计划中，将各种先进技术如智能计算、图像处理、卫星通信、大规模信息传输、红外扫描定位等应用到无人机上，使它在面对多种复杂场景时能够高效工作、正确地分析森林火灾状态，进行预警监测，并及时有效的抛洒灭火剂、阻燃剂进行辅助灭火。

虽然消防无人机在应急救援领域已经得到较多的应用，但相关技术水平仍处于初级阶段，目前消防无人机存在环境适应性弱、模块化集成和兼容性不强、在续航、载重、防爆等方面的技术仍不成熟，仍是亟待解决的问题。世界对无人机技术的研究从未停止，希望使无人机获得的信息质量更高、传递效果更好，研制新型材料，降低无人机的功耗以及重量，面对各种干扰、负载以及各种波动条件下无人机工作的稳定性得到提升，让无人机在消防救援应用中更加适应实际需求。

3. 消防无人船 / 艇

随着水路运输的不断发展，水上出现火灾事故往往需要出动消防艇，人工驾驶船只采用常规灭火装置对火源进行灭火，一方面船只上装载的消防装置有限，另一方面考虑到消防人员水域近距离灭火的安全问题及消防范围有限，消防救援过程中耗费大量人力物力，且容易造成消防人员的伤亡事故，因此，消防无人船 / 艇在应急救援领域的研究与应用具有重要意义。

20 世纪 40 年代，美国、英国、法国、德国这些发达国家先后出现了具有现代化的水域消防艇。当水域需要救援时，水域消防艇会进行救援。20 世纪 90 年代后期，水面救援船出现，由于其快速性、设备齐全、功能多样，逐渐取代以往的消防设备。进入 21 世纪，国际上已经进入对于水域智能无人艇研究，水面智能无人艇进入了快速发展的新时期。美国“9 · 11”事件以来，基于海上反恐的需要，研究具有情报收集、跟踪、侦查、排雷、反潜、搜救、精确打击等功能的水面无人艇，已成为以美国为首的西方各国的重要研究方向。国际上研制的消防无人船 / 艇主要应用于侦察监测、水面搜救、通信定位、辅助捕捞等方面。例如，美国、以色列、日本和英国等国家在多种远程无人驾驶船平台研制方面开展了较为深入的研究，具备水面高速移动、自主航行等功能。以色列研制的一款“保护者”号无人艇，其采取了模块化的设计，将执行不同任务所需的硬件模块化，在执行具体任务时可以根据任务的需求灵活地组装所需的功能模块，可适用于多种水域应急救援任务。然而，目前相比其他消防无人装备，国际上对于消防无人船 / 艇的研究仍相对较少，同时，在综合性的多功能救援无人艇水面智能平台方面，更是缺乏相关的研究。

4. 无人装备多机协同技术

无人装备多机协同技术因其自组织协同性、多功能涌现性等特性，在消防灭火、抢险救援、特殊事故处置等工作中具有巨大的应用前景。利用消防无人装备，及时掌握灾害现场信息，有效帮助现场指挥人员准确判断灾情，并做出有效决策，同时多机消防无人装备协同工作相较于传统单体装备也具有较大优势，通过各类自主协同决策机制，提高了任务执行的自主性与智能性，减少了操作复杂性，因此，研究其在应急救援领域中的应用具有重要意义。

早期，美国、俄罗斯等国家无人装备多机协同技术仅应用于军事方面，随着无人装备在应急救援领域不断应用，无人装备多机协同集群技术逐步向民用领域转变。近年来，国际上有关无人装备多机协同的研究方兴未艾，针对多机器人协同作业技术方面世界各国已开展了相关研究，有的国家也建立了消防机器人协同作战队伍，包括无人机、侦检机器人、水带敷设机器人、灭火机器人。例如，美国、日本和中国等国家的研究团队在有人 / 无人协同空对地作战、多机协同运动、协同定位机制、自主避障机制、通信机制、自主编队及路径规划、子任务分配、协同控制算法等方面开展了较深入的研究，针对高层建筑火灾已研制有消防指挥车、特种消防车、侦察无人机、消防无人机、消防机器人及消防单兵协同作战系统，并取得了一定研究成果，然而目前无人装备多机协同技术以及协同化智能程度在应急救援领域的应用大多处于实验室研究和试验测试初级阶段，距离实战化、系统性的应用还有一段距离，一些关键技术还需不断改进和创新，才能够形成以空中、地面、水域无人化装备为先导的全方位、协同化、立体式消防无人作战系统。

4.2.2.7 消防救援训练与职业健康

1. 消防救援人员训练

欧美等发达国家较早建立消防职业化体制，消防训练的体系、理念、理论、方法、设施等均处于世界领先水平。在竞技体育、全民健身、军事训练等领域的引领作用得到充分展现，这也直接带动了消防救援人员训练技术的整体发展。

（1）在训练内容和科目设置方面。

欧美等发达国家十分重视消防员体能训练，消防员体能训练被纳入消防职业安全与健康体系来进行统筹考虑与管理，强调科学训练，以满足职业需求，并科学有效避免训练损伤，保持高效的灭火救援战斗力。在消防员体能训练相关技术规范或标准领域，多由第三方机构或社会组织来进行编制，其中美国以消防协会（NFPA）为主。这些机构或社会组织所制定的技术规范或标准不具有法律效力，但是一旦被各州的法律或法规所采纳，则成为该州的合法技术标准。目前，NFPA 在消防员体能训练及职业安全与健康方面的标准体系建设非常健全，其中 NFPA 1583《消防员健康训练项目标准》中规定了消防员体能评估由有氧能力、身体成分、肌肉力量、肌肉耐力、柔韧素质等五部分组成。在欧美等发达国家消防和应急人员会根据当时的灾害事故特点以及消防救援任务类型，通过技战术培训课程体系建设、大量试验研究和数据测试后的分析与评估，并加以反复的实践和调整，最后得出有针对性的训练和培训内容。

（2）在训练计划和训练监控方面。

欧美等发达国家消防员被录用后一般会经过一段时间系统性的培训。以美国招录消防员体能训练为例，一般开展两类体能训练，一种是基础体能训练，另一种是消防模拟体能训练，是让消防员佩戴个人防护及灭火救援装备，进行一些常见的消防任务测试训练。在基础体能训练方面，包含有氧能力、身体成分、肌肉力量、肌肉耐力、柔韧素质五部分，开展训练的方法和手段形式多样，如器械、徒手、常见运动项目等。在消防模拟体能训练方面，主要针对消防职业灭火救援任务需求进行设计和训练。组织实施的体能训练方案中应包含至少 8 项内容：描述训练和健康组成和益处的教育方案；基于体能测试结果的个性化运动处方；热身和整理运动指南；有氧训练方案；肌肉抗阻力（力量、耐力）训练方案；柔韧素质训练方案；背部健康训练方案；安全和损伤预防方案。在训练过程会邀请专业的培训机构及体能训练师来指导、监测和评估，训练过程运用了多种高科技手段如智能可穿戴设备、视频监控设备对训练强度和安全性进行监控，保障了训练的科学性。

（3）在模拟训练设施方面。

欧美等发达国家更突出针对性、模块化的设计理念，例如，加拿大温哥华地区发生的火灾地点以居民住宅火灾较多，且住宅多为木质结构，因此训练中心最主要的训练设施就是居民建筑的真火训练；如美国洛杉矶境内铁路、公路运输网发达，危险化学品、油品吞吐量巨大，相关训练基地均设有储运设施（火车、槽罐车）模拟训练模块，且针对不同类型储罐进行细分设置。欧美等发达国家的训练设施还强调实用性、集约化配置，例如，温哥华消防训练中心住宅模拟训练设施通过调整真火、烟雾释放点和释放强度，利用木质材料对内容空间进行重新改造等方式，使同一受训单位在同一训练设施内，开展不同科目、不同难度、不同感受的实战化训练。欧美发达国家在真火模拟控制、烟气控制、危险化学品事故模拟等方面的研究处于领先地位，以美国洛杉矶高等消防训练中心的危险化学品事故模拟训练设施为例，不仅可以模拟当地可能导致危险化学品事故的各类场景，还利用探头多角度监控、记录训练情况，可智能化调整训练难度，并能自动评估训练效果。

（4）在消防实战化训练方面。

国外尤其是欧美等发达国家起步较早，有了较多的研究基础。尤其在真火模拟训练领域，国外的诸多学者及相关研究机构对真火模拟训练的设施要求、人员要求、训练内容、训练保障、安全措施和注意事项等内容进行了充分的理论研究，基本涵盖了真火模拟训练的方方面面，对指导真火训练发挥了重要的作用。

1）火源模拟技术。美国研发的工业消防训练器可以模拟工业、石油化工，交通运输或燃料溢出导致突发大火等事故火灾场景，火源可以使用清洁的 LPG 作为燃料以满足当今社会的环保要求，也可以使用“丙烷 / 丁烷”混合气作为燃料以模拟油料火灾的烟气特征，甚至可以直接使用雾化燃烧的煤作为燃料，在获得最大真实感的同时减少碳烟排放和废油处理。模拟器的火灾强度可编程控制，并动响应灭火剂的反馈作用。德国研发的工业消防训练系统采用清洁的丙烷作为燃料，该模拟器可以模拟工业突发事件引起的火灾，包括储罐破裂、阀组燃烧和泄漏液体流淌火等，灭火效果自动控制功能可向受训人员反馈其是否已根据火焰强度恰当地进行了灭火。荷兰研发的模块化消防培训系统能以最大化效益的方式构建出许多火灾场景以满足特定的培训目标，火源使用 LPG 丙烷模拟真火场景以获得较大的真实感可用模块包括引火器燃烧器控制模块、无线遥控器以及多种模拟场景。

2）烟环境模拟技术。美国研发的烟雾系统的烟液由乙二醇与水按一定比例混合而成，在消防培训环境中环保、安全且不易燃。其烟雾系统能够利用换热器加热烟液，并产生大量安全持久的直径 0.2μm 的水基烟雾，烟雾温度可控，可以模拟火灾中的烟气温度，最大产烟流量为 232m^3/min。德国还研发出可以模拟消防训练声光情景的训练装置。该公司研发的发烟机适合固定式和移动式烟热训练设施。其使用无毒无害的人工室内烟雾对训练室进行发烟处理。烟雾由预热设备中的非油性雾状液体蒸发而成。此外，荷兰研发出数字火灾训练系统 Attack TM，其结合数字火焰、声音、烟气为一体创造出一系列火灾场景，可以在不能使用真火的训练场景使用。烟雾发生器使用水基无毒害的 Lion 烟液，在空气中产生的烟雾厚而浓。

（5）在考核评估方面。

国外考核评估体系十分健全和成熟，针对不同的训练内容和科目都有针对性的考核评估量表和评价方法，通常消防救援部门会委托第三方专业机构进行训练的考核和评估工作，考核评估过程通过数字化考评系统完成，考核结果能够较为客观准确地反映出消防员的训练情况和实际作战能力。

2. 消防救援人员职业健康

在消防员职业健康方面，目前国外所开展的消防员职业健康研究主要是以消防员为主体，以消防员职业要求、消防作业的环境、使用装备、作业类型等为影响因素。主要从消防员的体质、生理、心理和医学调查等方面开展研究。国外发达国家基本建立了一套完善的、科学的、系统的健康管理体系，如美国消防协会制定了 NFPA 1500《消防部门职业安全和健康项目标准》、NFPA 1581《消防部门对传染病控制的标准》、NFPA 1582《消防部门全面医疗纲要》等系列标准。

在体质维度上，消防员由于职业的特殊性对于消防员的体质也有一定的特定要求，国外的一些消防部门在选拔消防员时，目前大部分消防部门采用的是由国际消防员协会（International Association of FireFighters，IAFF）和国际消防长官协会（International Association of Fire Chiefs，IAFC）于1999年所创建的消防员求职者体能测试项目（Candidate Physical Ability Test Program，CPAT），其中包括八项测试内容：爬梯、拖拽水带、搬运装备、举升及延展梯、强制进入、搜寻、人员救助、击破并拖拉天花板。从测试内容来看，通过一系列带有消防职业特征的项目设置，从完成项目的动作质量、连贯程度、速度等方面来综合评价求职者的综合体能素质，包括力量素质、速度素质、耐力素质、柔韧素质、灵敏素质等方面。除经常开展体质健康评定外，健康监测技术和装备应用广泛，可穿戴健康监测设备精度高，连续监测时间长，智能分析评价程度高，可在日常训练及生活中及时发现问题并进行预警。

在生理维度上，消防员生理方面的研究主要集中在评价消防作业、消防装备、消防环境等因素对消防员人体造成的生理应激程度，从而指导消防员的科学训练、营养膳食、健康风险评估等方面。通过测量消防员进行各类消防训练及作业的心率、耗氧量等生理指标，开展各类消防训练及作业的能量代谢的评定定级；通过实验条件下设置不同的温度、湿度和烟雾条件来模拟各种场合下的消防作业环境，通过测试消防员的心率、体温、心电图、心输出量、肺通气量、血乳酸等生理生化指标来综合评价消防员的生理机能变化；通过测试消防员的一些生理生化指标的变化来评价消防装备对消防员生理机能的影响，并且保障消防员安全与健康的角度提出消防员的最大负荷量、工作耐受时限等指导值。

在心理维度上，消防作业对消防员除了生理机能的影响，也将产生心理的影响。消防员在进行灭火救援作业时，由于环境的复杂性、长时间高体力劳动消耗、疲劳等因素，加上事故现场的一些不可预见性，往往会造成消防员的紧张、恐惧、反应迟缓等心理状况。国外开展此类研究时，通常都是与研究生理反应相结合，采用测试消防员心率、出汗量、反应时、脑电图、生物肌电等生理指标来评价消防员心理的影响。消防员的职业特殊性决定了其必须具备良好的心身素质和对消防工作的适应能力。国外消防部门通常采用通用或专用的心理测试问卷、交流访谈等测量手段来对消防员的心理健康状况作出评估，包括用以消防员的选拔和日常状态的监控。如英国消防部门在选拔消防员时设置了专门的心理测试环节，用专用的调查问卷（National Fierifghter Questionnaier，NFO）来测试应聘者的个体特质、社会适应等心理健康状态，并建立了相应的选拔标准。目前国外消防科研机构对于消防员心理应激训练的研究重点侧重于训练项目的设置和训练效果的评价。消防员每天面对火灾、交通事故、海难、空难、地震等灾害现场中的悲惨场景，目睹战友的牺牲和生死考验等，这使得消防员容易出现不同程度的身心疾病，如抑郁症、焦虑症、创伤后应激障碍等，甚至出现了自杀、暴力犯罪等倾向。国外研究主要从消防员心理疾病的发病机制、症状反应、诊断方法及标准、应激源、预警及干预手段等方面开展工作。欧美等国家对消防员心理健康的研究、预防和干预手段较为系统全面，消防员可以通过心理咨询室、支持小组、电话邮件咨询等方式获得各种心理健康评测和服务。

在医学维度上，定期开展医学检查的频率高且保持长期追踪，在职业病的流行病学调查及病因机理的研究较多。如通过研究三种火灾训练环境：托盘、定向刨花板（OSB）和模拟火灾 / 烟雾对消防员和消防教官生理反应的影响，研究消防训练火灾环境（装载燃料和结构设计）对消防员所遇到的周围环境条件的影响。调查消防队员在休闲时间的体力活动、心肺健康、心血管疾病危险因素和心血管工作负荷之间的关系。通过对消防员在火场实战演习训练前后进行了步态和平衡测试，研究消防员的心肺功能锻炼影响其在火场实战演习训练后的步态变化。开展消防员损伤的多种干预措施：

防止过度训练、类似敏捷的训练、护口器、半刚性脚踝支架、营养替代物和合成短袜、背部支撑和运动前服用消炎药的有效性评价等工作。

4.3 国际消防救援科技发展趋势分析

随着经济和社会的发展以及科技的进步，世界各国的消防救援科技攻关方向在传统消防科研成果基础上不断调整，相关研究更加注重精准防护，更加以问题为导向，与实际工程应用领域关系更加密切。

4.3.1 火灾防控

4.3.1.1 建筑耐火

世界消防史上，建筑火灾防控和应急救援一直是世界各国关注的重点。不管是建筑防火还是灭火救援，还是相关防火设计标准的规定，其目标都是确保供人类使用的各类建筑物的消防安全，为人类活动提供安全的场所。此目标让世界各国付出了持续不断的努力，研究内容和研究方法不断更新。

1. 建筑材料方面

随着科技的发展，新的建筑材料不断涌现，不仅影响建筑物的结构形式、外观、高度等，也直接影响着建筑物的消防安全水平。如钢筋混凝土新材料让西方的建筑出现了天穹顶、拱券窗；西方工业革命后出现的钢铁，让传统建筑结构发生了革命性的改变，出现了摩天大楼和通透的玻璃幕墙；纳米技术的出现，让建筑材料发生了新的变革，纳米涂料、纳米水泥、纳米玻璃、纳米保温材料等。新出现的建筑材料，需要系统了解其火灾特性，掌握其火灾特性参数，确保其在实际应用过程中的消防安全性。英国 BRE 集团（BRE Group）、新西兰建筑研究委员会（BRANZ）、瑞典研究院（RISE）、加拿大国家研究院（NRC）等，都以问题和客户需求为导向，致力于解决客户在实际工程中遇到的消防问题。因此，在建筑材料研究方面，各国消防科研机构将持续关注各种新材料的热解、燃烧机理及其在实际应用中的防火、耐火特性。

2. 建筑结构方面

传统的钢筋混凝土结构、钢结构和木结构一直是各国研究的重点。近十多年来，因为正交胶合木（CLT）产品的出现，高层木结构建筑防火引起国际消防科研界的极大关注。美国、加拿大、英国、德国、奥地利、瑞典、挪威等国家，纷纷投入大量人力、物力研究木结构建筑的消防安全，探索建造高层木结构建筑的可能性。截至2020年底，全球高层木结构建筑已达近50座，最高者竟达到了85.4m。美国消防协会下设的消防研究基金会更是在奥雅纳（ARUP）、美国工厂互助会（FM Global）、美国农业部、旅行者保险公司（Travelers Insurance）等单位和部门的资助下，开展了为期5年的高层木结构建筑防火专项研究，参加研究的有美国和加拿大木业协会、加拿大国家研究院、加拿大卡尔顿大学、美国伍斯特理工学院（WPI）、新西兰坎特伯雷大学、瑞典研究院（RISE）、澳大利亚木结构发展协会等。高层木结构建筑防火的相关理论和试验研究，在未来一段时间内，仍然是西方各国研究的热点之一。

在传统的钢筋混凝土和钢结构方面，美国“9·11”事件中世贸大厦倒塌，引起了世界各国结构专家对建筑物连续性倒塌的关注。国际建筑研究和创新委员会（CIB）专门针对建筑物连续性倒塌问题召开国际研讨会。建筑物因火灾而导致的连续性倒塌问题，仍将是今后一段时间各国研究的重点之一。此外，钢结构耐火极限的性能化需求、局部火灾温升与受力性能、防火保护隔热性能的现场快速检测、防火防腐装饰一体化、火灾下钢结构破坏预警、预应力钢结构防火设计等，也将是钢结构防火的研究趋势。

在组合结构方面，随着新的连接技术、胶粘技术、新材料的出现，出现了多类型组合结构，如不同材料的组合：内配钢筋的钢管混凝土结构、内配钢纤维钢管混凝土柱等；不同结构的组合：钢–木组合、钢筋混凝土–木组合等。这些组合可充分发挥不同材料、不同结构各自的优势，达到完美的设计效果。但不同材料或结构组合后的结构性能、耐火性能等，需要进行详细的理论和试验研究。

除了传统的三大结构外，新兴膜结构的消防安全问题也将成为各国研究的重点。美国 NFPA 已经制定了膜结构的相关标准，但一些基础性的研究需要进一步深入。

3. 建筑消防安全设计方面

20 世纪七八十年代在英国、美国、日本等国家出现的建筑物性能化消防安全设计，截至目前，仍然是国际研究热点之一。国际标准化组织消防安全技术委员会（ISO/TC 92）集全球各国之力，从火灾的发生和发展、火灾蔓延控制、烟气毒性、性能化设计体系等方面，对性能化设计所需要的设计体系和框架、消防科学基础数据、火灾场景设计、安全疏散模拟、模型验证和确认等进行了系统研究，并制定了相应的国际标准。目前，ISO/TC 92 的各成员国正致力于对性能化设计体系进行完善，并加紧筛选性能化设计过程中所需的数据，如不同场所的火灾荷载密度、人员特性数据、烟气毒性数据等。同时，对相关模拟软件的验证和确认也是各国研究重点。

4. 区域火灾风险评估方面

风险评估起源于 20 世纪 30 年代美国的保险行业，随着现代科学技术的不断进步，风险评估拓展到了建筑消防安全领域。消防安全工程的发展，使火灾风险评估不仅仅局限于单体建筑，美国、英国、日本、新西兰等国家开展了城市区域火灾风险评估，并制定了系列标准。近几年新西兰的 BRANZ 设立了中、高密度住宅区的火灾风险研究项目，试图解决越来越多的中、高密度住宅区高火灾风险问题。针对城市住宅区、工业区或者某些特定区域的火灾风险评估技术、方法和工具，将是世界各国继续研究的重点，并将研究成果用于指导消防力量布局规划中。

新材料、新技术、新方法、新工具不断涌现，即使是传统建筑耐火领域的研究，也会随着新材料、新技术等的出现而不断出现新的研究方向和研究热点，传统研究领域和新的研究领域将相互融合，共同促进，不断推进消防救援科技前沿。

4.3.1.2 防火阻燃技术

对材料或构件进行防火阻燃是降低火灾发生、发展和快速蔓延的重要手段。提高相关材料或制品的阻燃性能一直是各国阻燃专家追求的目标，但随着新技术如纳米技术的出现以及人们对身体健康、环保等需求的提高，阻燃材料或制品除了阻燃性能外，其环保性、耐候耐久性、热稳定性、熔滴问题等，一直是防火阻燃领域的重点研究问题。开发无卤、低烟、低毒、高效的阻燃材料；提高阻燃体系的阻燃效率、耐候性和相容性；将纳米技术与传统无卤阻燃技术相结合，发展新型高效阻燃技术以及相关新型测试和研究方法，在今后一段时间内，仍将是各国研究重点。同时，防火阻燃材料的多功能集成将越来越受到市场欢迎，也将是未来各国防火阻燃技术发展的趋势之一。如用于木材的具有防火、防腐、防虫、防水、防霉等功能于一体的透明防火涂料，目前只有少数国家有相关产品，但相关性能仍不稳定，需要进一步研究完善。

4.3.1.3 安全疏散

安全疏散直接关系到人员生命安全，是各国消防重点关注的研究领域，相关基础研究已比较成熟，但高层建筑、大型商业综合体、地下建筑、火灾中人的心理和行为等，仍然困扰着各国疏散领域专家。因此，新型逃生装置的研发、疏散模拟软件或模块的研发、基于 BIM 或者基于优化算法的建筑消防疏散路径规划研究等成了研究重点。在今后一段时期内，相关研究仍将持续进行。此外，虽然英国、加拿大、美国等国的有些专家在 20 世纪 70 年代就开始了火灾中人的心理和行为研究，但此领域的研究仍然需要精确、细化和充实，以便为各类疏散模拟软件提供更加精确的数据支持。安全疏散是人、环境、安全疏散设施之间的复杂的互动过程，不仅要考虑疏散设施对人的影响，如疏散设施使用的便利性、可用性、有效性，还要考虑环境对疏散设施和人的影响，如火灾、烟气、照明等，更要考虑人对疏散设施、环境的反应，如人对疏散指示标志的反应、对报警声音的敏感度、对高温和烟气的反应等。美国 NFPA 曾对睡梦中的儿童对报警声音的敏感度进行试验研究，发现温柔的女声比刺耳的报警声更能唤醒睡梦中的儿童；美国对疏散走道、楼梯间等的地面照度对人员疏散速度的影响进行了研究，发现并不是地面照度越高越有利于人员疏散；瑞典隆德大学系统研究了人对疏散指示标志设置位置、间隔距离、亮度等的反应。此类精细化、精准化的研究将继续作为消防研究机构研究的重点，其研究成果将不断验证和完善传统安全疏散设计的科学性和合理性。

4.3.1.4 火灾监测预警与早期识别

随着社会和经济的发展以及半导体、微电子、光电、数据压缩、信息提取、图像识别、计算机视觉处理、人工智能、物联网等科学技术的迅速发展，国外火灾监测预警与早期识别技术以市场为导向，在传统监测预警技术基础上，以应用高新技术为先导，以减少误报率、提高可靠性与灵敏度和扩大探测范围为根本目的，不断开展基础理论和应用技术研究，对老产品进行技术改造，以不断提高火灾监测预警系统的火灾探测、报警传输、信号处理、报警控制显示以及与其他系统的联动。今后一段时间内，国外火灾监测预警与早期识别技术的发展方向将集中在以下几个方面。

（1）应用高新技术，对传统产品性能进行研究，不断升级换代。

（2）降低误报率。误报问题一直是火灾报警工业、阻碍火灾自动报警技术发展和科学研究要着力解决的一个难题和一项长期研究课题。虽然目前科学技术不断发展，人工智能技术越来越成熟，智能火灾监测预警和早期报警技术已经得到了很大的提高，但误报问题仍然存在，防误报仍然是世界各国监测预警系统的重要研究课题。

（3）火灾探测技术从能探测到火灾朝着早期和极早期火灾探测方向发展，实现极早期火灾探测的相关技术研究将是研究重点。

（4）提升和完善监测预警和早期探测硬件的相关研究，使硬件不断向小型化、高可靠、功能多、容量大、性能强、功耗低、抗电磁干扰、总线制和少线制、成本低、结实耐用、易安装、易维护和易使用方向发展。

（5）提升和完善监测预警和早期探测软件系统的相关研究，如报警传输协议、信号处理算法、程序和执行软件等，不断完善数字通信传输协议，增加信息传输量、减少数据错误，增强抗干扰性，不断提高区分真假火灾的能力、提高可靠度、减少误报率。

（6）继续加强火灾自动报警联动技术的发展和应用，包括火灾报警系统之间的联动以及火灾报警系统与非火灾报警系统之间的联动，如与环境控制、防盗、闭路电视监控系统，用一个显示器显示所有信息和用一个键盘控制所有系统。

（7）火灾监测预警和早期识别技术的个性化设计。随着消防安全工程的发展，很多国家，如英国、澳大利亚、新西兰、美国、日本等，建（构）筑物设计基本实现了性能化，这种基于性能的建筑消防设计，为火灾检测预警提出了新的难题。个性化的性能化消防设计，也要求其配套的火灾检测预警设备需满足个性化建筑设计的要求。

总之，国外火灾自动报警技术发展的总趋势是朝早探测、广谱探测、空间的多方位和全方位探测、高可靠、少误报、网络化、智能化和个性化方向发展。

4.3.1.5 防烟排烟

防烟排烟技术在美国、英国、加拿大、日本等国家具有较好的研究基础和应用，特别是在机械防排烟技术方面。经过近半个世纪的发展和应用，防排烟技术在国外的研究趋势包括以下几个方面。

（1）持续进行烟气运动规律和特性的研究。烟气运动的规律和特性是防烟排烟技术的理论基础，深入认识和掌握烟气在不同类型建筑内的蔓延特性，是防烟排烟技术发展和高效应用的前提。世界各国将持续关注新型建筑和建筑材料的出现，并研究其发烟特性、烟气毒性以及烟气蔓延规律，为防烟排烟技术的发展提供技术支撑。

（2）加大烟气运动模拟软件的开发和完善。烟气运动规律和特性的相关研究成果，可为防烟排烟模拟软件的开发提供强大的数据支持，软件模拟结果可以验证烟气运动研究成果的科学性和合理性，从而促进相关基础研究的进步和发展。同时，新科技的发展和完善，如三维仿真技术、虚拟现实技术，将大幅促进火灾模型的飞速发展。

（3）加强防烟排烟系统性能化设计研究。随着消防安全工程的发展与进步，很多国家都已经实现了规范标准的性能化，规范允许不能采用传统防烟排烟设计的地方，如某些特殊新型的建筑空间，可以采用性能化的方式，解决个性化的防烟排烟需求。为了满足市场需求，世界各国需加大科研力度，满足防烟排烟系统个性化设计需求。

此外，传统的防烟排烟技术，如自然排烟，如何减少外界环境对防烟排烟效果的影响，虽然国外已有相关产品，但仍需进行深入研究，提升相关技术和产品质量。

4.3.1.6 固定灭火系统

固定灭火系统是公共建筑消防工程的重要组成部分，可有效控制火势。国外对固定灭火系统，特别是水喷淋系统的研究，已经有较长时间的历史，且应用效果比较显著。从固定灭火系统研究趋势来看，国外消防科研机构的研究重点聚焦在三个方面。一是固定灭火系统相关设备的研究，不断提升和完善固定灭火设备的质量、性能和适用场所，使其能够充分发挥灭火剂的灭火效能，如自动喷淋系统喷头的类型、敏感度、应用场所、喷水粒径等。随着社会和经济的发展以及某些特殊场所的出现，适用于特殊场所的固定灭火系统研发也将不断深入，固定灭火系统适用场所的外延将不断扩大。二是不断提升灭火剂的灭火效能。三是加快与新技术的融合，如人工智能，开发智能化固定灭火系统，同时强化和优化与探测、监测等设备的联动。

4.3.1.7 工业火灾防控技术

工业是世界各国国民经济的支柱，虽然国外在预防工业火灾、爆炸方面已经做了大量的研究，但相关火灾和爆炸事故仍不断发生，工业火灾防控将一直是各国关注的重点。国外工业火灾防控技术研究的发展趋势主要包括：持续开展工业火灾爆炸演化机理以及防爆抑爆技术的相关研究。此类研究将伴随工业的发展而不断深入；能够有效捕捉危险化学品发生火灾或爆炸前兆的探测技术、远程检测和隔爆抑爆技术；工业火灾、爆炸灾害模拟技术；工业火灾、爆炸灾害防控、风险评价与预测技术；工业火灾、爆炸应急响应和应急处置研究，包括建立快速响应系统，研发各类应急救援个人防护装备、危险物品检测分析装置、应急救援车辆和器械等。

4.3.1.8 火灾原因调查技术

火灾原因调查在探究灾害事故隐含的火灾科学问题、分析灭火救援与火灾防控的消防科技问题和总结经验教训杜绝类似灾害事故发生方面的重要意义毋庸置疑，欧美及日本等发达国家非常重视火灾原因调查技术的研究。欧美等国家火灾原因调查相关研究一直集中在调查技术、调查装备研发以及调查数据分析等方面，这仍然是今后其火灾原因调查研究的重点。

在火灾原因调查技术方面，针对不同类型的火灾，研究和开发相应的调查和分析技术和方法，如针对电气火灾的短路熔痕在高温作用下如何变化、用于电气火灾物证鉴定技术分析的物理和化学检测方法；针对新能源汽车火灾的原因调查和火灾模拟技术；危险化学品多因素耦合火灾（爆炸）痕迹形成机理和痕迹识别技术以及图像、音频识别和鉴定技术。

在火灾调查装备方面，一方面是提高火灾调查现场装备的精准性和功能多样性，另一方面是用于样品分析的相关分析仪器的研发和升级换代；图像识别和鉴定工具以及火调人员个人防护装备的研发。此外，随着人工智能技术的发展，人工智能如何与分析、识别和鉴定仪器和工具相结合，不断提高火灾原因鉴定的科学性、精准性和高效性，也将是世界各国研究的重点。

在火灾调查数据分析和应用方面，欧美及日本等发达国家充分利用大数据技术，对火灾调查数据进行提取、挖掘和分析，用于指导火灾预防、火灾扑救和火灾原因鉴定等技术的提升以及相关装备的研发等。

4.3.1.9 消防安全管理

国外消防安全管理制度、模式、方法等与其消防体制一脉相承。欧美及日本等发达国家的消防安全管理属于地方自治，地方拥有较大自主权。随着社会、经济的发展和时代的进步，传统消防安全管理体制、机制需不断调整，才能跟上时代的步伐。英国 2016 年将中央消防管理机构从原社区和地方政府部调至内政部，为的是理顺相关关系，加强对各区消防工作的管理和指导。同时，调整消防救援机构的主要职责，确定消防安全责任人，将消防安全管理责任交给各企业主、各组织负责人、建筑物业主等，并通过法律明确规定消防安全责任人的义务。在未来几年消防安全管理方面，欧美及日本等发达国家将在不断理顺国内相关机构之间协调和合作关系基础上，充分利用信息技术、人工智能和大数据等新的技术和手段，完善相关法律法规，不断健全消防安全管理体制和运行机制，开展消防宣传教育，提高消防安全管理水平。

4.3.2 应急救援

4.3.2.1 消防通信指挥技术装备

消防通信是消防工作的重要组成部分。欧美及日本等发达国家的计算机和通信技术发展较快，其消防通信指挥技术装备较为先进。随着信息技术的发展和进步，消防通信指挥体系也越来越完善。

消防通信指挥技术装备的发展跟各种通信技术和装备的发展密不可分。国外发达国家在消防通信指挥技术方面的发展趋势包括：密切关注通信技术和装备的发展，为传统消防通信指挥技术装备拓展必备功能并升级换代；继续加大研究力度，确保通信系统的稳定性，强化数据共享以及相关数据的实时更新；利用人工智能和互联网、物联网技术，实现跨网络、跨平台、跨媒体互通；提升能适应不同灾害环境的应急通信无人机装备，快速深入灾害现场，确保现场通信畅通。

4.3.2.2 火灾扑救技术装备

火灾扑救技术装备离不开各类消防车、消防炮、消防艇等传统消防救援装备，目前世界各国使用最多的也是此类装备。随着制造业技术的提升和新材料的发展，传统消防装备的性能不断完善，功能不断优化，适应性不断加强，灭火效能不断提升，自动化、智能化水平不断提高，这是目前国际上消防装备的重要发展趋势，如适用于山区、丘陵、森林、草原地貌的机动灵活的灭火救援车，自动化程度越来越高的消防炮，智能化消防水枪，灭火无人机以及消防排烟机器人等。

4.3.2.3 消防救援现场处置技术装备

消防救援现场处置技术装备包括传统的破拆、切割、破碎、堵漏材料、泄漏密封袋、围堵、吸附、音频视频探测仪、雷达生命探测仪、搜索定位设备、担架、救生气囊等。该领域未来一段时间内国外的发展趋势包括以下几个方面：

（1）加强传统装备的精耕细作，促进装备向精细化、便携化、集成化、智能化方向发展，并且强调其防护性，在最大限度地抢救人员生命的同时，也能保障参与抢险救援人员的安全。

（2）通过研究，提升传统装备的材质和性能，使其更经久耐用、性能更优，如提高雷达生命探测的远距离探测精度以及降低障碍物对雷达探测精度的影响。

（3）对于侦检类装备，其发展方向是尽量提升其远距离探测功能，如可能遭受核生化污染的区域的探测与化验，需要远距离完成，且自动化和网络化要求程度越来越高，需自动完成采样、分析和数据传输。该类研究将持续不断深入。

（4）消防救援现场处置装备种类繁多，功能多样。救援工具和器材的模块化发展也是国外相关科研机构关注的重点，使现场处置装备能够不断优化结构、简化品种、提高综合性能。

4.3.2.4 消防员防护技术装备

不同领域的消防救援任务需要消防救援人员配备相应的个人防护装备，如石化火灾、山岳救援、水上救援、冰面救援、地震救援、极端环境下的救援等，装备不完备，不仅影响应急救援成效，也会对救援人员的安全带来威胁。因此，欧美及日本等发达国家非常重视消防救援人员个人防护装备的研发和升级换代。此领域国外的发展方向包括：不断提高个人防护装备的整体防护功能，如与热、外力、湿等相关的性能，包括热防护性能、阻燃性能、耐磨损和刀割性能、防水（油）性能以及耐腐蚀性能等；不断提升个人防护装备的集成化和智能化，如消防员在火场中的定位和人体生理指标、环境温度、有害气体的监测等功能的整合与集成，并引入人工智能技术；引入新技术，致力于个人防护装备的轻质化和使用便利性，如纳米纤维技术、人体工程学技术等。

4.3.2.5 系列消防无人装备

消防无人装备是人工智能、机器人技术以及实时控制决策技术发展的产物。在不适合消防人员进入的场所，如核环境、高温、有毒、水下救援和探测、狭小空间等，消防无人装备可代替消防人员完成相关侦查、灭火或救援任务。国外已研发了适合不同场所的消防机器人，但随着智能化技术的发展，消防机器人的智能化越来越高，欧美及日本等发达国家致力于不断提高消防机器人的智能化水平，加快推进消防机器人的更新换代，且消防机器人的功能不断优化，多功能机器人也是国外相关机构研究的重点，如兼具图像传输、烟气清除、人脸识别及灭火功能的消防机器人。

在消防无人机方面，国外研究的重点趋势将是不断提高现有无人机的环境适应性、模块集成和兼容性，并加强其抗高温、爆炸的能力，降低各种外界干扰、负载以及各种波动条件对无人机稳定性的干扰。

国外科研机构的研究方向和领域多数以市场为导向，研究机构会时刻跟进市场需求以及新技术、新材料的发展，及时调整、更新和完善其研究领域和研究内容。就各类灭火救援装备研发而言，因为人工智能技术的发展，特别是5G技术，使智慧烟感、智慧消火栓、消防机器人、无人机、可穿戴智能装备，甚至消防车、消防水枪等，都将迎来新的发展空间，将是世界各国未来一段时间研究的重点。可以看出，随着消防所面临的挑战日益严峻，消防装备研究与建设已经由粗放型向着集约型、精细化、智能化方向发展。

总之，随着信息技术、材料科学的快速发展，作为高度集成应用学科，当前国际消防救援科技向着高度集成化、信息化、高端智能化、人性化方向发展，其中火灾防控相关技术装备以实现建筑物、场所安全为目标，融合物联网、大数据分析等技术，将各类智能感知技术、分析研判技术广泛应用于监测预警、风险防控、固定灭火设施等领域，促进火灾防控技术向着主动型、超早期、高效智能化充分发展；在应急救援技术装备方面，为适应各种类型复杂的灭火与应急救援场景需求，灭火救援技术装备主要向着清洁高效与多功能、无人化、智能化方向发展。

5　消防救援科技发展预测与技术路线图

5.1　我国消防救援科技战略发展方向

5.1.1　火灾防控技术发展方向

2019 年 11 月 29 日，中共中央政治局就我国应急管理体系和能力建设进行第十九次集体学习。中共中央总书记习近平在主持学习时指出，要强化应急管理装备技术支撑，优化整合各类科技资源，推进应急管理科技自主创新，依靠科技提高应急管理的科学化、专业化、智能化、精细化水平。要加大先进适用装备的配备力度，加强关键技术研发，提高突发事件响应和处置能力。要适应科技信息化发展大势，以信息化推进应急管理现代化，提高监测预警能力、监管执法能力、辅助指挥决策能力、救援实战能力和社会动员能力。

改革转制以后，我国消防救援队伍由原来的现役体制向更加专业化、职业化发展，消防救援工作将会与国际接轨。为全面提高消防工作数字化、信息化、智能化水平，必须加速推进现代科技与火灾防控工作的深度融合。

5.1.1.1　创新消防数字化服务和管理，提升社会火灾防控能力

习近平总书记强调，要适应科技信息化发展大势，以信息化推进应

急管理体系和能力现代化，要优化整合各类科技资源，依靠科技提高应急管理的科学化、专业化、智能化和精细化水平。

城市进程的飞速发展进一步突显了传统消防的缺陷，对于消防安全管理，应强化科技赋能，以科技信息为支撑，以数字化网络技术为载体，综合运用城市政务系统、地理消防信息，通过数字监控、远程指挥等手段，开展“数字化排查、数字化监管、数字化分析”，最终实现“数字化防火”，进一步提升我国社会火灾防控能力。今后，基于物联网、大数据、云计算，建立具有状态全面感知、信息高效处理、应用便捷灵活的智慧消防监督管理及消防设施维护管理系统，基于互联网、新媒体、虚拟现实技术的消防安全宣传教育将是消防管理领域重要的发展方向。

5.1.1.2 综合运用新兴信息技术，实现信息化与火灾防控的深度融合

数字化、云化、数字孪生等工业化与信息化融合技术，正在深刻改变着传统行业原有的发展模式。信息化对火灾防控至关重要，主动顺应信息化发展大势，有效提升应急火灾防控信息化水平，坚持立足当前、着眼长远，在国家天空地一体化网络中找准定位，利用信息化提高风险监测预警、智能决策支持、公众自救互救等基本能力。通过物联网、云计算、大数据、移动互联网等新兴信息技术，构建“立体化、全覆盖”的社会火灾防控体系，国家将会采取措施加大消防救援工作和信息化紧密结合的力度，通过加强消防信息化建设，加快火灾防控科技工作的转型升级，实现信息化与火灾防控技术的深度融合，从而实现传统消防向现代消防转变。

（1）在建筑火灾防控方面，大型复杂公共建筑、超高层建筑、复杂地下工程等特殊建筑的防火技术将是研究重点，针对这些建筑，基于消防安全工程学的建筑防火综合设计方法，火灾中人的心理和疏散行为研究，疏散模型和火灾模型的研发，典型建筑空间烟气流动规律、烟气控制理论与技术，灭火系统和烟气的相互作用研究等方面仍是重要发展方向。在建

筑结构耐火方面，围绕新型建筑结构、复杂建筑结构等，开展建筑结构防火保护方法、建筑整体结构耐火安全研究，研发新型防火涂料是重要的研究方向，另外，针对不同类型建筑结构，开展建筑结构倒塌预测预警技术也是重要的研究方向。在工业建筑防火方面，石油石化领域的防火研究仍是重点，另外，随着新能源的逐步推广应用，锂离子电池、氢能系统、光伏系统、风电系统的防火技术研究的重要性日益突显。

（2）在防火阻燃技术方面，从目前国外研究来看，防火阻燃技术趋向环保（生物质阻燃技术、无卤阻燃技术等）、高效、阻燃耐久、抑烟减毒等；防火阻燃材料呈现出环境友好、高性能、多功能化、低烟低毒的发展趋势；同时，防火阻燃材料的评价方法特别是耐候耐久性（防火服役安全性）的评价方法必将成为研究重点。

（3）在监测预警及精准识别方面，对于火灾监测预警及早期识别技术，提高火灾探测可靠性、实现早期报警和使系统更加智能化、网络化是今后火灾探测技术发展的必然趋势。多参量复合火灾探测技术可避免漏报、误报，同时还可以实现早期报警，是今后火灾探测领域的主要方向。智能化火灾探测技术自动化程度高，能主动采集现场环境参数，还可以依据探测出的火灾信号对火场范围、火势大小、烟雾浓度及火灾的蔓延方向和速度给出具体的描述，查询火灾相关参数，是火灾探测技术的重要发展方向。网络化火灾自动报警技术可实现远程控制和数据共享也是人们关注的热点之一。

（4）在灭火剂及灭火系统方面，应切实提高自动灭火系统的智能化、有效性、可靠性、场景适用多样性等是固定灭火系统技术的发展趋势。高层建筑、新能源场所、高架仓库等特殊场所的固定灭火系统的研发是重要的发展方向。新型灭火剂研发是提高灭火系统效率重要基础，是灭火系统的重要研究方向。

（5）在轨道交通及隧道火灾防控方面，隧道火灾具有燃烧速度快，烟气温度高，起火地点具有移动性以及疏散条件差等特点。隧道的特殊结构和空间布局使隧道建筑的火灾研究不能依赖于民用建筑的火灾数据和研究结论。因此，需对隧道建筑结构及防火材料、安全疏散及控灭火系统开展专项研究。

5.1.1.3 加强智能化火灾防控建设，助推智慧城市公共安全水平

作为智慧城市公共安全的重要子模块之一，智能化消防将 GPS、GIS、GSM 和计算机、网络等现代高新技术集于一体，通过减少中间环节，实现报警自动化、接警智能化、处警预案化、管理网络化、服务专业化、科技现代化，提升火灾防控工作的便捷性、安全性和可靠性，助推智慧城市公共安全能力提升。

近些年，国内外各地都在进行智慧城市的建设，而其中重要建设内容之一即智慧消防的建设。智慧消防与传统的消防模式相比较有着明显的优势，建立全面感知实时监测、火灾异常报警及诊断、灾情处置智能决策、消防运维全过程管控的智慧消防系统是主要发展方向。

5.1.1.4 加强火灾原因调查技术储备，完善消防全链条技术发展

1. 火灾现场勘查技术

随着智能识别、人工智能、大数据等新技术的快速发展与日趋成熟，其与火灾现场勘查的结合将是主要的发展方向。火灾痕迹识别方面，在现场痕迹特征及其形成原理明确的情况下，结合大量历史痕迹特征，采用人工智能、远程识别等方式进一步提高现场痕迹识别的准确性及一致性是未来一段时期的研究重点。事故重建方面，着重发展事故现场的三维重构及火灾爆炸事故发生发展过程的重建技术。物证提取方面，关键物证的现场智能识别，快速确定特征属性将是未来的发展方向。

随着智能化、万物互联的进一步发展，越来越多的智能设备被应用

于生活的各个方面，火灾现场勘查中对智能数据采集、应用、分析，并进一步用于起火点、起火原因的确定也是一个重要的研究方向。另外，随着我国法治社会初步建成，火灾现场勘查程序规范化、勘查过程可追溯也必然成为发展的重要方向。

2. 电气火灾事故调查技术

针对新时期我国消防科技面临的机遇和挑战，适应“全灾种、大应急”综合性消防救援的实战需求，重点开展电气火灾原因深度调查等核心关键技术研究，使我国消防救援科技创新能力达到国际先进水平。

实验研究基础设施方面，未来 5 ~ 10 年，电气火灾调查技术研究对基础设施发展模式的精细化水平要求更高，首先应加强与建筑设计、道路交通、环境科学等多学科领域的交叉融合，以数据驱动为基础，构建一整套完善的电气火灾研究实验装置，满足各类建筑、交通工具、电力设施、家电设备等电气火灾原因及灾害成因研究。

现场设备方面，现代化的现场设备是一线火调工作的重要载体，新时代的现场设备建设需要在智能化和国产化方面实现重大突破，加快推进火调装备领域高效、智能和绿色发展。开发高效智能化的火灾现场关键物证识别与智能分析装置，是提升消防自主创新能力和核心竞争力的重要支撑。

鉴定技术方面，面向未来，中国的电气火灾物证鉴定技术，必须以精准、可靠和效率为核心，必须突破关键技术瓶颈，得到国际认可，加快构建中国的电气火灾调查与物证鉴定技术体系。以大数据、云计算等技术研发为支撑，将实验室熔痕判定技术前移至火灾现场，构建适用于现场调查的新型鉴定技术体系，为现场勘验工作服务，实现关键物证搜寻、定位、定性一体化调查新技术，提高一线火调工作的技战术水平和处置常规电气火灾调查的能力。

3. 汽车火灾调查技术

汽车火灾调查技术研究随着汽车技术的发展而发展，研究重点从传统汽车火灾原因调查，逐渐向新能源汽车火灾原因调查方向过渡。

由于传统内燃机汽车与电动汽车主要区别在能源供应系统和动力系统上，因此即使在车辆外形相似的情况下，其火灾特点与火灾原因也存在明显的区别。动力电池热失控成为新能源汽车火灾的主要原因。新能源汽车火灾原因深度调查、火灾危险预警和灭火技术将是新能源汽车火灾研究的发展方向。

4. 危险化学品火灾调查技术

根据近几年我国危险化学品火灾事故发生的情况来看，事故发生频率较高，且损失较大的主要集中在仓储物流和化工生产过程。该类事故涉及危险品量大种类多、危险源多、灾害涉及面积大、痕迹复杂、物证提取困难，因此着重对易燃危险化学品燃爆机理、致灾成因、痕迹规律、现场勘查装备、物证精准鉴定开展深入研究是当前危险化学品火灾调查的技术发展方向。

5. 森林草原火灾调查技术

在新的历史时期，面对新的历史任务，森林草原火灾调查工作将进一步与最新科学技术相结合，主要有以下几个方面的发展方向：

（1）火灾监测技术应用方面。综合利用先进监测技术，结合林火图像识别理论，将数据与现场调查中的痕迹特征、现象结合，综合分析，确定起火点是研究的主要方向。

（2）蔓延及痕迹研究方面。结合森林草原火灾监测数据，提取其中各点位火势燃烧蔓延方向，对火灾后的现场痕迹进行再分析，确认痕迹判定标准的有效性和准确性。

（3）起火机理研究方面。针对不同种类、不同气候条件、不同地理条件的森林草原火灾，建立相应的引火源图谱，对火灾调查及防火工作具有重要意义。

（4）灾后评估方面。开展森林草原火灾发生后的余火监测技术，危险性评估研究，开展基于网络地理信息系统（Web GIS）的森林草原火灾发生后损失评估是一个重要的研究方向。

（5）调查规范及法律问题研究。随着我国法治社会建设进程发展，火灾调查工作的规范性和相关法律问题的研究将成为火灾调查工作的一个研究重点。

6. 视频分析技术及应用

随着视频监控系统的全面推广以及移动电话、平板电脑、行车记录仪等具有摄录像功能的电子设备广泛使用，摄录的视频资料以其实时记录火灾发生、发展和蔓延全过程的视觉直观性、时间连续性、证据合法性等特点在火灾事故调查工作中发挥着越来越重要的作用。视频资料直观、清晰、生动、完整地反映了火灾特征、事实及其形成的过程，有助于火灾调查人员勘验思维的完善和痕迹特征的理解和火灾当事人对火灾原因的认可，同时也利于消防机构对提供人们消防安全意识的宣传教育。

面对形式不一的火灾，火灾视频分析大幅减轻了火灾调查的工作量，简化了工作程序，有力地推动了火灾调查技术的发展进步。在通过视频对火灾过程进行分析认定的时候，调查人员对视频分析工作提出了各种要求和挑战，这促使视频分析人员不能仅靠单一的观察视频画面来辅助火灾调查人员认定火灾原因，而需要视频分析人员对视频资料进行深度的分析和解读，挖掘更多有价值的信息以帮助火灾调查人员。火灾视频分析的发展方向有以下几个方面：

（1）目标移动侦测。在复杂的天气环境中（例如雨雪、大雾、大风等）精确地检测和识别单个物体或多个物体的运动情况，包括运动方向、运动特征等。

（2）物体追踪。对于同一目标物体，在不同视频画面中寻找该物体的行踪和轨迹。

（3）人物面部识别。自动识别人物的脸部特征，并经与数据库档案的比较来识别或验证人物身份。

（4）车辆识别。识别车辆的形状、颜色、车牌号码等特征，并反馈给监控者，可用在被盗车辆追踪等场景中。

（5）火灾调查要素分析。结合火灾动力学对火灾发生过程中烟、火、人、光等要素进行甄别和过程分析，为火灾原因调查和火灾延伸调查提供线索和方向。

（6）起火部位分析。对于起火过程前后关键部位进行清晰化处理和位置比对，实现可还原真实火灾过程的可视化标记和自动化判断。

另外，在实际应用中，火灾调查人员还可利用人工智能、机器学习等技术研究海量火灾视频图像大数据，让计算机学习掌握火灾视频中的起火方式、燃烧特征等特征信息，实现智能、高效、准确地分析火灾视频，认定起火时间、起火部位和起火原因，并对同类火源或同类物质点燃后的视频图像进行比较分析，为原因认定提供可视化证据。

7. 火灾调查数据资源的信息化及应用

一切以数据和证据说话已成为未来火灾调查的发展趋势，数据和证据是技术基础，火灾案例则是经验基础。火灾现场存储大量的原始数据和证据，这个庞大的系统客观上已经提供了非常标准和精准的统计分析资料。从现场勘验、调查询问、模拟试验到物证鉴定、视频分析、专家论证等火灾调查全过程，火灾调查人员都离不开数据，都形成了证据，最终通过各项指标和证据的综合分析得出一个科学的具有参考价值和执行力的分析报告，完整地汇集成火灾案件信息。作为火灾调查人员，必须有数据素养和存证意识。数据和证据带来精确，精确是现代和未来火灾调查的唯一准则。

因此，利用 5 ~ 10 年时间，集中力量打破数据壁垒，制定统一的火灾调查信息资源目录体系和火灾调查元数据标准，搭建火灾调查信息资源服务平台，从源头上规范数据采集、整合和共享服务；基于火灾调查业务属性开展可燃物性质、火灾原因、火灾证据、火灾案件等主题域模型的细化设计，对数据进行科学、合理、标准的规划；建立数据逻辑集中、物理分布、全景逻辑一体化应用的火灾调查大数据体系，是未来火灾调查大数据发展的基石。逐步建立起来的全国统一的火灾调查证据信息采集制度，可以对重大事故或典型案例进行深度调查、证据保全、数据汇交、案情研判和信息关联，最终通过多维异构数据的碰撞、分析发现产品缺陷、安全隐患或犯罪前科，进而提出相关改造工艺、整改措施或案件移交。只有这样才能真正从源头上起到预防火灾的目的，为我国火灾调查研究、火灾风险评估、消防监督管理提供数据支撑和共享服务，体现火灾调查的社会价值和意义。

现场痕迹的大数据应用方面，通过机器分类学习方式开展数据训练，获取 V 字形痕迹、“斜坡”痕迹等各类燃烧图痕，并不断优化算法，获取不同燃烧图痕的特征识别算法，最终达到通过将火灾现场扫描的痕迹图谱数据导入训练好的服务器，服务器智能识别火场燃烧图痕，标识火场典型图痕，协助调查人员有针对性地开展现场勘查。

调查数据统计分析的应用方面，在火灾调查工作中，会对各类事故的发生时间、发生地点、事故原因等数据进行统计分析，得出多维度的数据图表分析，分析结果可为火调人员在产品的缺陷调查、事故的深度调查过程中提供科学依据。

物证鉴定图谱在大数据应用方面，在火灾物证鉴定大数据应用方面，建立标准的鉴定谱图数据库可以显著提高鉴定人员的技术水平以及鉴定结果的准确性。

案例研判分析的大数据应用方面，通过对相同起火物的多案例串并案比对，分析产品质量的深层次原因，可为行业管理和企业产品改进提供方案。比如对同型号家用空调火灾的串并案比对，可以发现并总结该类产品的火灾风险高发区域，为火调人员提供调查思路。

火灾调查案卷管理中的大数据应用方面，大数据技术在火灾档案管理中的应用，一方面提高了管理的信息化，实现了信息的可查阅性，促进了信息的交流和利用率；另一方面，推进纸质档案向电子档案的转变，促进火灾调查数据信息化。例如利用语音识别、图像识别等人工智能技术可以对火灾文书和证据进行标准化和语义化，并通过大数据分析实现案卷的文字识别、智能编目、卷宗查询、语音检索、证据校验、辅助量刑、文书生成等功能。

8. 火灾现场勘查装备

近几年我国火灾现场勘查装备在研发和配备上也快速发展，一方面直接引进国外现有的产品和技术，另一方面针对部分进口产品在国内进行二次开发，在很多领域都实现了国产替代。但装备整体在软件系统功能、成熟度以及硬件方面的精度、智能化程度等同国外相比都有一定的差距，在不少高端领域还是进口装备占优势。未来要不断加强我国自主研发的能力，实现高端核心元件国产化，打破核心技术壁垒，打造火调装备的互通互联技术，实现火调装备高端智能化发展。

5.1.2 应急救援技术装备发展方向

消防队伍作为应急救援主力军和国家队，承担着防范化解重大安全风险、应对处置各类灾害事故的重要职责。而现代灾害事故愈加复杂多变，消防队伍也面临着更多的困难，如灾害现场环境多变、火灾扑救困难、处置需求多样、作战时间持久、实战训练多元以及消防人员的职业安全健康等。针对这些问题，未来我国的应急救援技术装备应集中朝着专业化、智能化、信息化的方向发展。

5.1.2.1 应急通信技术装备

当前消防应急通信与调度指挥存在通信装备不成体系化、复杂建筑场所无线应急通信难以保障、多网异构融合通信能力不足、指挥系统与通信系统一体化程度低、辅助决策智能化水平低等问题。根据“全灾种、大应急”综合应急救援要求，统一指挥、多方联动、协同处置将成为应对突发重特大灾害事故的常态化救灾方式，跨层级、跨部门的信息交流与共享将会更为频繁。

在应急通信技术装备方面，未来应集中展开以下几个方面的工作：

（1）开展面向消防与应急救援的天空地一体化应急通信体系规划研究。

（2）研究灭火救援现场宽窄带信号快速覆盖技术。

（3）研究卫星、公众移动通信、集群通信、常规通信等通信网络的智能异构融合技术。

（4）研制具备卫星通信及地面无线通信功能的轻便型应急通信保障装备。

（5）研制重大灾害现场态势融合及调度一体化技术及平台系统。

通过构建全域覆盖、全程贯通的天空地一体化应急通信网，实现有线、无线和卫星通信网的融合互通，为各级各类用户提供全天候、全时段、全地域的应急通信保障服务，为应急救援快速响应、统一指挥提供可视化通信调度平台。

5.1.2.2 火灾扑救和消防车辆

随着现代科技的快速发展，特别是高层建筑、地下工程及石油工业的大规模发展，使火灾性质愈加复杂多变，传统的灭火剂产品以及单一品种的消防车辆已无法满足经济飞跃发展的需求，开发高效清洁环保的灭火剂和大功率、高效能、多功能、多品种的系列化消防车辆，是新时代消防救援科技发展的主要方向。

在新型灭火剂开发方面，兼具高效灭火与清洁环保特征的替代品研发，是当前及未来灭火剂领域的重要发展方向。一是未来的水基灭火剂研发，在保证灭火性能的同时，还应考虑各类环境风险。进一步优化调聚法合成氟表面活性剂的工艺；不含 PFOS 的 A 类泡沫和蛋白泡沫灭火剂的配方及工艺改进，以求达到更好的灭火效果。突破短链氟表面活性剂的合成技术瓶颈。开展泡沫灭火剂的基础理论研究。二是研发更加高效、环保的粉体灭火基料及添加剂是时代发展的要求。在干粉粉剂配方以及制备工艺方面展开进一步的优化改进，也是未来消防科技研究的一个重要课题。对粉体组分的改良和粉体粒径的超细化是未来发展的主要方向。三是开发研制新型、高效、环保的气体灭火剂及灭火装置是当前及今后亟待解决的科研课题，这应成为我国在气体灭火技术的重点发展方向。

在消防车辆方面，消防车作为消防队伍的重要主战装备和人员、装备器材赶赴现场的主要载体，在现代灭火战斗与抢险救援中发挥着重要的作用。我国的相关消防车辆发展战略，应着眼于研发技术的提高。一是未来需逐步发展具有自主知识产权的高端消防车辆，通过技术引进和联合开发等形式，摆脱进口依赖。只有掌握了核心技术，才能够自主的做进一步的研发改进，制造出更为先进的装备。二是不能仅止步于追赶国外水平，还应敢于创新，整合应用前沿技术，研发智能化、多功能集成化的消防车辆。三是多剂联用举高喷射消防车也是未来消防车辆的一个重要发展方向，具有干粉射程远、灭火方式多、智能化程度高等众多优点。未来应着重发展这种大功率、高效能的多功能消防车。

5.1.2.3 消防救援现场处置技术装备

为了消防救援现场处置技术装备能够满足消防救援队伍的实战需求，提高消防救援人员的实战处置和人员救助的能力，亟须开展两个方面的研究工作：

（1）开展新型自然灾害处置安全化、专业化、模块化装备的研发，包括灾害现场精准侦测与勘察装备、高机动与大载荷的水陆空快速投送装备、便携化与机载化应急救援装备、高效自除障装备、专业化抗洪排涝装备、精准化生命搜救装备等技术装备的研究。

（2）开展生产安全事故处置高效化、智能化、精准化装备的研发，包括高效智能侦检装备、智能化特种破拆装备、沟渠救援模块化装备、建筑倒塌事故救援自保护装备、交通事故高效处置与安全救助装备、山岳与高空救援系列化装备等技术装备的研发。同时，随着科技水平的快速发展，新材料、新技术可不断应用于人工智能化消防救援现场处置技术装备，提高消防救援队伍处置各类自然灾害或生产安全事故的实战能力。

5.1.2.4 系列消防无人装备

随着科技化、信息化进程的高速发展，消防无人装备关键技术将实现多点突破，精准化、信息化、专业化、模块化、智能化程度将明显提升。未来，消防无人化装备的技术发展方向应面向救援功能集成化、救援行为自主化、救援任务协同化、救援装备轻量化开展相关研究。主要体现在以下几个方面：

（1）针对消防作业的无人化需求，能提供多类适用性强的无人装备，完善消防无人装备标准体系、技战术技术，实现消防无人装备的规模化应用。

（2）完成多个消防无人装备综合应用解决方案，能够满足自然灾害和恶性事故等现场对灾情侦察、状况评估和快速处理的需求，在高温高压、有毒有害等特殊环境下，可自主完成人员搜索、灾情探测定位、快速投送、定点抛投、排障、灭火和救援等任务。

（3）能够形成较为完善的消防无人装备产业体系，技术创新能力和国际竞争能力明显增强，产品性能和质量达到国际同类水平，形成消防无人装备协同作业系统，能够根据自然灾害和恶性事故的现场条件，智能协同完成作业任务。

（4）通过新型技术和装备的研发、标准编制和教材编写，将大幅提高消防无人化装备的灾害现场处置能力，保护消防员的人身安全，促进引导研发生产单位的技术发展，提高消防部门使用维护消防无人装备的能力，有效地减少消防人员伤亡，提高灭火救援效能。

5.1.2.5 消防员防护技术装备

消防员防护技术装备主要包括消防员灭火救援相关技术装备、核生化处置技术装备、山岳救援相关技术装备、水域冰面救援相关技术装备、地震抢险救援、极端环境下的防护装备、智能辅助装备、装备洗消与保养技术等，其发展方向是引入新材料、新技术或新工艺以提升装备的安全性和舒适性，同时呈现出各类功能的智能模块化、多重装备的叠加集成化趋势。

对于消防员灭火救援相关技术装备，材料的改性或研发、结构的优化和设计是其未来的主要发展方向。一是传统材料的改进除了结合不同纤维材料进行纱线混纺或并纱之外，还可以通过不同途径研发材料，比如干法制备或湿法制备，也可以通过不同纤维的改性进行材料改性。二是成品服装通过对结构的优化设计可以进一步提升装备的性能，甚至减少装备的层数而减轻负重。此外，薄膜插入技术、纳米纤维技术、吸湿排汗技术也大幅促进了装备的性能提升。

对于其他技术装备，未来可着重进行新材料的研发和新技术的引入。

①对于核生化处置过程中的新材料，卤化丁基胶、硅橡胶等合成胶及聚氨酯材料取代了天然胶；对于山岳救援相关技术装备，新材料如高密度聚乙烯引入、新技术如核心微孔网格支撑技术提升了装备的性能。②对于地震救援，高效轻质的装备是目前的发展方向，相关技术和装备更关注于人员的安全防护和舒适性。③对于极端环境下的应急救援，新材料如改性聚酰亚胺、新技术如多层镀铝膜技术是当前的发展方向。④对于洗消技术，高效能的表面活性剂是当前的发展方向，同时超临界二氧化碳技术等新型干洗技术是一项重要补充。⑤对于辅助装备，外骨骼等智能化技术是当前的发展方向。

5.1.2.6 消防救援训练与职业健康

在消防救援训练方面，目前国内面向在消防训练内容的针对性和科学性的基础研究还处于起步阶段，基础数据的采集以及试验研究开展的较少；科学训练计划的制订以及训练模式还较为传统，专业训练人才较为缺乏，相关技术理论的研究和应用还比较缺乏；消防训练监控方面的技术及装备研究还基本处于空白阶段；实战化模拟训练设施的模拟仿真关键技术的研究水平与欧美发达国家还有较大差距；虚拟化训练和远程化培训关键技术的研究还处于起步阶段；训练考核评估还主要采用人工式监督和记录，数字化、智能的考核评估技术及系统研究尚未开展。

在消防员职业健康方面，一是管理体系尚未健全，虽然制定了少量相关标准、规范、条例等指导性文件，如《消防职业安全与健康》GA/T 620–2006、《消防员职业健康标准》GBZ 221–2009 等，但受政策法规缺失、投入经费大、专业人才缺、前期基础少等现实因素的制约，在实际操作上存在一定的难度。二是信息化管理程度不高，消防员的健康管理手段还停留在单次的体检报告分析，未建立健康管理电子档案，缺乏连续性的健康趋势分析。三是监测预警技术缺失，健康监测装备的应用基本处于空白。

5.1.3 消防救援标准规范发展方向

国家有关法律法规和政策文件要求消防标准化工作要发挥可靠的技术引领和支撑作用。2019 年 4 月 23 日新修订的《中华人民共和国消防法》规定消防产品，建筑构件、建筑材料和室内装修、装饰材料的防火性能必须符合国家和行业标准的要求。《国务院关于加强和改进消防工作的意见》（国发〔2011〕46 号）第九条规定：要及时制定消防法实施条例，完善消防产品质量监督和市场准入制度、社会消防技术服务、建设工程消防监督审核和消防监督检查等方面的消防法规和技术标准规范。有立法权的地方要针对本地消防安全突出问题，及时制定、完善地方性法规、地方政府规章和技术标准。直辖市、省会市、副省级市和其他大城市要从建设工程防火设计、公共消防设施建设、隐患排查整治、灭火救援等方面制定并执行更加严格的消防安全标准。《消防安全责任制实施办法》（国办发〔2017〕87 号）第十五条规定，机关、团体、企业、事业等单位应当落实消防安全主体责任，按照相关标准配备消防设施、器材，设置消防安全标志；保障疏散通道、安全出口、消防车通道畅通，保证防火防烟分区、防火间距符合消防技术标准；保证建筑构件、建筑材料和室内装修装饰材料等符合消防技术标准。

按照《国务院关于印发深化标准化工作改革方案的通知》（国发〔2015〕13 号）等有关要求，住房和城乡建设部于 2016 年 8 月发布了《住房城乡建设部关于印发深化工程建设标准化工作改革意见的通知》（建标〔2016〕166 号）。按照通知要求，我国工程建设标准将坚持放管结合、坚持统筹协调、坚持国际视野的原则。立足国内实际情况，在更好发挥政府作用的同时，充分发挥市场在资源配置中的决定性作用，一方面加快制定全文强制性标准，逐步用全文强制性标准取代现行标准中分散的强制性条文；另一方面，不断优化完善推荐性标准并培育发展团体标准，强化标准质量管理和信息公开。到 2025 年，将初步建立以强制性标准为核心、推荐性标准和团体标准相配套的标准体系，使标准有效性、先进性、适用性进一步增强，标准国际影响力和贡献力进一步提升。在更好发挥政府作用的同时，充分发挥市场在资源配置中的决定性作用，提高标准在推进国家治理体系和治理能力现代化中的战略性、基础性作用，促进经济社会更高质量、更有效率、更加公平、更可持续发展。

“十三五”期间，我国消防安全标准体系逐步完善、标准制修订工作取得长足进展。消防领域首批列入强制性国家规范的三本全文强制标准：《建筑防火通用规范》《消防设施通用规范》《可燃物储罐、装置及堆场防火通用规范》均已启动相关编制工作。同时，国家标准《建筑防烟排烟系统技术标准》GB 51251-2017、《汽车库、修车库、停车场设计防火规范》GB 50067-2014 启动修订工作。同时，配合国家“一带一路”建设，承担国家标准《水喷雾灭火系统技术规范》GB 50219-2014 的中译英工作，遵守完整、准确、规范、统一的原则，推动标准在主要贸易国和“一带一路”沿线国家的应用。这些工作为规范和提升工程建设领域的消防安全技术水平和消防标准化水平提供了重要技术支撑。

应急管理部于 2019 年 7 月 7 日发布《应急管理标准化工作管理办法》。这是机构改革以来应急管理标准化工作方面的重要制度创新，体现了加强优化规范应急管理标准化工作的顶层设计。根据《深化党和国家机构改革方案》《国务院机构改革方案》和应急管理部“三定”规定，应急管理部设立标准化工作领导协调小组，统一领导、统筹协调、监督管理应急管理标准化工作；应急管理部政策法规司对标准化工作加强统筹协调，履行归口职责；应急管理部负有标准化管理职责的有关业务司局和单位具体管理相关领域标准化工作，履行业务把关职责；应急管理部管理的各有关标准化技术委员会及其分技术委员会则是专门从事应急管理标准化工作的技术组织，为标准化工作提供智力保障，履行技术把关职责。

目前，我国涉及消防的标准主要由 SAC/TC113 归口管理。截至 2019 年底，TC113 负责归口管理且已发布实施的国家标准共有 279 项，行业标准 182 项；在编国家标准 102 项，行业标准 121 项。这些标准的技术内容已基本涵盖了防火监督、灭火救援、消防产品质量监管、消防管理等消防工作各个领域，为消防部队正规化建设、社会面火灾防控、消防产品市场准入和使用监管提供了可靠的技术支撑。消防体制改革之后，消防领域行业标准不再使用公安部归口的公共安全行业标准代号，消防领域行业标准成功申请到新的行业标准代号（XF）。

在国际标准化方面，TC113 对口的国际标准化组织包括国际标准化组织 / 消防安全技术委员会 / 火灾对人和环境的威胁分技术委员会（ISO/TC92/SC3）、消防安全技术委员会 / 消防安全工程分技术委员会（ISO/TC92/SC4）、消防员个人防护装备分技术委员会（ISO/TC94/SC14）、消防设备委员会 / 手提式灭火器分技术委员会（ISO/TC21/SC2）、消防设备委员会 / 火灾探测报警系统分技术委员会（ISO/TC21/SC3）、消防设备委员会 / 使用水的固定灭火系统分技术委员会（ISO/TC21/SC5）、消防设备委员会 / 泡沫和干粉灭火剂及灭火系统分技术委员会（ISO/TC21/SC6）、消防设备委员会 / 气体灭火系统分技术委员会（ISO/TC21/SC8）。已发布实施的我国消防标准中采用国际标准的 55 个，在编的消防标准中采用国际标准的 12 个，其中建筑固定灭火设备、灭火器、建筑构件耐火性能试验方法、点型感烟火灾探测器、点型感温火灾探测器、火灾报警控制器、手动火灾报警按钮、线型感温火灾探测器和可燃气体报警控制器等重点消防产品的标准均采用或参考了国际标准的技术内容。

消防救援标准化的发展与现有消防行业形势的发展密不可分，主要表现在：

（1）固定灭火系统领域，当前的主要发展集中在高层住宅家用喷水灭火系统、固定式压缩空气泡沫灭火系统、液氮灭火系统、D类干粉灭火系统、电动客车用动力蓄电池箱火灾抑制装置等产品，解决“高、低、大、化”消防关键难题。另外，针对如风电机舱、汽车发动机舱、公交汽车客舱、电动汽车电池仓、低沸点液体储罐、公路铁路隧道、高铁列车等特殊应用场所和保护对象，也在进行针对性的产品研发和应用方面的研究。随着环保高效气体灭火剂的研发不断深入，相应的气体灭火系统研发、应用和推广也不断取得成效。随着智慧消防理念的不断深入，许多企业和研究单位也在开发智能物联型的消防产品，如智能消火栓、主动型喷水灭火产品等。

（2）灭火剂领域，随着基加利协议在我国生效日期的日益迫近以及PFOS淘汰工作的推进，将面临自20世纪90年代哈龙淘汰后又一次技术革新与产品换代。新型气体灭火剂及灭火技术的需求越来越迫切，建立完善的评价手段与方法的需求日益迫切，我们要打破之前过多关注灭火剂产品灭火性能而忽视与环境密切相关的环保性能［例如消耗臭氧层的臭氧耗减潜能值（ODP）、温室效应潜能值（GWP）以及大气中存活时间等］的观念，适应大应急理念，鼓励社会各界开展具有自主知识产权的新型灭火剂的研究与开发。

（3）消防器具产品领域，随着全球绿色环保、节能理念的日渐普及，未来的发展趋势是加强对新型轻质高强度材料、环保材料和节能技术在消防装备器材领域的应用研究，系统地推进消防车、消防泵、消防枪炮、消防机器人、消防供水器具、消防器具与抢险救援、逃生避难器材等产品的标准整体建设，不断地完善该领域的标准体系建设，使其更加系列化、整体化、规范化。

（4）消防电子产品领域，未来的发展趋势是充分利用、完善火灾探测报警技术，并在此基础上找到更加可靠的火灾判据，开发出火灾报警系统的基础软件，采用模糊逻辑、神经网络等智能算法，主动获取火灾参数重要的细微信息探测和韧性信息，让自动报警系统能够模仿人对火灾的某些判断过程，研制智能化程度高、抗干扰能力强、误报率低、能够适用多种特殊环境的多用途、复合型智能火灾探测器及火灾探测报警系统。采用智能化的火灾探测算法处理火灾探测器提供的火灾信号从而降低误报和漏报，增强系统的可靠性。随着物联网技术、云技术以及智能家居技术的发展，消防电子产品实现物联、网络化，集中监管各种火灾探测报警数据，利用云计算技术实现多点侦测环境变化趋势，提升火灾探测能力，也是必然的发展趋势。此外针对老旧建筑，开发可用手机 App 实时监控的小型独立式火灾探测产品，也是火灾探测报警技术的发展方向。

（5）电气火灾防控领域，未来发展趋势是综合分析电气火灾的特征参量，建立火灾预警数据库，通过大数据和云计算的分析方式建立多种火灾预警模型，通过物联网技术提升电气火灾监控系统产品的智能化程度，建立基于物联网平台的智能终端，实现数据共享和智能化监管。

（6）阻燃材料及制品领域，未来的发展趋势是加强对绿色环保型防火阻燃材料的研发，促进环保型阻燃建筑材料（如防火涂料堵料、耐火阻燃电缆等）在建筑工程中的推广和应用，摒弃以环境污染为代价来提高建筑材料阻燃效果的非绿色措施，利用可再生资源或可循环使用的材料作为生产原料，提高防火阻燃材料的低毒、低烟性能，降低环境污染，达到降低建筑物火灾荷载，降低材料燃烧时的烟气浓度和毒性，为火场疏散逃生创造条件。研发产品包括绿色环保的防火涂料和防火板材、无卤电缆孔洞防火堵料、新型阻燃处理剂等。

（7）在建筑构件耐火性能测试评估领域，未来发展趋势是采用更精细的高温材料模型，模拟真实结构的火灾反应；以保障建筑消防人员安全和降低结构耐火成本为目标，确定结构耐火性能指标，进行结构耐火设计；发展新的结构耐火试验技术，建立以空间框架结构为对象的耐火试验方法。由于环境保护和节能政策要求，实体化的耐火试验越来越受到限制，因此建筑构件耐火性能试验结果的直接应用和扩展应用技术的研究工作日趋重要，相关标准的制定需求也日趋紧迫。

（8）在建筑耐火构配件研究领域，防火门产品品质趋向高档化，在满足防火性能要求的同时更注重装饰性、人体健康安全性和防烟性能等需求，大开度、使用可靠的单扇防火门是发展方向。建筑通风和排烟系统的防火阀、排烟防火阀、排烟阀等产品，尽量降低阀门关闭后的火灾高温烟气泄漏量是其性能发展趋势。常开防火门的自动闭门装置、具有自动关闭功能的防火门铰链、在常温状态下具有一定密封防烟性能的防火膨胀密封件等产品，是未来耐火配件产品的发展方向。“智慧消防”的建设发展，对防火门、窗配用的锁具、闭门等五金件以及防火阀门类产品中有关产品使用状态监控、启闭性能控制等要求提出了需求。

（9）社会消防安全管理领域，未来的发展趋势是贯彻落实党的十九大精神，以习近平新时代中国特色社会主义思想为指导，完善各类行业、社会单位消防安全管理标准，保障各行各业在落实消防安全责任制，实施消防安全标准化管理，综合运用物联网、云计算、大数据、移动互联网等新兴信息技术，加快推进“智慧消防”建设，形成全覆盖的社会火灾防控体系，全面提升社会火灾防控能力，实现“传统消防”向“现代消防”的转变。

（10）灭火救援技术领域，未来的发展趋势是不断优化完善体能技能、战术操法、车辆装备和作战编成训练，强化模拟仿真和实战演练，量化各级指挥员、各岗位战斗员能力考评标准，具备与灭火救援工作相适应的现代理念、现代机制、现代手段；结合灭火和应急救援工作的特点，不断在实战中吸取经验教训，借鉴国内外优秀科学研究成果，开展灭火以及应急救援技术和战法研究，推进消防科研和技术创新成果向标准转变，为提高消防部队处置重特大火灾能力提供技术支撑。

（11）消防信息化技术领域，建立健全消防信息化与应急通信领域标准体系，开展消防信息化、应急无线通信频谱特性与应用场景适应性关系、消防无线通信类设备通用性能检测与验证、消防无线通信类设备技术要求检测与验证、消防移动应用、消防信息化运维保障管理等领域的标准研究，研制灭火救援数字化预案、无线通信基站类设备实战操法使用规范、消防无线通信类设备技术要求、消防信息化运维保障管理等标准。

（12）火灾调查技术领域，急需制定适合火灾调查工作需要的火灾视频分析技术标准，建立规范的火灾视频提取固定、检验鉴定等标准，为火灾调查提供新的技术支撑；建立实验室材料热解的TD前处理方法，进一步补充、完善火灾物证鉴定标准；修订完善国家标准《火灾技术鉴定方法》GB/T 18294.1 ~ GB/T 1829.6 系列标准中的气相色谱法，填补燃气爆炸火灾物证鉴定标准的空白。

（13）消防员个人防护技术装备领域，未来发展方向是按照“智能化、标准化、数字化、轻便化、高效化、通用化”的要求进一步提高装备性能，减轻装备重量，从“整体防护、有效防护、积极防护”的总原则出发，增强防护装备的整体防护功能。采用新材料、新工艺用于研制新型、高性能的防护装备，建立消防员个人防护装备整体性能测试手段，从消防人体生理学的角度探索消防员在各种条件下从事灭火战斗的体力状况和极限，研制各种防护装备材料对火场辐射热、火焰热、对流热等热防护性能试验装置，采用假人技术配以模拟火场环境“消防假人”测试系统，模拟火场的实际效果，测试防护装备材料乃至于装备整体性能。运用人机工程学、工效学等现代先进理念，对防护装备进行测试和评估，通过技术研发带动装备发展。

（14）建筑消防安全工程技术领域，未来发展方向一是紧跟建筑消防安全工程领域新技术、新材料、新产品的发展进步，开展其工程应用的标准化研究，适时提出适应我国国情的标准，以推进相关新技术、新产品和新方法的应用；二是针对既有建筑和城市不同功能区域，研究建立相关消防安全评估方法和技术标准，以满足消防应急救援与日常监管等业务需求。

随着我国“十三五”期间全面建成小康社会的目标即将完成，第一个百年奋斗目标即将实现，我国将进入向基本实现社会主义现代化进军的全新阶段。目前我国正处在转变发展方式、优化经济结构、转换增长动力的关键时期，社会治理现代化进入全面推进期。城市化进程和美丽乡村建设的发展、市场化的深度改革、以 5G 技术为主要标志的新技术突破、人口老龄化突显等，这些都将不断推动消防标准化的进程，使消防标准化工作面临新的机遇和挑战。同时，随着工程建设领域标准化改革工作的进一步深入，消防救援体制改革的逐步落地，以及健全国家应急管理体系，提高处理急难险重任务能力的现实要求，也将对消防标准体系的健全和工作机制的优化提出更高的要求。

5.2 战争时期消防科技发展方向

环顾当今世界，霸权主义、强权政治和新干涉主义有所抬头，地区冲突和动荡此起彼伏，恐怖主义、海盗活动层出不穷，核安全、能源安全、网络安全形势严峻，贸易战、汇率战轮番出现。各种国际力量都想在乱中求变、乱中谋利，围绕权力和利益再分配的斗争十分激烈。可以说，世界正面临着前所未有之大变局。虽然当前和平与发展的时代主题没有变，但是未来战争的威胁必须引起我们高度警觉。

习近平总书记指出：我们并不希望打仗，不打仗最好，但军人没有随时准备打仗的观念，那就是个很大的问题了。这段论述同时也适用于我们消防救援队伍。作为国家综合性应急常备骨干力量、作为应急救援“主力军、国家队”，防范化解重大安全风险、应对处置各类灾害事故是我们的职责所在。“坚持人民至上、生命至上。在人民群众最需要的时候，冲锋在前，救民于水火，助民于危难，给人民以力量”是习近平总书记对消防救援队伍的重托。因此，消防救援队伍必须未雨绸缪，居安思危，预先研判，提前谋划，事先准备，才能在未来战争来临的时候做到心中有数、胸中有策、手上有招，刀山敢上、火海敢闯。

5.2.1 战争时期应急救援工作面临形势分析

5.2.1.1 战争时期消防救援工作面临的形势特点

习近平总书记指出：现代战争是体系和体系的对抗，一体化联合作战成为基本作战形式。平台作战、体系支撑，战术行动、战略保障，已经成为现代战争的显著特点。现代战争还有其他一些特点。比如，战争的时空特性发生重大变化，多维战场空间融为一体，战略、战役、战术行动界限趋于模糊，时间要素不断升值，战争进入发现即摧毁的“秒杀”时代。还比如，运用精锐力量实施精确作战的特征更加突出，在防区外对全纵深目标进行中远程精确打击成为重要作战方式。再比如，作战指挥日趋扁平化，作战组织和管理日趋标准化、流程化、精细化。又比如，无人作战、空天战略打击、新概念武器以及高效毁伤弹药的运用，已经并将继续改变战争面貌。

现代战争的这些特点，必然会导致应急救援工作面临的灾害事故更加复杂，处置任务更加艰巨。战争时期消防救援工作面临的形势特点有以下几个方面：

（1）传统武器远程精确打击会引发复杂火灾。战争中，敌对势力往往会选择涉及国计民生的战略目标进行精确打击。党政机关、油水电气企业、交通枢纽、能源储备、标志性建筑等要害单位都有可能遭受攻击。和平时期，火灾一般会经过初期阶段、发展阶段然后再到猛烈阶段，但在战争中，一旦遇袭，极有可能会直接跨越初期和发展阶段，火势会直接来到猛烈阶段，燃烧快、蔓延快，发展猛，而且会伴随爆炸，形成大面积、立体燃烧，政治影响大、社会影响大，财产损失大，人员伤亡大，扑救困难大。

（2）非传统武器杀伤力强破坏力大。非传统武器是指核武器、生物武器和化学武器。它们的共同特点是伤害途径多、杀伤范围广、持续时间长。特别是核武器，有巨大的热量，可融化钢铁，有巨大冲击波，可摧毁一切建筑物，还有巨大的核辐射污染。放射性尘埃会随风飘远，进一步影响其他地区。如不对辐射装置用过的水加以处置，使其渗透到地下，会严重污染水体。放射性物质对生物，尤其对人体的效应巨大，受放射性辐射后几分钟、几天或几周内死亡，造成放射性疾病，引起致癌性体细胞突变，影响后代的遗传突变，怀孕时对胚胎儿的影响等。处置核事故极其复杂、危险，不利因素很多，对侦检、控制、个人防护、疏散救人行动都有特别的技术要求。

（3）新概念武器极易引发特殊灾害。新概念武器主要包括高能激光武器、高功率微波武器、动能武器、基因武器和地球物理环境武器等。其中地球物理环境武器又称气象武器和应急救援关联最大，它可以人为制造地震、海啸、暴雨、山洪、雪崩、气雾等局部自然灾害，破坏力强、波及面广、人员伤亡重、易引发次生灾害、易造成社会秩序局部混乱、设施损坏严重，救援特别困难。

5.2.1.2 战争时期对消防救援工作的需求

针对现代战争时期消防救援面临的形势特点，对消防救援实战业务和消防救援技术装备发展提出以下需求：

（1）增强战备意识，构建战前预响应与战时消防救援战勤战备、应对机制，编制战时消防救援专项应对预案，开展战争战备思想教育、战前消防救援预动员、战时军消警地统一协调联动应急响应机制建设，开展体系化战时消防救援技战术模拟演练与培训，使消防官兵在面对集“多、大、广、难、危”于一体的战争灾害时，具备临危不乱、协调统一应对战争灾害威胁的能力。

（2）开展战争专业理论与战时消防救援专项技能研究，面对现代战争及其引发的灾害事故可能出现的严重危害，加强对空袭中各类弹药对建（构）筑物和人员可能破坏特征，已爆弹药对灾害现场的污染防护和未爆弹药对救援人员的危害机制等方面研究，加强对战争灾害救援的意识、认识、应急技能、安全防护技术与装备等方面的研究。

（3）构建具有韧性的战时消防救援通信指挥网络体系。消防救援部队现行的通信指挥网络形式主要包括：一是以移动和固定公共网格为依托，各级消防指挥中心为主体建立的指挥平台；二是应急管理部专网和数字集群短波通信网络为依托建立的联动指挥平台；三是以短波电台网络为依托建立的城市三级作战指挥平台。此外，还有依靠手机、电话等建立的固定、移动、卫星通信手段。而现代战争常以瘫痪敌方的通信网络体系开始，这就需要消防救援队伍构建起具有较强抗打击能力、稳定性和韧性的战时灭火救援作战通信指挥网络，保证在城市基本通信系统遭受破坏而瘫痪之际，具有完善的消防救援通信指挥作战能力。

（4）完善战时物资保障与战备恢复机制。针对战争灾害以及战争环境下消防救援特点，建立战时所需战斗人员和物资、装备保障的快速高效生成、投送和补给机制与技术体系，构建保障消防救援战斗总体效能持续最大化的战时战备恢复机制。

（5）夯实应对战争灾害的城市专项消防设施建设，重点开展战时城市消防供取水系统建设，实施多水源环状分段模块化建设，增加替补水源设置，确保在战争条件下，城市供水系统在局部破坏情况，实现与总管网的快速切断与维护修理；建立战时城市供水管网维护和供水保障预案，强化战时供水效能。开展战时消防力量物资储备和避险场地建设，构建安全高效、韧性的战时救灾通信指挥系统平台，构造坚实有力的战时消防战勤保障体系，形成强大的消防救援力量生成能力。建立可实施大规模、大跨度，快速高效的战时消防救援力量和物资补给的投送系统，以及基于云端大数据的战时信息化指挥调度体系和机制。

5.2.2 现代战争灾害消防救援行动特点

现代战争以精准制导武器为主的空袭行动以及渗透性破坏活动具有突然性和隐蔽性，使得现代战争灾害具有明显的突发性和不可预测性特征。而且一旦战争爆发，战争范围往往不可控，会形成点多面广的受灾区域。同时，现代武器的破坏性，遭受攻击的区域常会出现大量人员伤亡、建筑和桥梁等设施损毁坍塌、管道燃气泄漏、生产设施破坏而形成大范围火灾爆炸灾害事故，甚至出现山体滑坡、河流决堤等地质灾害。因此，战争灾害多是以多种复合灾害的形式出现，具有较强的复杂性。应对现代战争灾害，消防救援队伍开展灭火应急救援行动过程主要呈现以下特点：

（1）灭火救援出动力量多、时间长。现代战争灾害的延续性、破坏性和复杂性，使得战时灭火救援点多面广，甚至面临危险大、处置难的大规模建筑坍塌，生产设施爆炸燃烧等大规模复杂灾害。这需要在灭火救援过程中投入大量消防、公安、医疗等社会联动力量。超负荷、长时间作战将成为战时灭火救援的常态。

（2）灭火救援指挥和实施难度大。城市是现代战争攻击的重点区域，城市是社会财富大量聚集、人口密集度高的区域，一旦战事蔓延，城市设施遭受攻击，消防救援队伍将面对大量重特大灾害事故。严重复杂的灾情，二次灾害和袭击将带来巨大的危险，使得灭火救援难度更大。这需要协调联动多部门、军种力量参与应急救援，这将对战时指挥救灾面临严峻的考验。

（3）消防救援队伍安全保护需求突出。现代战争中，除了军事目标外，工业、通信、水电、防灾等重要民生和民防目标也是空袭重点。针对现代战争灾害处置，消防救援部队不仅要应对救援过程中恶劣的交通条件，战争引发的各种复杂灾害及其次生灾害带来的巨大安全威胁，还要防范灾害现场爆炸及敌方针对消防站点和人员车辆袭击带来的危险，使得战时消防救援人员的安全防护需求更加突出。

（4）灭火救援战勤保障要求高。现代战争通常引发大规模的建筑、重要基础设施特坍塌燃烧，石油化工等战略物资生产企业爆炸燃烧，以及地质灾害等重特大灾害，造成大量人员伤亡。高负荷、长时间、高危险环境下的灭火应急救援行动将大幅增加灭火救援装备和灭火药剂的损耗。不同于和平年代的个别重特大灾害事故处置的战勤保障需求，这需要在国家或战区层面对灭火救援物资进行总体调配和保障。如何有效实施战时物资科学调度与保障、配送，将成为影响灭火救援成败的关键。

5.2.3 战争时期应急救援技术发展方向

战争时期的应急救援，任务更加艰巨、对象更加复杂、环境更加恶劣，这就要求消防救援队伍在技战术研究、预案制订、专家技术支撑、装备配备上要更有前瞻性、全局性、长远性。战争时期应急救援科技应重点朝以下方向发展：

（1）战争灾害的应急救援技战术。战争时期的灾害事故情况复杂，规模宏大，需要大兵团、多兵种联合作战，在应急救援技战术上要有充分准备，要针对战争灾害特点，组织开展针对性的研判分析与应急处置技战术方面研究，使得战时消防救援过程中的风险评估要更有预见、力量调派要更加迅捷、组织指挥要更加高效、作战编成要更加合理、力量投送要更加精准、作战行动要更加规范。

（2）应急救援预案。探索综合运用 VR 虚拟现实、三维实景、交互仿真等手段，制作战略目标实景数字化预案，从最不利角度设想、按最复杂情况设定，有机结合预案开展远程实景熟悉、战术推演训练，在针对战争灾害的消防救援现场实现对作战对象“一键式”实地、实物、实案再现，实现作战任务实、针对提示准、信息支撑强。

（3）应急救援专家技术支撑。吸纳建筑设计、石油化工、核生化应急、自然灾害防控、交通运输、医疗卫生、爆炸技术、环境保护等行业系统的专家学者组建应急救援专家组，充分发挥“中军帐”“智囊团”作用，完善课题攻关、联席会商、信息互通、培训授课、视频会诊、辅助决策、协同指挥等常态化制度，为处置战争时期灾害事故提供智慧和技术支撑。

（4）应急救援装备。为适应战争时期灾害事故特点，应急通信技术装备要突出自成体系、天地互联、全域互通、精准定位，建设完善安全高效可靠的战时救灾通信指挥系统以及战时消防救援灾指挥平台，提高系统指挥的独立性和稳定性；火灾扑救装备要突出无人化、远程化、智能化；消防救援现场处置技术装备要突出便携性、机动性、专业性；消防员防护技术装备要突出安全性、舒适性、持续性。

（5）应对战争灾害的城市专项消防设施规划。为处置战时大面积爆炸燃烧灾害，需加强战时城市消防供取水系统建设与规划，根据战时供水需要进行供水系统的优化设计和改造，提高战时城市供水系统生存保障能力。加强战时消防力量物资和避难场地建设与规划，结合交通基础设施、重点保卫对象或消防站附近的地上或地下民防工程，合理设置消防车辆和人员战时安全避险和休整场所。

（6）构建坚实有力的战时消防战勤保障体系。构建完善的战时消防战勤保障机制，针对保障对象重点和要求，建立多区域多层次联动响应机制，优化战勤保障能力，科学配置战时消防灭火救援资源，强大的消防灭火救援力量生成能力，构建高效的灭火救援力量投送系统。

（7）加强战争灾害灭火救援针对性训练与演练。完善战时消防救援训练机制，加强平战结合，针对战争灾害灭火救援需求，拓展训练科目和内容，开展相应技战术训练与虚实融合模拟演练，提高战争灾害消防救援处置能力。

（8）建立战时协调统一的消防救援指挥决策系统平台，加强战时消防救援通信指挥机制建设，在《执勤战斗条令》等作战和通信指挥规定基础上，完善针对战争灾害处置的作战指挥原则和机制。以人防应急指挥系统工程等战时灾害事故防控与综合应急指挥平台为支撑，构建在通信瘫痪干扰情况下的军消警地多级协调联动与属地统一指挥机制，建设战时韧性灾害事故综合救援指挥决策系统平台。

5.3 消防救援科技领域技术发展预测

5.3.1 火灾防控领域技术发展预测

5.3.1.1 建筑火灾防控

建筑防火的基石是以建筑具有相应耐火性能为出发点，进而按照防火分区、防火分隔单元进行防火分隔，从而将火灾限制在可控的范围内。近年来，随着经济的快速发展，大型商业综合体、超高层建筑、复杂地下空间开发不断涌现。除传统的做法外，建筑防火技术趋于与使用功能相结合的精准防护方向发展。

以消防安全工程学为设计指导，研究火灾中人行为，火灾蔓延规律，从而服务于建筑的使用功能。在建筑结构耐火方面，需要进一步开展楼板、梁、柱等承重建筑构件，特别是巨型结构的耐火性能测试及数值模拟分析研究。从防火分隔角度，有关区别于防火墙、防火隔墙、防火卷帘等的特殊分隔技术的研究，以适应建筑使用功能特别是商业运行的需要，同时保证消防安全。人员安全疏散技术，包括人员荷载确定及疏散设施设置等，将以更好地服务于日常使用及消防安全作为出发点来进行设计。

5.3.1.2 火灾原因调查

1. 火灾现场勘查

未来几年，火灾现场勘查过程将实现规范化、智能化，准确性也将大幅提高。规范化方面，火灾现场原始状态实现全部重构留存，勘查过程实现全程记录，主要痕迹特征可追溯，物证提取鉴定与现场勘查无缝衔接；智能化方面，火灾现场典型痕迹识别实现智能化，疑难火场勘查实现专家远程协助，普遍实现火调人员持有现场调查智能终端，破解火灾现场勘查仅靠经验分析的弊端；准确性方面，火灾爆炸现场典型痕迹特征将实现准确识别，在此基础上，起火部位起火点认定将有明确的数据支撑、科学推导，实现认定过程标准一致，认定结果科学准确。

2. 电气火灾调查

电气火灾调查作为火灾调查工作的一部分，将随着科学技术的发展而进步。以人为本作为现代社会发展的标志，事故调查和分析的最终目标就是最大限度地减少火灾对人员的伤害以及对环境的危害。为实现这个目标，电气火灾调查就必须能够从庞杂的信息和因素中剥去表象，挖掘本质，找到正确的整改途径，并保证这些整改能够全部落实。电气火灾调查技术的发展趋势，由单一事件的火灾调查转向数起同类事件的火灾调查，由物品痕迹的调查转向数据分析的调查，由人员实施调查转向人工智能调查。

随着材料科学的发展，更多具有记忆功能、储备功能、复原功能的新材料将应用于电气设备的制造与应用。这类材料的自身性能，为电气火灾事前的故障自诊断与事后的自恢复提供了新的途径和技术前提。电气火灾调查技术由传统的人工调查取证和实验室分析，转变为高度智能化的数据溯源和过程反演复原，实现事故过程的全要素重建，彻底改变现有的电气火灾事故调查模式。

随着量子物理理论的发展，物证分析技术中基于经典物理理论和现代分析技术建立的理化分析方法将不再适用，微米级、纳米级、原子级的专项作业机器人成为现场取证、分析的新技术手段。他们能够深入火灾现场各类电气设备及电气线路内部，分类收集、提取整个电气设备全寿命周期中的故障信息及失效证据，在不进行现场实物清理的前提下，精准查找并展示出证明火灾发生、发展关键证据。

3. 汽车火灾调查

通过火灾原因深度调查，确定动力电池热失控等导致起火的根本原因和形成机制，反馈车辆正向开发设计，建立针对新能源汽车火灾危险的火灾危险安全评价体系。通过增加能够反映车辆火灾危险的数据监测的范围和频率，提早预知火灾发生风险，规避火灾发生，避免火灾对证明起火原因物证的损坏，依靠数据挖掘精准确定火灾原因。同时，针对汽车火灾痕迹大数据分析，基于汽车火灾痕迹模型，建立汽车火灾痕迹智能分析软件，未来的汽车火灾调查将从“痕迹”向“数字”化发展，实现智能化汽车火灾原因调查。

4. 危险化学品火灾调查

充分融合信息技术、智能识别、数据模型分析等技术，开展危险化学品致灾基础理论、燃爆过程模拟及推演、燃烧破坏痕迹智能识别、现场危险成分精准探测和以无人机、机器人等全自动化设备为载体的现场勘查和取证装备研究；在未来成熟的物联网技术、智慧化工、智慧仓储基础上，依托化工物料全周期火灾参数大数据，开展危险化学品数字化火灾调查技术研究。

5. 森林草原火灾调查

在起火点认定方面，随着遥感监测等火灾监测技术的快速发展及其在火灾原因认定方面的应用日趋完善，技术方法日趋成熟，在火灾原因调查过程中可以快速确定起火点。

在痕迹识别及起火机理研究方面。痕迹分析认定准确性大大增强，痕迹特征程序化、数值化基本完成，基于人工智能的森林草原火灾痕迹特征识别技术将成为可能，火灾调查人员可以利用相关的人工智能设备完成痕迹识别工作，确定火灾蔓延方向。针对各种气候条件、地理条件的森林草原火灾引火源及其引燃机理研究完成并进入应用，可以快速根据相关特征确定火灾原因。

在调查规范及案件合法性方面。2035 年我国将基本实现社会主义现代化，法治社会基本建成。火灾调查也将完成调查过程规范化、调查程序合法化、证据链条严格化的发展进程，达到我国法治社会的要求。

6. 视频分析技术及应用

火灾视频分析技术通过短短几年的发展，在近年来调查的重特大和疑难火灾中发挥了重要作用，为我国火灾调查工作的发展开辟了新时代。未来，合法、高效、客观、科学地分析火灾视频将成为火灾调查技术研究和应用的新热潮。随着火灾视频分析技术的推广和应用，火灾调查人员对火灾视频分析技术提出了更多的挑战，例如，视频分析软件的智能化、简易化，火灾视频信息的深度挖掘和关联，火灾视频的远程研判等。在未来社会监控网络更加密集的条件上，网络化地学习、应用火灾视频分析技术，提高火灾调查效率，将是每个火调人员的必备技能和应用手段。

7. 火灾调查数据资源的信息化及应用

随着科技的发展和社会的进步，人工智能、移动互联网、5G 等新技术在各行各业广泛应用，火灾调查工作进入了数据爆发增长的大数据时代。火灾调查技术手段的信息化、专家经验的数据化、案件研判的智能化，在带来新模式、新方法和新理念的同时，也倒逼着火灾调查工作在数据和证据的采集、传输、存储、管理和运用等方面必须发展、进步。获取科学、准确的数据和完整、直观的证据是衡量火灾调查工作质量的重要指标，以数据和证据为支撑必将成为未来火灾调查技术发展的大趋势。此外，对历史火灾信息与未来火案调查之间的大数据分析和应用，将为我国火灾调查研究、火灾风险评估、消防监督管理提供数据支撑和共享服务，体现火灾调查的社会价值和意义。

火灾调查作为防火监督和灭火救援等实战工作的强有力支撑，如何将大数据的思维理念、技术手段和运作模式落地应用，是未来消防机构要实现的目标。对于火灾调查工作来说，拥有大数据是时代特征，应用大数据是时代机遇，培养大数据素养、实施大数据战略是提高履职能力的内在需要和必然选择。未来，大数据的驱动力和引领作用必将为火灾调查工作的创新发展带来新的生命和变革。

8. 火灾调查装备

随着新形势、新技术的发展，以物联网、人工智能、5G 传输、多维感知等新技术为支撑，又出现了一些用于现场调查智能侦检设备、痕迹智能识别装备、现场快速检测装备、个人安全防护装备、火灾数据采集装备、视频侦查系统等高效的技术手段。在未来的几年内，火灾现场可广泛实现智能化勘验，依托于云存储、云计算等技术手段，开展适用于火灾现场勘查的“互联网 + 火调”执法终端系统研究，研发火灾事故调查执法终端 App 软件，实现火灾调查的快速化、标准化、规范化。

5.3.2 应急救援技术装备发展预测

随着应急管理部的成立和消防队伍的转制，消防救援事业迎来了“全灾种、大应急”的全新发展局面，消防救援科技作为消防救援事业的引领和支点，对保障和支撑消防救援事业科学发展具有重要作用。安全化、专业化、模块化、高效化、智能化、精准化是应急救援装备未来的发展目标。未来可从消防的实战需求出发，以提高消防部队灭火、救援及灾害事故处置的战斗能力和技术水平，避免抢险救援人员的伤亡为目标，顺应无人化、专业化、高效化、精准化的发展大势，突破无人救援技术及装备、现场处置技术及装备、抢险救援技术及装备等方面的基础、核心、关键技术瓶颈，以制定产品行业标准为牵引，形成空中、地面、水域无人化装备为先导的全方位、立体式消防无人侦察、灭火、抢险救援体系。

5.3.2.1 应急通信

移动性、视频化、云协作和全域覆盖将成为应急通信技术未来发展的四大趋势；如何构建适应智能化、协同化和系统化的应急救援指挥调度体系，实现灾害现场全息化信息感知、智能化辅助研判和高效化战力调配是消防救援指挥调度的主要需求。

（1）灾害现场动态监测技术向全面化、全息化和实时化方向发展。在复杂多变的救援环境下，具备提供快速、可靠以及持续的通信服务和保障任务完成的能力。

（2）综合应急救援指挥技术向数据驱动、智能响应、情景应对和体系协作发展。应急救援指挥平台能够做到快速部署、开机即用、界面统一；保证多个救援现场间的实时沟通，达到协同调度，以最快捷高效的方式保障救援工作的顺利开展。

（3）下一代公众移动通信网络在消防应急通信领域将起到核心作用。应急通信体系将向公专互补、宽窄融合、全面覆盖方向发展。

（4）作战现场组网通信向展开快速化、携带轻便化、覆盖全面化方向发展。既有利于消防作战员在复杂环境中的使用，又能满足“全天候、全地域”的通信保障需求。

5.3.2.2 火灾扑救与消防车辆

随着新材料新技术的发展，消防灭火救援装备应向着智能化、高效化的方向发展。面向各类火灾扑救和不同灾害事故的应急处置与救援需求，能够形成智能协同的指挥调度体系、系统完备的专业灭火救援装备体系。

目前，在灭火剂实战应用研究方面，为响应《关于持久性有机污染物的斯德哥尔摩公约》，应尽快减少 PFOS 的使用，使用环境影响相对较小的调聚法合成的氟表面活性剂或是短链氟表面活性剂等，或者开发无氟泡沫灭火剂。同时，注重基础理论的研究，并结合实际需求场景，研发适用于典型场所的专用泡沫灭火剂。

在干粉灭火技术方面，一是灭火剂组分多样化。二是灭火剂粒径超细化。三是灭火应用场景丰富化。四是灭火设备系统完善化。

在气体灭火技术方面，一是面向石油化工领域、新能源领域及电力系统领域，创新研发新型环境友好化学气体，研发出满足基加利协议的新型环保灭火剂替代卤代烃烷类灭火剂。二是结合气体灭火装置，研制环保高效的灭火系统。三是研究适合气体灭火的典型工业场所的火灾特性，实现灭火剂及灭火系统产品的产业化生产和工程应用。

在消防车辆方面，加快研发一批具有自主知识产权的核心技术，是消防车辆设备发展的重点和难点，未来应着力攻关大功率消防车、消防炮。随着经济的发展，这些技术将成为保障民生的关键。

随着城市化的进一步发展，高层建筑逐渐增多，为高层消防提出了挑战。发展可应对高层火灾的消防装备，是新时代经济快速发展形势下的新要求。未来几年，开发大功率重型消防车，将是解决高层灭火难题的关键。同时，高射程、大流量的消防炮，也会成为高层灭火的有效装备，并且也可用于大型储罐全面积火灾的扑救。

为此，应加大自主研发国产消防车辆的力度，以市场为导向，加强高校、研究所、企业的技术交流与合作，建成产学研用一体化研发体系，突破技术壁垒。

5.3.2.3 消防救援现场处置技术装备

当前消防队伍的职责不断扩展、任务更加繁重的新形势，对消防应急救援现场处置技术装备也提出了更高的要求和期望。随着传统业务量的不断增加和新增职能任务的不断拓展，消防队伍在各类自然灾害或事故救援处置上的各种问题日益突出，消防应急救援现场处置技术装备上的不足和短板逐渐暴露，未来应急救援现场处置技术装备应集中向安全化、专业化、模块化、智能化、无人化及技术精准化方面发展：

（1）完善侦检类装备功能，提高其精准化水平。

（2）开发智能化程度更高、更轻量化的救生类装备。在沟渠或深井类事故救援中，制备智能化程度更高的救援支架，使其更轻量化与便携。

（3）破拆类装备更加智能化，并增强其无人化程度，能更加适应特殊的救援环境。未来应开发出智能化与无人化水平更高的破拆装备，在容易二次坍塌或爆炸等危险救援环境下，能更好地保证救援人员的生命安全。

（4）提高堵漏类装备自动化、无人化。在危险化学品事故处置中，开发出自动化、无人化的堵漏装备，能够安全高效地完成周围储罐的及时关阀断料。

（5）使撑顶类装备功能更加完善并提高其智能化程度。在建筑倒塌事故救援中，未来可开发出救援人员的自主撑顶保护装备，避免造成因二次坍塌引起的不必要伤亡。

（6）提高排渍类装备的专业化与可靠性水平。在危险化学品事故处置过程中，急需开发出耐酸碱腐蚀的专业、可靠的消防废液排污装备；在洪涝灾害救援中，需开发出具有砂石筛检功能的专业排涝装备。

（7）工程机械类大型救援装备应做到模块化、小型化、智能化。

5.3.2.4 系列消防无人装备

随着环境感知与规避、协同指挥控制、人工智能、自主作业等技术取得重大突破，系列消防无人装备整体水平将在未来 10 ~ 15 年取得进一步提升，将进一步提高自动化、信息化、模块化、可重构化、精确化和智能化水平，提高其对未知环境的识别和适应能力，提高其与人的交互能力，提高续航能力和提升载重能力，提高多机精确智能协同、复杂任务组织及任务自主完成等能力。在消防工业智能化的今天，无人灭火救援作战系统智能化作战实体将成为主导消防灭火救援作战力量，智能化灭火救援将成为主体作战形式。在灭火救援任务上，人 – 机混合编组以机为主，往往是智能化灭火机器人和消防无人机集群冲在作战第一线，人类在后面主要担负供给、控制和监管的任务。

不同类别的消防无人化装备发挥的作用和应用场所不同，未来消防无人化装备包括以下主要应用场合：

（1）大跨度、大空间、高层建筑及密闭空间，大跨度空间使用消防无人装备能够结合建筑物的特征，使用适合的消防无人装备，如高层建筑中使用爬楼机器人，有利于救援人员对高层建筑内部的火灾情况进行分析，为救援方案的最优化提供信息支持，大幅降低救援人员的危险性，最大限度地减少伤亡。

（2）地铁、隧道、地下建筑等比较封闭的空间，在发生火灾时温度上升的速度很快，烟气浓度也会上升极快，对人员安全产生极大的威胁。

消防无人装备能够在这方面为救援提供便利，探测隧道内部情况，减少救援人员的危险。

（3）石油化工等高危场所，在石化场所的救援中，消防无人装备有助于取得良好的救援效果并对救援人员的安全提供保障。一些危险品仓库，消防人员很难进入，机器人的应用有助于提升救援效率降低救援人员的危险。在危险化学品运输泄露火灾事故中，消防无人装备可进行专业性、高效性危险化学品泄漏现场处置。

（4）地震、地质等自然灾害抢险救援过程中，消防无人装备可配合消防救援队伍实现人员搜救、应急处置、生命探测、越障搬运、通信定位等任务。

5.3.2.5 消防员防护技术装备

将来的装备发展会更加注重装备的安全、舒适和持久健康。对于躯体防护类装备如消防员灭火防护服，将从传统的四层、目前的三层降低到两层甚至一层，这种轻质化装备在保证安全性能的同时降低了装备的重量；对于躯体防护类装备如森林防火服，将在目前的单层或者多层的基础上进一步优化人体的微环境，这种湿热平衡型装备将进一步提升装备的舒适性；对于呼吸保护类消防员个人防护装备和核生化装备，高延时型装备如自调节型空气呼吸器、自生氧呼吸器、高压空气呼吸器等将进一步延长消防员的作战时长；对于山岳救援，轻质化装备如随身携带的安全绳将得到更多的关注；对于水域冰面救援，智能化机器人、浊水环境下的应急救援装备得到了越来越多的关注；对于地震救援，配合大型救援机器的个人防护装备将更加关注其舒适性，因此，智能防尘降噪装备将得到进一步研发；对于极端环境应急救援，将出现兼顾多灾种耦合的多元高效消防员个体防护技术装备；对于个人防护装备的洗消，将呈现高效低损洗消技术、甚至更为专业的干洗技术；对于辅助装备技术，将会出现适用于各类消防救援的外骨骼辅助装备。

5.3.2.6 消防救援训练与职业健康

在消防救援训练方面，通过模拟实体火灾扑救训练和实景化演练的有机结合，研究典型灾害事故火灾扑救实战化训练关键技术，全面提升消防救援队伍处置浮顶溢油火灾、全液面火灾、浮盘倾覆火灾、大型变压器高温热油火灾等大型特种火灾的能力；研制石油化工、电力设备、储能设备、综合管廊、轨道交通等多人协同虚实融合的灭火救援模拟训练与演练技术装备；构建山岳、水域、空中、森林等消防救援全尺寸实战化模拟训练场景并开发相关技术装备；针对体能训练与实战模拟间的孤岛效应，开展灭火装备和救援装备实战化性能测试，数字化信息化智能化监测、训练、考核评判系统，救援技战术虚实融合模拟训练效果评估，人－机联动实战化测试与评估等技术研究。建设科学、高效的消防救援实战化训练装置，构建我国消防救援实战化训练场景、装置、考评等系列化标准体系，提升消防救援实战化模拟训练技术装备的专业化、系统化、自动化及智能化水平。

在消防员职业健康方面，深入研究消防职业安全健康体系构建与关键技术装备，研制面向多灾种的高效适体消防员防护技术装备，针对灾害暴露环境下救援人员的清洁技术装备短缺、紧急医疗救治能力差、物资投送能力不足的问题，开展危害暴露现场单兵清洁、紧急医疗救助及物资投送技术装备研究，全面提升消防员职业病保障水平；针对消防员职业安全健康的关键因素不清晰、不系统的现状，开展关键危险源识别与暴露评估研究，采用大数据动态感知实现消防员职业健康预警，构建消防员职业健康监测体系，研发消防员职业安全与健康管理及理论体系，研发消防员职业安全健康监测预警技术装备，建立消防训练与消防职业健康技术保障体系。构建多灾种、全过程的消防救援风险评估与管理技术体系，研发消防救援行动风险感知技术和训练装备，完善消防救援技战术模拟培训体系，提高消防员风险感知和预判能力。

最终构建完备的消防实战化训练技术体系和消防员职业健康管理体系，实现训练设施和装备技术高度仿真化和智能化、训练监控的全程化和精细化，全面掌控消防实战化训练与职业安全健康领域关键技术，实现实战化训练演练教学虚拟化和远程化，训练及考核评估方案生成智能化和自动化，战术战法和战斗编程创新的智能化，消防员职业健康管理和预警技术朝着系统化、智能化、信息化方向发展。

5.4 消防救援科技主要技术发展路线图

科技路线图作为一种战略规划预见方法得到了广泛的应用。科技路线图从产品技术路线图拓展到学科领域路线图和综合科技路线图，并广泛应用于科研机构发展计划、学科发展预见和国家科技发展的远景规划中。特别是科技路线图已从少数科技发达国家的行动，拓展成几乎所有科技发达国家的行动，很多发达国家都将科技路线图用于本国科学研究和技术发展的规划和预测，以及国家战略政策的制定。如韩国的国家 R&D 事业总体路线图，欧盟的大装置发展科学路线图，加拿大的基于生物的基础原料、燃料及工业产品的科技创新路线图，英国的空间研究战略计划和关于中子源研究 10 年发展战略的科技路线图，澳大利亚的二氧化碳捕获和储存 – 研究发展与示范技术路线图，日本的微电子研发路线图，韩国的燃料电池和氢的科技路线图计划等。

科技发展路线图作为一种战略工具，可以提高技术预见活动、把握科技发展规律和未来的能力。科技路线图遴选出的关键技术及关键技术领域和重要科学方向是科技规划的重要内容，科技路线图对科技决策和规划具有重要支撑作用，主要体现在以下三个方面：

（1）科技路线图为科技规划提供整合不同利益的共同体观点，并可以将达成共识的结果落实到发展战略中。

（2）科技路线图可以提高科技规划的针对性和准确性，有利于决策者更好地把握科技的未来走势和可选的应对策略。

（3）科技路线图能提升科技规划管理过程中的执行和实施能力。作为战略图谱，科技路线图可以为作为部署科技项目的重要指南。

按应用层次可分为规划（Program-level）路线图和项目（Project-level）路线图；按内容和应用范围可分为科学与技术路线图、政府和行业路线图、组织和企业路线图；按对象的规模可以分为科学研究路线图、跨行业路线图、行业路线图、技术路线图、产品路线图、产品技术路线图等；按应用目的可以分为综合规划路线图、战略规划路线图、知识资产路线图、竞争战略 / 能力路线图、产品 / 服务路线图等。另外，路线图可以采用如下形式来展现，比较常见的有文本型路线图、单层式路线图、多层式路线图、条形图式路线图、表格型路线图、图形式路线图、图画式路线图、流程图式路线图等。

针对消防救援科技不同技术领域发展愿景和目标，结合关键技术发展过程中的主要需求、现状、影响因素和发展途径，技术发展路线图需要明确技术发展的时间节点、重点任务、关键技术、研究内容及相关支撑的工程、项目与对策措施。

5.4.1 发展思路框架

到 2035 年，消防救援科技发展坚持“自主创新、重点跨域、支撑发展、引领未来”的指导方针，深入落实“两个坚持、三个转变”和“人民至上、生命至上”防灾减灾救灾新理念，面向预警发布要精准，灾害事故防控要精准，抢险救援要精准的总需求，立足当前，着眼长远，加强高新技术应用和综合集成，强化实时感知预测、大数据分析决策、多功能智能化应急装备等关键技术研发。聚焦“安全韧性”和“智慧应急”，以科技创新为驱动，以风险预防为立足点，以高效应对和提高韧性为最终目标，贯彻依靠科技进步提高应急管理科学化、专业化、信息化、智能化、精细化水平的思想，加快推进消防救援科技体系和能力现代化建设。

5.4.1.1 坚持科技引领，推进自主创新

牢固树立安全发展和创新驱动发展理念，把科技创新作为引领和支撑消防救援发展的第一动力，强化基础理论研究、关键技术研发、核心装备研制、成果推广应用全链条科技创新，全面增强消防救援自主创新能力，突出先进技术的引进、消化、吸收与再创新，为消防救援能力现代化注入新动能。

5.4.1.2 坚持前瞻部署，实现重点突破

紧跟全球科技发展趋势，超前部署对消防救援事业发展起关键与先导作用的重点科技创新任务，抢占应急管理科技发展先机和制高点。全面衔接应急管理科技规划和国家及部委相关科技规划，聚焦事关消防救援现代化发展的原创性基础理论研究、卡脖子关键技术研发与高端先进核心仪器装备研制等方面实现系统性、整体性突破与跨越式发展。

5.4.1.3 坚持实战导向，破解发展难题

以防范化解重大灾害风险与安全风险、维护人民群众生命财产安全为目标，聚焦火灾防控与灭火救援等消防救援实战需求和瓶颈问题，加强灾害事故风险感知识别、风险评估、监测预警、防控治理与应急救援等理论研究与科技研发，引领消防救援理论、技术与仪器装备发展方向，为应急管理提供高质量科技供给。

5.4.1.4 坚持开放共享，激发创新活力

汇集、优化、整合各类优势科技资源，强化消防救援科技创新平台

和基地建设，构建消防救援科技创新平台体系，吸引和集聚社会科研力量，营造众创众智众享的科技创新生态。深化消防救援科技体制改革，激发科技创新发展活力，加快推进防灾减灾救灾、安全生产、应急救援科研成果转化应用，促进应急产业有序、快速、健康发展。

应对消防救援科技发展需求，面向 2035 年的消防救援科技发展总体框架图如图 5–1 所示。

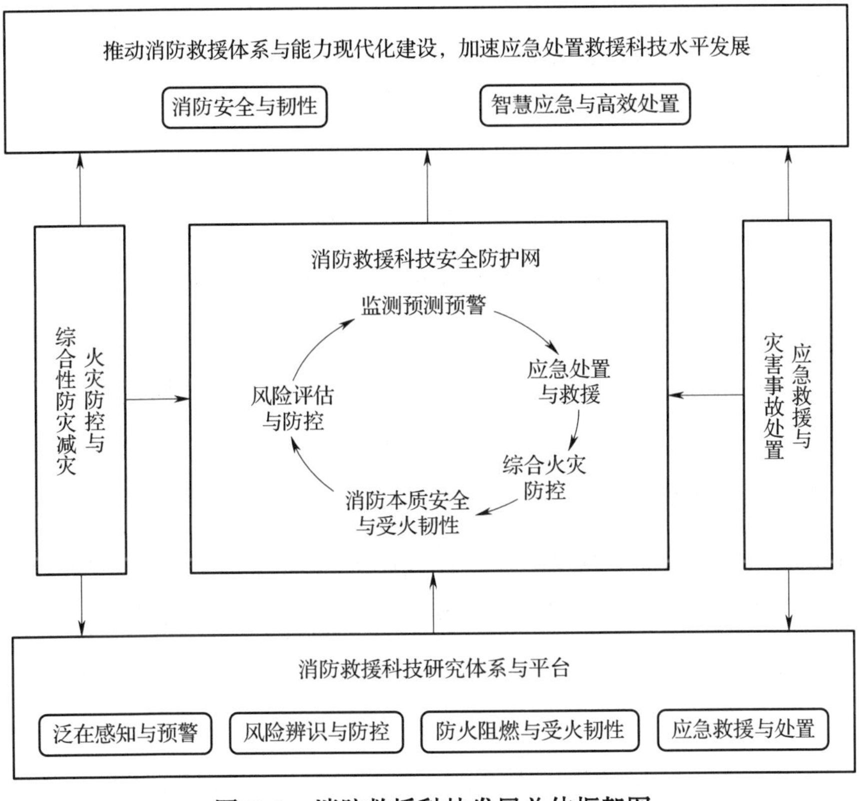

图 5–1 消防救援科技发展总体框架图

5.4.2 需求与发展目标

面向推进消防救援体系和能力现代化建设的国家战略需求，聚焦消防救援关键科技瓶颈和卡脖子问题开展基础理论研究、应用技术研发、仪器装备研制，加快推进成果转化、应用推广与应急产业发展，自主研发一批先进适用应急处置救援技术装备，解决消防救援科技瓶颈，推动我国应急处置救援科技水平加速发展，应急管理能力快速提升。科学布局组建若干高水平、专业化、国际化的科研机构、科技创新平台与基地；突出消防救援学科体系与人才队伍建设，打造一批引领国内、具备国际重要影响力的科技创新人才队伍，创新消防救援科研体制机制。

5.4.2.1 火灾防控目标

消防基础理论方面，加强复杂边界条件大尺度的火蔓延动力学、火灾突变与极端火行为演化机制与预测方法研究；构建形成新能源（氢能源、动力电池等）火灾爆炸防治技术理论体系，开展清洁高效灭火剂、灭火泡沫基础理论研究；推动消防创新理论的发展，构建先进的消防安全基础理论体系。

防火阻燃技术方面，建立较为完善的环保高效、低烟低毒、耐久长效防火阻燃技术体系，研发具有自主知识产权的高性能阻燃剂，发展系列环保高效、低烟低毒、耐久长效、多功能一体化防火阻燃材料；建立科学可靠的防火阻燃材料服役期安全性评价体系，建立有一定规模的阻燃材料服役期安全性数据库及数据库；研发基于智能感知的火灾预警材料及配套预警技术、应用系统，为减少火灾安全隐患、降低火灾事故发生率、抑制火灾蔓延奠定科技基础，更好地保护人民群众生命财产安全。

火灾监测预警与早期识别方面，基于主动感知与自主可控技术实现火灾早期精准可靠探测，建立全面火灾探测预警泛在感知网络，实现建筑内外火灾危险源的全面感知和全过程监测，提高火灾监测预警与灾害事故早期识别预警能力，实现对电气火灾高发的有效遏制，火灾探测预警泛在感知及火灾探测报警系统与安全防控高效互联、深度集成及资源共享。

火灾原因调查技术方面，深入开展融合多信息综合数据分析的智能化火灾物证勘验、精准鉴定分析以及火灾事故反演重构等技术、装备研发；重点发展火灾现场智能勘验、现场物证精准化提取、高效物证鉴定分析、智能化火灾视频分析与火场全息反演重构等技术手段，研究构建不同类型汽车火灾危险评价体系，研发基于海量案例数据挖掘的火灾视频智能取证分析系统平台，实现智能化火灾过程重构以及火灾演化、致灾机理分析评价技术，突破火灾原因调查技术发展瓶颈，全面提升火灾原因调查的精准、高效性。

消防安全风险评价方面，实现基于救援场景的多层级、全覆盖实时风险研判及决策技术、基于动态风险的消防应急救援能力精准配置、消防安全风险高效可靠预警及快速一体化防控等技术。

建筑结构耐火方面，持续深入开展新型建筑结构耐火及防火保护研究，构建较为完备的建筑整体结构耐火设计技术体系，实现灾害现场建筑结构稳定性的实时精准监测预警。

建筑抑火及人员疏散方面，建立多领域、多机理、多元灭火剂及添加剂的灭火系统技术体系，研发基于大数据及人工智能自学习技术的智慧建筑火灾防控系统，实现全生命周期实时监测预警、无人值守自主巡检、故障识别及其安全可靠性预测技术，并具备自主识别、快速寻找、智能组合、精准喷放的新灭火技术；建立用于气体爆炸救援的专用设施；制定用于超高层建筑中细水雾灭火系统的规范性文件；建立完整的典型建筑内消防安全设施智能化控制技术体系，构建多信息耦合的智能型人员疏散引导系统；实现防排烟系统的智能感知、实时反馈和动态管理。

消防安全管理方面，开展消防安全文化产品的研发、应用示范和推广。建立消防应急救援培训人员的管理与评定制度，实现从业人员的标准化管理，建立涵盖培训对象、人员、课程、实施在内的培训效果评估体系。建立消防安全治理的标准化管理体系，形成规范的消防安全管理、宣传、教育培训和资格认证要求。改善国内同一领域不同层级及同一层级不同领域的法规标准在部分指标规定上的不匹配问题。

5.4.2.2 应急救援目标

支撑建设多层级重大灾害事故风险推演与智能化应急决策辅助指挥平台与网络，实现重大灾害事故的预先感知、科学研判、快速响应、和高效处置，支撑建设科学高效的国家应急能力体系，显著提高重大灾害事故决策智能化水平和应急指挥的时效性。

应急通信指挥装备全面实现智能化、数字化，系统化，重大应急救援装备实现国产化，智能通信指挥装备在灾害事故应急处置的投入比例达到 80%。

移动排消烟装备向智能、高效、快速、多功能化、专业化等趋势发展和排消烟技战术成熟应用。

全面掌控消防救援现场处置关键技术与核心装备，构建完备的消防救援现场高效处置技术装备体系，消防救援现场处置技术装备整体实现领跑。自然灾害和安全生产事故的消防救援现场处置技术装备实现智能化、精准化技术水平。

形成较为完善的消防无人装备产业体系，技术创新能力和国际竞争能力明显增强，产品性能和质量达到国际同类水平，形成无人装备协同作业系统，能够根据自然灾害和恶性事故的现场条件，智能协同完成作业任务。

全面掌控重大灾害事故防治领域消防员个人防护装备关键技术与核心装备，完善重大灾害事故防治与应急救援消防员个人防护装备体系，各项装备性能达到领跑世界先进水平。

全面掌控消防实战化训练与职业安全健康领域关键技术，构建完备的消防实战化训练技术体系和消防员职业健康管理体系，实现实战化训练演练教学虚拟化和远程化、训练及考核评估方案生成智能化和自动化、战术战法和战斗编程创新的智能化、消防员职业健康管理和预警技术系统化、智能化、信息化，实战化训练水平位于世界前列。

5.4.3 技术发展路线

针对消防救援科技发展的重大需求与战略任务，消防救援科技各技术领域涉及的技术重点内容的关键技术发展规划如图 5–2 所示。

为全面提升火灾隐患识别、火灾超早期精准探测、结构整体耐火能力，实现高效防护、本质安全、高受火韧性、泛在感知、科学管控的火灾防控目标，提出较为完备的应急救援装备技术体系，实现可靠通信、精准研判、智慧指挥、高效处置与科学训练的应急救援能力，消防救援科技将重点发展消防基础理论、建筑耐火、防火阻燃、火灾风险预警与重点场所火灾防治、消防通信指挥、火灾扑救、消防救援现场处置、消防员防护以及消防无人化装备等领域的关键技术，推动消防救援科技全面发展。

为了更好地规划和发展消防救援科技事业，针对 2021—2035 年的消防救援应急通信技术装备、清洁高效灭火技术装备、消防无人装备技术装备、消防员个人防护技术装备、消防救援训练与职业健康技术、火灾调查技术和防火阻燃技术等七个子领域，从形势需求、总体目标、重点任务、关键技术、应用 / 基础研究和对策措施等不同角度进行了关键技术路线的发展规划，具体不同领域的技术路线发展规划如图 5–3 ~ 图 5–9 所示。

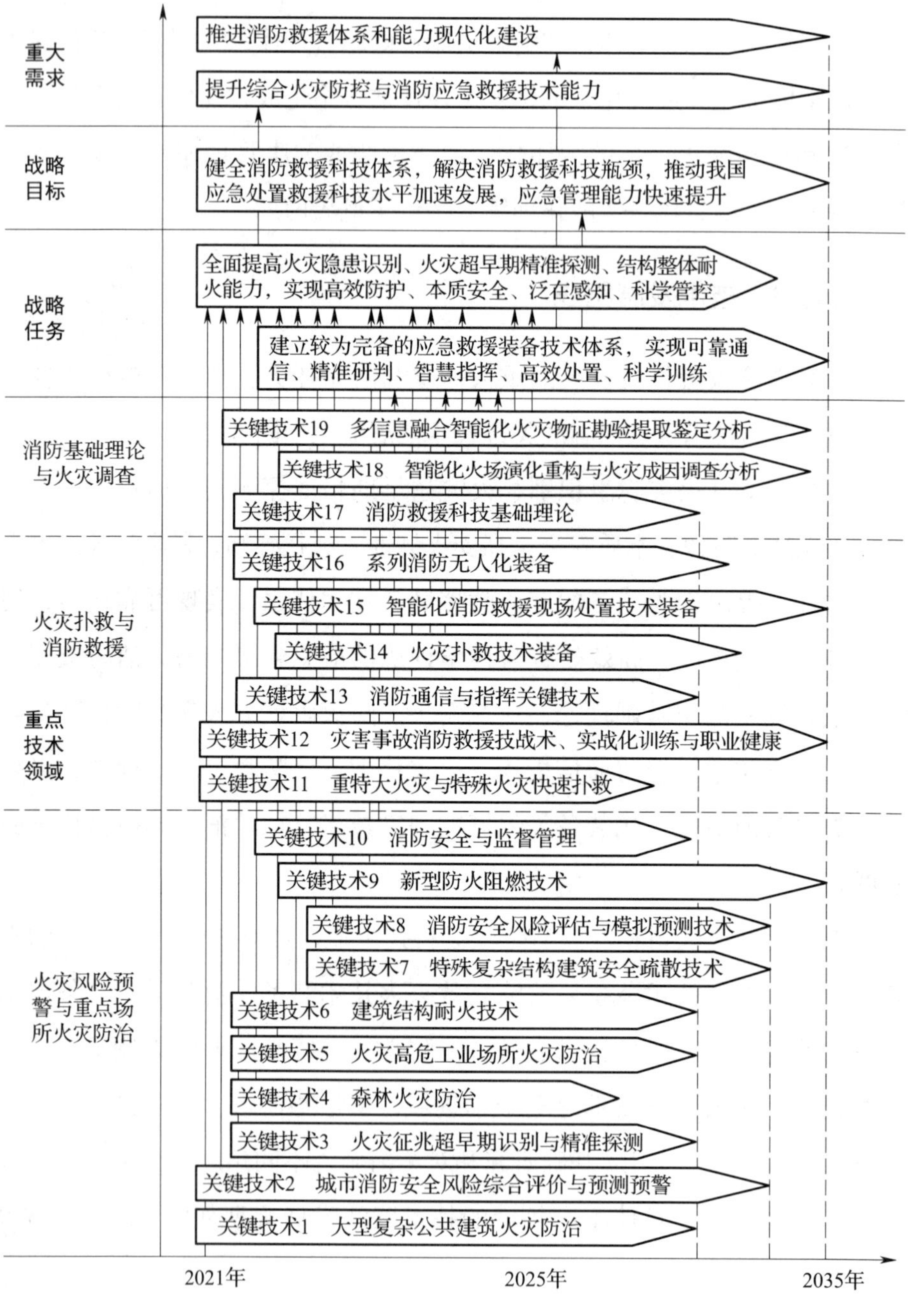

图 5-2　消防救援技术重点内容发展规划路线图

图 5–3　消防救援应急通信技术装备技术路线图

图 5-4 清洁高效灭火技术装备技术路线图

	2021年 / 2025年 / 2030年 / 2035年
形势需求	森林草原火灾、大型灾害事故现场，难以快速全面地获取灾情信息
	重大灾害事故处置时间长，消防员的心理、体力和耐受力难以承受长时间高强度作业
	高温、浓烟、强热辐射、易燃易爆、易坍塌、有毒有害等极端恶劣环境对消防员生命安全威胁极大
总体目标	提高消防无人装备在复杂环境中的环境适应性及多机协同作战能力
	提高消防救援队伍灭火、救援及化学灾害事故处置的战斗能力和技术水平
	构建空中、地面、水域无人化装备为先导的全方位、协同化、立体式的系列消防无人装备体系
	研发一批具有自主知识产权国际领先的关键核心消防无人装备
重点任务	开展消防无人装备功能集成化、救援行为自主化、救援任务协同化、救援装备轻量化等方面的相关研究
	研发集侦测指挥、通信定位、灭火救援、协同作战、自主编队等功能的智能无人装备及信息管理
	研发兼具环境侦检、生命探测、搬运救援等功能的可重构式模块化地震、地质灾害救援机器人
	研发适用于全地形无人应急救援运输装备系列搭载功能模块装备及远程控制智能管理平台
关键技术	无人装备防水、防爆、动力冗余、坠落保护技术
	恶劣气候和地形条件下大载荷消防装备投送技术
	无人装备“感知–决策–行为–反馈”反馈闭环控制技术
	“人机”协同、空地协同、地地协同等协同作业技术
应用/基础研究	研制的系列消防无人装备列入消防救援局成果推广目录
	研制的系列消防无人装备在消防救援站、大队、支队、总队进行推广应用
	研制的系列消防无人装备在森林草原火灾监测预警与防控以及自然灾害事故救援领域进行应用
对策措施	加强与科研院所、企业等在基础理论研究、关键技术攻关、先进装备研制、先进技术应用等合作
	加强打造一支规模适当、结构合理、素质优良的应急管理科技创新人才的专业队伍
	积极开展消防无人装备的科技研发、成果应用和产业化推广等工作

图5 5 消防无人装备技术装备技术路线图

	2021年	2025年	2030年	2035年
形势需求	消防员在灭火中面临着火灾规模大、作战时间长、火场变量多等问题，在高低大化场所极易面临多灾因素耦合的极端事故			
总体目标	研发高效轻质消防员个人防护装备，进一步提升装备应对极端复杂事故的安全性、舒适性			
重点任务	基于材料研发改性、结构设计优化强化装备的效能，降低装备的重量，实现高效轻质 基于高频网络实现高效通信，提升消防员在浓烟、浊水、纷杂环境下的信息获取能力、智能辅助提升作战效率 基于痕量探测技术实现危险识别，提升消防员在易燃、易爆、毒害场所识别风险的能力，智能辅助提升安全性能			
关键技术	针对消防员微环境的舒适性，开展人体工学的湿热平衡优化研究 毒害污染物的检测评价和去除技术			
应用/基础研究	应用研究：高效轻质型消防员个人防护装备研发（保暖、排汗、减层、防爆、耐火） 应用研究：消防员个人防护装备的智能集成研究（探测、识别、评价、决策）			
重大科技专项与工程	基于系统思维的个人防护装备安全和舒适性协同研究（火场、水域、山岳、地震装备的材料改性、结构优化、防火抗爆、湿热平衡、减层轻质） 超临界二氧化碳洗涤技术萃取技术的国产化研究 健康型系列消防员个人防护装备研究（本质抑菌、改性抑菌、耐静水压、表面抗湿、防污自洁、远红外）			
对策措施	基于现有项目开展相关研究，比如基于消防局项目深入开展装备洗消、健康型装备、森林装备的研发 结合相关标准开展功能型装备的规范研究，比如消防协会团体标准、应急救援行业标准、国家和地方标准等 强化与个人防护装备企业的战略合作			

图 5-6　消防员个人防护技术装备技术路线图

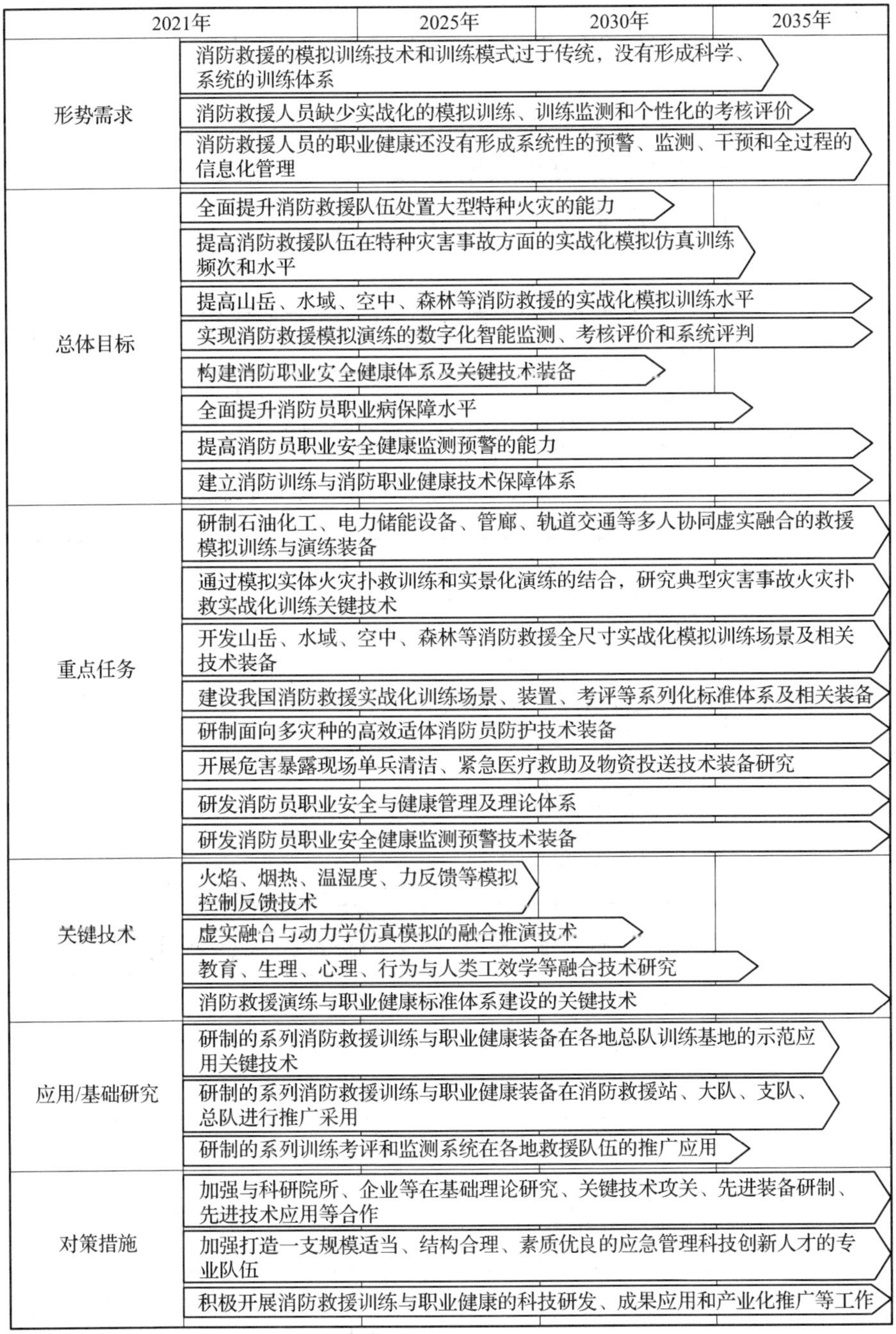

图 5–7 消防救援训练与职业健康技术路线图

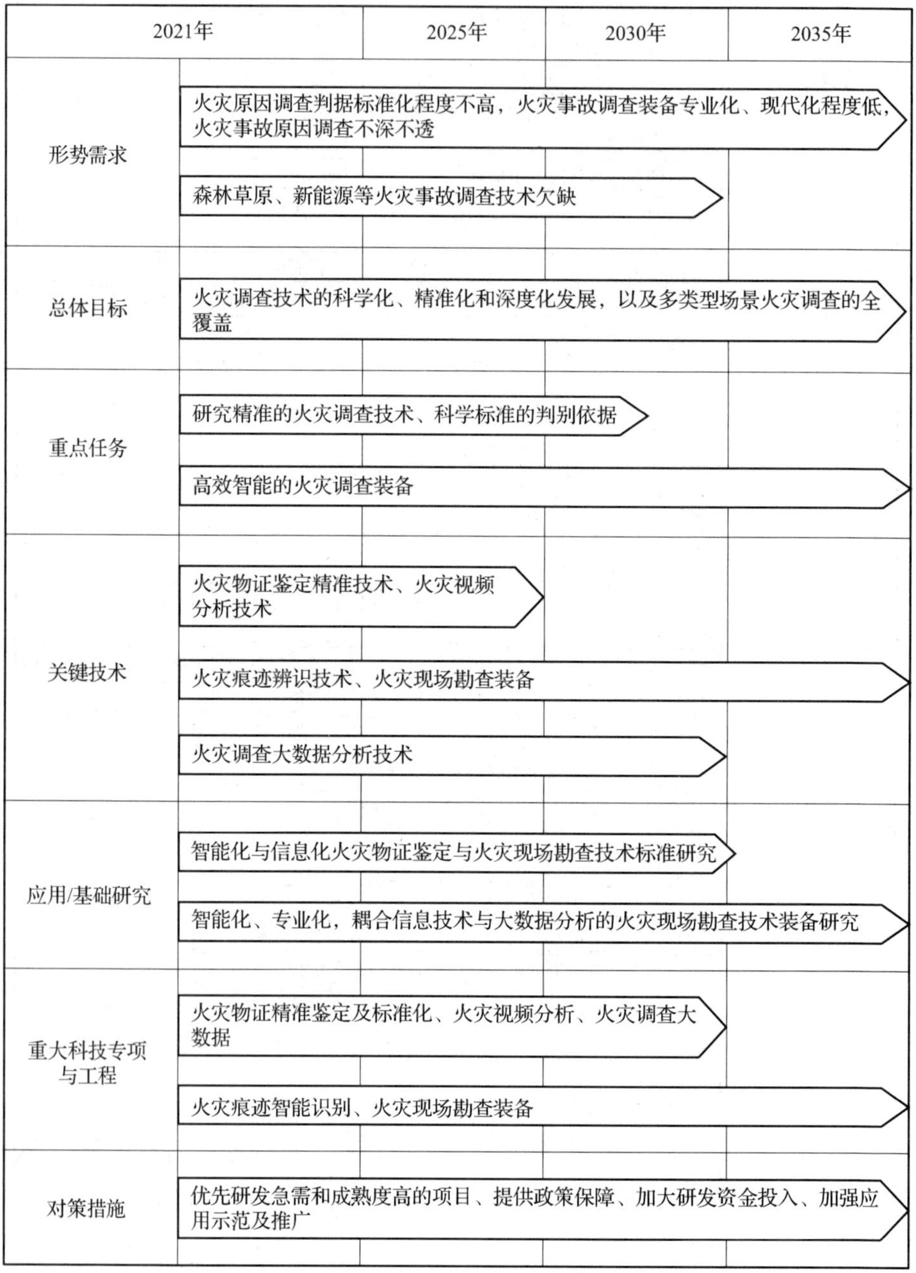

图 5-8 火灾调查技术路线图

	2021年	2025年	2030年	2035年
形势需求	防火阻燃材料服役期防火阻燃性能衰减甚至丧失且尚无评测手段，存在极大消防安全隐患			
	环保公约和法规限制了部分传统高效阻燃剂和高分子助剂的使用			
	部分阻燃高分子材料燃烧产生浓烟和剧毒烟气，带来更大的消防安全隐患			
	火灾防控新形势、应用场所新需求和新材料及新业态对防火阻燃材料提出更高的要求			
总体目标	发展环境友好、高效防火阻燃技术体系			
	研发系列环境友好、低烟低毒、高性能、耐久型防火阻燃材料			
	初步构建防火阻燃材料服役期消防安全性能评价及预测技术体系			
重点任务	防火阻燃材料服役安全性评价及预测技术研究			
	环保高效防火阻燃技术及低烟低毒高性能防火阻燃材料的研发及应用			
关键技术	环保高效抑烟减毒防火阻燃技术			
	防火阻燃材料服役期性能预测技术			
应用/基础研究	服役环境下防火阻燃材料性能演变规律			
	新型高效环保防火阻燃技术及环境友好防火阻燃材料的研发			
对策措施	加强高等院校、科研院所和行业先进企业的合作，打通产学研全链条，实现科研成果快速产业化			
	加强防火阻燃领域相关标准的制修订工作，通过标准引领行业发展			

图5 9　防火阻燃技术路线图

6 消防救援科技发展战略研究

6.1 消防救援科技战略研究现状

6.1.1 科技战略研究机构与科技战略研究现状

任何一个国家、地区、城市、企业或行业要实现长期发展，都必须制定科技战略规划，这对确定未来发展战略方向起着举足轻重的作用。科技发展战略指的是对科技发展方向、路线的总体规划，是一个国家、地区、企业或者行业在一定时期内对科学技术发展在高层次、大系统、全方位的综合筹划。随着科技的不断发展，科技战略研究在国家、行业发展中起着越来越重要的作用。

目前我国科技战略研究机构针对服务的对象和研究领域范围，主要有国家级、地方级和科研院校级等三个类别。国家级机构以“中国科学技术发展战略研究院（2007 中国科学技术促进发展研究中心基础上筹建）”为代表，该研究院直属于中华人民共和国科技部，紧密围绕建设创新型国家，以提高自主创新能力为主线，开展前瞻性、全局性和综合性的战略问题研究。中国科学技术发展战略研究院主要从事国家科学技术发展战略、政策、体制、管理、预测、评价以及科技促进经济社会发展等方面的研究，为国家科技、经济、社会发展的宏观决策提供咨询和建议。该研究院积极积极参与了国家各个阶段科技改革与发展的重大政策研究和决策过程，主持和参与了许多国家级重大研究项目和地区发展战略与规划的研究，并开展了企业咨询服务工作，在促进中国科技体制改革与科技发展等方面，做了许多开创性的工作，是国内外颇具声誉、对国家宏观决策发挥支撑作用的综合性软科学研究机构，对国家宏观决策发挥了重要支撑作用。

地方级科技战略研究机构，由各省市的科技部门成立。如首都科技发展战略研究院，旨在突出首都全国政治中心、文化中心、国际交往中心、科技创新中心功能，充分发挥和利用首都科研、人才、产业、金融等资源优势，为北京乃至全国城市和区域的创新发展提供战略支撑和专业服务，目前已出版《首都科技创新发展报告》《中国城市科技创新发展报告》《中国创业孵化发展报告》《中国绿色发展指数报告》等品牌研究成果 30 余部；完成科技部、中国科协、环保部、北京市、深圳市等政府委托专项课题 200 余项；为中国中车、国家能源、北京公交、碧桂园等知名企业提供战略咨询服务 100 余项；在江西、成都等地设立或管理产业发展基金；举办绿色产业、京津冀协同发展、创业孵化等主题培训班及“中国绿色发展论坛”“首科新年论坛”等交流论坛；与联合国工业发展组织、经济与合作发展组织、欧盟、哈佛大学、麻省理工学院、亚洲理工学院等国际组织和高校等深入开展合作，产生了积极而广泛的社会影响。天津市科学技术发展战略研究院，定位为天津一流、国内领先的新型科技智库，是围绕国家和天津市经济社会科技发展的重大议题与关键环节，开展全局性、长远性、方向性、关键性研究的战略研究力量，承担了天津市历次“五年”科技发展规划以及中长期科技发展规划的编制工作，国家科技统计数据中心、华北知识产权运营中心等国家级重大科技服务平台建设任务，在天津市发挥了高端科技智库的战略引领和决策支撑作用。山东省科技发展战略研究所，设有科技政策、资源与环境、经济与产业、创新创业四个研究室及《科学与管理》编辑部，拥有山东省科技创新软科学研究基地、山东省科学院科学决策支持重点实验室、山东省科学院创新创业研究中心、山东省科学院应对气候变化研究中心、山东科学学与科技管理研究会等平台。先后主持承担了国家自然基金、国家软科学、山东省科技发展计划、省自然基金、省软科学等重点项目400余项，并长期为省委省府相关部门提供智力支撑和跟踪服务。

院校级科技战略研究机构是依托于高等院校、研究院所成立的研究机构，如中国科学院科技战略咨询研究院由中国科学院于2015年筹建，挂靠在中国科学院科技政策与管理科学研究所，统筹协调中科院科研院所、学部、教育机构相关研究资源、队伍和平台，探索建立持续开展战略研究的机制，是中国科学院学部发挥国家科学技术方面最高咨询机构作用的研究和支撑机构，是中国科学院率先建成国家高水平科技智库的重要载体和综合集成平台，集成中国科学院院内外以及国内外优势力量，建立了全球化、高层次的学术交流与合作网络，为国家科技体制改革、高技术产业园区发展、自主创新能力建设、战略性新兴产业发展、激励企业创新政策等宏观管理决策提供了重要研究咨询支撑。战略咨询院设有科技发展战略研究所、创新发展政策研究所、可持续发展战略研究所、系统分析与管理研究所、科技战略情报研究所5个研究所，设有学部咨询研究支撑中心、学部学科研究支撑中心、学部科学规范与伦理研究支撑中心、学部科普与教育研究支撑中心4个学部研究支撑中心，另外还有第三方评估研究支撑中心，为学部和中科院院部开展第三方评估任务提供支撑。战略咨询院还建有6个中科院院级研究中心，包括中国科学院中国创新战略和政策研究中心、中国科学院战略研究中心、中国科学院创新发展研究中心、中国科学院自然与社会交叉科学研究中心、中国科学院管理创新与评估研究中心、中国科学院知识产权研究与培训中心。

清华大学中国工程科技发展战略研究院由中国工程院和清华大学在2011年共同打造，研究院以国家经济和社会发展重大战略为主题，把科技重大专项、技术创新工程、战略新兴产业发展作为建设一流思想库平台的优先领域和重要方向，在中国工程院和清华大学的共同支持下，发挥小实体、大联合、网络化优势，为我国工程科技创新发展提供战略性、全局性、前瞻性的咨询意见和建议。研究院坚持高层次、开放式、前瞻性的发展导向，以支撑国家工程科技领域重大战略决策为目标，把学术引领、战略咨询、科技服务、人才培养有机结合，产出高水平、高质量、高层次的战略研究成果，为促进我国工程科技未来发展和高水平工程科技学术活动的健康持续开展提供有力支持；对我国面临的若干全局性工程科技及相关社会经济发展问题，组织开展高水平、开放式的战略研究，为国家工程科技创新和发展提供战略性、全局性、前瞻性的咨询意见和建议。北京大学战略研究所主要围绕区域规划、管理创新、企业可持续发展、能源与环境等课题开展研究工作，为数十位博士后研究人员和博士、硕士研究生提供了良好的合作创新研究氛围，并发起和组织"中国杰出企业家联谊活动"；天津大学发展战略研究中心，其性质是学校事业发展的综合管理与研究部门，对天津大学的发展规划进行研究、论证、编制的研究，为天津大学的科学发展提供理论支持和科学依据。

欧美等发达国家对科技战略研究十分重视，美国国际战略研究中心（Center for Strategic and International Studies，CSIS）等战略研究机构，为应对未来发展面临的难题与挑战，均高度关注并致力于研究科技发展战略方向和发展机遇，谋划科技发展道路，布局科技创新方向，抢占科技前沿和关键核心技术制高点。如2016年美国陆军从军事技术发展角度发布了《至 2045 年新兴科学和技术趋势》报告，提出了物联网、机器人与自动化系统和云计算等 20 项最值得期待的科技发展走势；韩国国家科学技术审议会议公布了至 2040 年的《第五次科技技术预测调查报告》，分析了未来社会的需求变化和值得关注的 40 个发展趋势；日本科学技术振兴机构（JST）在《研究开发俯瞰报告 2017》中围绕五大领域分析了技术革新潮流和发展趋势；麦肯锡全球研究院（MGI）发布了《可实现的未来：自动化、就业和生产力》报告，分析了自动化技术发展趋势及其对就业和生产力的潜在影响；经济合作与发展组织（OECD）发布了《下一轮生产革命：对政府和商业的影响》报告，分析了新技术产生的影响，并提出了应对下一轮生产革命的思考。国外主要科技强国在积极讨论和研判未来科技发展趋势的同时，不断完善科技创新制度，完善、升级或制定新的国家科技领域发展战略与规划，应对未来科技变革挑战。如日本政府公布《能源革新战略 2030》和《能源环境技术创新战略 2050》，划定中长期能源科技发展路线图。英国政府发布《产业战略：人工智能领域行动》政策文件，进一步制定有关人工智能技术的具体行动措施。欧美提交了下一个七年（2021—2027 年）科技资助框架计划“地平线欧洲”，预计资助额度将达到 1 000 亿欧元以上，重点关注基础研究、创新和社会重大问题三大领域，旨在提供基础研究服务，解决社会发展和提升工业竞争力面临的问题。美国签署了《国家量子计划法案》，启动为期 10 年投放 12 亿美元的“国家量子计划”项目，以确保美国在量子信息科技及技术应用领域的领先地位，并启动了人工智能计划，旨在做人工智能领域的世界领导者。

6.1.2 科技战略研究机构主要职责

在推进科技现代化发展的进程中，科技发展战略始终扮演着体现国家意志、发挥科技规划优势和引领科技发展方向的作用。中华人民共和国成立以来，党和政府高度关注科学技术事业的发展，并根据不同历史时期经济社会发展的需要和世界科技发展趋势，有针对性地提出了一系列科技发展的战略、方针和政策，对科技发展战略的路径和方式进行积极探索与实践，使我国从科学技术极其落后的国家，逐渐发展成为具有重要影响力的科技大国，走出了一条中国特色科技强国之路。在这个过程中科技战略研究机构对国家和行业科技战略规划的制定、技术发展预测、科技战略发展路线图制定等方面都发挥了十分重要的作用。在新的历史时期，科技战略研究机构深入贯彻落实党的十九大和十九届二中、三中、四中、五中全会精神，紧密围绕创新引领发展建设科技强国主线，针对当前技术现状及未来技术发展趋势，秉持服务国家、服务科技事业的方针，开展战略问题研究，主要职责包括以下几个方面：

（1）参与国家科技发展战略研究的顶层设计。在党的领导下，研究提出指导中国科技发展战略研究的参考建议，加强理论创新、思想创新和方法创新的研究，在科技发展战略研究领域起到引导和示范作用。

（2）承担组织重大战略问题的研究。坚持政府导向、需求导向为主的选题原则，承担重大战略研究任务，为国家战略决策和政策制定提供支撑。接受中央及地方政府部门、国内外企业和研究机构、社团组织、国际组织的委托进行研究和咨询工作。

（3）培养和建设科技战略人才骨干队伍。在以重大任务带动团队建设、学科建设、地方和部门的科技战略研究工作的同时，支持探索性研究，不断丰富科技发展的理论体系，不断涌现科技发展的创新思想，为全国科技发展和科技部的中心工作提供决策咨询。

（4）建立开放式的、集成各方战略研究资源的合作交流平台，构建科技情报信息与科技资源数据分享、分析与咨询的系统平台。通过机制创新，建立国内外科技创新合作研究网络，为国家及行业科技发展提供战略情报分析、技术发展预测等方面需求提供支撑。

6.1.3 消防救援科技战略研究现状

任何一个国家、地区、城市、企业或行业要实现高质量发展，都必须依靠和推动科技产业的发展，而对科技产业发展方向和路线制定合理的战略规划则尤为重要。在一定时期内，对科学技术和产业发展进行高层次、大系统、全方位的综合筹划和战略规划，这对确定未来发展的战略方向具有十分重要的意义。“提高自主创新能力，建设创新型国家”是我国当前国家发展战略的核心，是提高综合国力的关键。科技战略研究在国家、行业发展中起着越来越重要的作用，为适应新时期国家对科技工作的新要求，提高科技宏观发展战略和政策研究的水平，科技部以及各地科技主管部门、相关高校研究院所都相继成立了科技战略研究的专门机构，对不同领域科技发展战略进行深入研究。

为进一步推动我国科技战略规划研究水平，我国2005年左右先后成立多个从事科技战略研究的机构，针对事关国计民生的重大社会公益性，以及事关产业核心竞争力、整体自主创新能力和国家安全的重大科技发展规划开展研究，为国家科技发展战略提供智力支持，对推动我国科技能力跨越式发展发挥了重要作用。

6.2 消防救援科技战略研究需求

《中共中央关于制定国民经济和社会发展第十四个五年规划和二〇三五年远景目标的建议》明确提出“十四五”时期经济社会发展指导思想要坚定不移贯彻创新、协调、绿色、开放、共享的新发展理念。必须坚持系统观念，加强前瞻性思考、全局性谋划、战略性布局、整体性推进，统筹国内国际两个大局，办好发展安全两件大事，坚持全国一盘棋，更好地发挥中央、地方和各方面积极性，着力固根基、扬优势、补短板、强弱项，注重防范化解重大风险挑战，实现发展质量、结构、规模、速度、效益、安全相统一。消防救援科技应坚决服务国家发展战略大局，按照瞄准技术创新高地，不断提升我国消防救援科技发展水平。

2019 年 11 月 29 日中共中央政治局第十九次集体学习时，习近平总书记指出，应急管理是国家治理体系和治理能力重要组成部分。消防救援作为应急管理的重要组成部分，推动消防救援科技快速发展是应急管理行业重大而紧迫的战略需求。当前，我国消防救援体制机制发生了巨大改变，面临的消防救援形势依然严峻复杂，火灾防控难度大，仍需大力发展消防救援科技，推动消防救援科技朝着高精尖技术、多技术集成转化，朝着高机动、智能化、成套化方向发展，研发形成一系列具有自主知识产权的消防救援技术、产品和装备，高效地应对处置重特大灾害事故。

从消防救援科技发展来看，需要从实时动态监测预警、智能高效探测报警、消防用先进功能材料、清洁高效灭火、智能化消防救援装备、智慧消防、全天候全地域应急通信等方面布局科技研发体系，投入人力、物力、财力实施科技攻关，攻克一批卡脖子技术，打破国外核心关键零部件封锁，研制出智能、高效、环保的消防科技产品。

未来消防救援科技将朝着高端化、智能化和绿色化发展。高精尖消防装备在灭火救援、抢险救援、应急处置、保障国家和人民群众生命财产安全中具有非常重要的作用。瞄准高精尖的抢险救援器材、消防车辆、无人机、灭火机器人、通信导航等最新技术及消防装备关键核心科技问题开展集智攻关，不断提升高精尖装备在消防救援行业的普及应用水平。运用智能感知、物联网、云计算、大数据等新一代信息技术，立足于满足火灾防控“自动化”、灭火救援指挥“智能化”、执法工作“规范化”、部队管理“精细化”的实际需求，研究建筑及消防设施智能监管、火灾风险智能感知、灭火系统智能联动高效灭火、消防装备智能管理与智能调配、灭火救援战斗指挥数字化等技术，研究消防数据全面感知、消防数据挖掘、消防信息融合技术。围绕消防材料阻燃环保、灭火剂高效环保、建筑规划与设计绿色环保、消防工艺清洁环保等方面开展技术、产品研发，显著提升火灾防控和消防救援效能，提升消防科技智能绿色水平，服务国家生态发展战略大局。

“十四五”期间，我国将瞄准人工智能、量子信息、集成电路、生命健康、空天科技、深地深海等前沿领域，实施一批具有前瞻性、战略性的国家重大科技项目。加快壮大新一代信息技术、生物技术、新能源、新材料、高端装备、新能源汽车、绿色环保以及航空航天、海洋装备等战略性新兴产业。随之而来，这些行业、领域的火灾防控、消防安全、应急管理等问题也将成为未来消防救援面临的新问题、新挑战。消防救援科技应该充分利用人工智能、信息技术等新一代技术，为空天科技、深地深海、新能源等领域的消防安全提供先进科技支撑；围绕新材料、高端装备等领域，加快消防用高端功能材料、先进高效的灭火技术的研发和应用；在生命健康领域，围绕消防职业化需求，不断推进消防救援人员职业健康技术装备研发，消防员心理生理干预与防护技术研发等。

6.3 消防救援科技战略发展目标与愿景

面对当前消防安全形势，紧密围绕新时期防灾减灾与“全灾种、大应急”综合性消防救援的实战需求，针对消防救援科技现状、存在的问题，结合未来技术发展趋势与国家科技发展战略，消防救援科技如要实现长远发展，为消防应急救援事业提供有力支撑，亟待开展前瞻性、全局性和综合性的消防救援科技战略研究，有针对性、科学地制定我国消防救援科技发展的顶层规划、发展路径、政策法规及相关措施。

6.3.1 消防救援科技战略研究目标

消防救援科技战略研究的目的是全面系统分析消防救援科技各技术领域面临的形势与问题，明确技术发展方向、目标与路径，结合当前形势发展与业务需求，研究制定科技发展规划和策略，制定相关政策措施保障科技战略的实施，集中优势资源与力量，解决各技术领域所面临的问题，推动消防救援科技发展。开展消防救援科技战略研究拟实现的目标主要包括以下几个方面：

（1）建立并完善消防救援科技战略研究体系与科技战略研究长效机制，承担组织消防救援科技战略问题研究。完善的科技战略研究体系与长效机制是消防救援科技战略研究持续生命力的重要保障。

（2）构建消防救援科技子领域科技创新战略研究体系和技术方法，开展消防救援科技战略前沿技术预测分析与研究，绘制子领域中长期发展技术路线图，指导消防救援各子领域技术创新发展。

（3）构建消防救援科技战略研究情报信息大数据分析、分享与咨询的系统平台，汇聚消防救援科技相关情报信息数据等战略研究资源，建立消防救援科技创新合作研究网络，通过数据挖掘、大数据分析等手段为技术发展预测、战略规划，以及技术发展决策和政策制定提供支撑。

（4）培养和建设消防救援科技战略人才骨干队伍，打造开放式的、集成各方战略研究资源的合作交流平台，深入开展消防救援科技战略与政策法规等战略问题研究，发挥智囊支撑作用，建设成为有效支撑消防救援科技创新宏观决策和管理、具有国际水平的消防救援与应急管理创新技术发展的战略研究基地。

6.3.2 消防救援科技战略研究任务需求与愿景

当前我国各类灾害与事故形势依然十分严峻，自然灾害的突发性、异常性和复杂性有增无减，各类事故风险隐患交织叠加，事故多发、频发、突发特征明显，传统与非传统消防安全因素相互交织、相互渗透，火灾发生概率和防控难度不断增加，严重威胁人民群众生命安全，影响经济社会的永续发展。综合性消防救援队伍面对“全灾种、大应急”的实战需求，对消防救援科技发展提出了许多新的挑战。此外，随着新材料科学与信息技术的快速发展，人类即将迎来第五次工业革命浪潮，这也为消防救援科技带来了更多的发展机遇。开展消防救援科技战略研究，谋划新时代消防救援科技发展，在消防科技发展规划、政策制定以及科技发展战略管理、技术路径决策过程中的作用日益重要，对推动消防救援工作发展，提高火灾防控与消防应急救援能力和水平具有十分重要的意义。

当前，消防救援科技战略研究面临的主要任务需求主要包括以下方面：

（1）开展“十四五”国家公共安全与防灾减灾科技创新专项规划、应急管理科技创新“十四五”规划、应急管理中长期科技发展规划以及消防救援科技创新“十四五”规划编制与研究的需求。开展消防救援科技发展预测与战略规划研究，对完善规划顶层设计，科学预测技术发展，推动规划落地具有重要作用。

（2）进一步明确未来 10 ~ 20 年消防救援科技主要创新发展方向、发展路径、保障措施以及发展重点的需求。

（3）为消防救援科技政策制定提供支撑和保障的需求。开展消防救援科技战略研究，深入剖析和明确当前消防救援科技发展面临问题，可为消防救援科技发展政策制定提供情报信息、科学数据支撑与保障。

（4）为消防救援科技领域技术创新发展明确发展思路与技术路线图，指引不同领域消防救援技术创新发展方向，明确技术发展路线的需求。

消防救援科技战略研究紧密围绕新时期防灾减灾与综合性消防救援的实战需求，重点围绕新时期消防救援科技创新体系建设、应急管理科技创新体制机制革新、消防救援科技战略前沿技术、消防情报信息与大数据分析、火灾统计及预警研判、高端消防救援科技装备发展、消防标准法规政策与软科学等方面，通过深入开展前瞻性、全局性和综合性消防救援科技战略与政策法规等战略问题研究，可为全面提升消防救援科技发展规划与消防救援业务发展能力和水平发挥智囊支撑作用；通过积极拓展国内外消防与应急救援科技创新理论、发展战略、政策交流与合作，努力建设打造具有国际水平的消防救援与应急管理创新技术发展的战略研究基地，建成高质量服务于消防救援与应急管理领域科技创新重大决策的专业性、战略性、前瞻性、国际化高端智库。

6.3.3 消防救援科技战略研究体系与方法

根据消防救援科技战略研究的任务需求，消防救援科技战略研究的主要内容应包括：消防救援科技情报信息研究、消防救援科技现状与需求分析、技术发展预测、技术发展路线图、消防救援科技中长期发展规划、相关政策法规软科学研究等内容。在科技战略研究领域开展情报信息分析、技术预测研究的过程中，目前已逐步形成了以德尔菲调查、情景分析和技术路线图等为核心的科技发展战略研究方法，并在实践过程中与数据统计、文献计量、专利分析、企业战略分析方法（SWOT）、头脑风暴等方法相结合形成了科技发展战略综合研究方法。国内外的科技发展战略研究方法除了上述通用方法外，还包括知识网络、聚类分析法、数据挖掘、战略评价指标定量分析等多种研究方法。针对战略研究内容与方法，消防救援科技战略研究体系与路线方法如图 6–1 所示。消防救援科技现状与需求及科技情报信息分析是开展科技战略研究的前提，科技政策法规软科学是战略研究的出口，中长期科技发展规划则是科技战略研究的重要成果产出。通过构建消防救援业务与科技文献等综合信息数据库，在大量数据统计以及文献分析的基础上，利用知识图谱大数据分析、数据挖掘以及技术路线图分析方法，开展消防救援科技领域技术发展预测研究，绘制消防救援科技发展路线图，则为科技战略问题研究以及中长期科技发展规划提供了坚实技术支撑。在现状与需求分析的基础上，根据统计数据以及聚类分析方法，可为消防救援科技政策与法规软科学提供数据支撑，并为科技发展规划的编制提供保障措施与制度依据。此外，通过对消防救援科技领域技术发展预测、技术发展路径等战略问题的研究，也可为产业发展以及企业提供战略咨询服务。

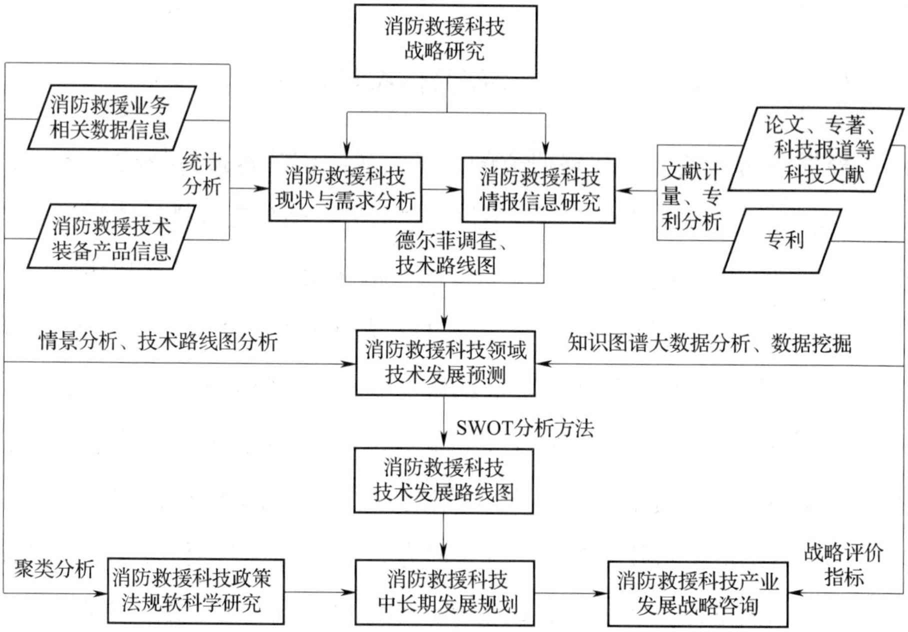

图 6–1　消防救援科技战略研究体系与路线方法图

6.4 中长期消防救援科技战略重心

6.4.1 消防救援科技发展战略智库建设

加快消防救援科技发展战略智库建设，充分发挥消防救援科技智库在推动消防救援科技现代化的智力作用，激发更多更好的战略研究成果落地。2014年10月，中央全面深化改革领导小组第六次会议审议了《关于加强中国特色新型智库建设的意见》，习近平总书记明确强调进行治国理政必须善于集中各方面智慧、凝聚最广泛力量。2015年1月中办、国办发布的《关于加强中国特色新型智库建设的意见》进一步强调智力资源是一个国家一个民族最宝贵资源，是党和政府科学民主依法决策的重要支撑，是国家治理体系和治理能力现代化的重要内容，是国家软实力的重要组成部分。要有效推动消防救援科技发展，提升消防救援科技在我国消防救援治理体系和治理能力现代化中的支撑作用，必须建设高水平消防救援科技发展战略智库，为我国消防救援科技的发展规划、科技研发、成果应用等方面出谋划策。

6.4.2 消防救援科技与数据科学融合

大数据时代下日益复杂多变外部环境对消防安全提出了更高要求。深入研究利用数据科学和大数据技术推动消防安全治理，对维护我国公共安全环境意义重大。在大数据时代，要充分利用大数据技术和数据思维来有效防范化解重特大火灾风险，科学应对处置各类灾害事故。消防救援科技与数据科学融合可显著提升消防救援工作效率和业务管理水平，为消防救援实战提供智能、高效的决策依据。构建消防救援共享数据库，研发消防救援数据采集技术手段，提升消防救援数据处理、提取和分析技术水平，建立标准化的消防救援大数据储存技术。推动数据科学在火灾隐患智能辨识，实时化和智能化火灾风险评估，精准预警和精准防范，智慧消防、调度指挥等方面的应用。

6.4.3 消防救援科技与人工智能融合

人工智能技术被视为新一轮产业变革的核心驱动力量。当前美国、中国、英国、日本、德国、加拿大等 10 余个国家和地区纷纷发布了人工智能相关国家发展战略或政策规划，用于支持人工智能未来发展。这些国家几乎都将人工智能视为引领未来、重塑传统行业结构的前沿性、战略性技术，积极推动人工智能发展及应用。随着人工智能技术的逐渐成熟，其应用将会越来越广泛，消防救援应与人工智能技术深度融合，特别是发展人工智能机器人在消防救援行业的应用。研究人工智能在火灾扑救、抢险救援、智能侦检、指挥调度、物资运输等方面的应用技术及装备。开发人工智能消防机器人和无人救援装备，研究外骨骼技术在提升消防员机动性与防护能力方面的应用，以及类人消防机器人在各类消防实战业务中的应用技术。

6.4.4 消防救援科技与先进材料融合

我国已明确提出将聚焦新材料产业等战略性新兴产业发展，推动重点产业领域加快形成规模效应，为加快先进材料在消防救援行业的应用提供了基础。先进材料由于其基础性、战略性、先导性作用，已成为攻克科技制高点的重要抓手。随着消防救援装备的现代化水平不断提高，正朝着高功能化、复合轻量化和智能化方向发展。消防救援往往面临着高温、有毒、腐蚀等恶劣环境，应研究耐高温、耐腐蚀、轻便等先进功能材料在消防员防护装备方面的应用技术，研究半导体材料、陶瓷材料以及超导材料等在消防传感器方面的应用技术。

6.5 消防救援科技发展战略措施与建议

根据当前我国科技创新面临的新形势和科技发展战略的调整，必须对我国科技资源进行优化整合，切实解决资源配置重复、交叉、分散、低效等问题。我国科技资源的配置要体现集中力量办大事的制度优势，形成推进科技创新的强大合力，为科技创新发展提供有效的人力支撑、财力支撑、物力支撑。为了保持我国消防救援科技发展的协调性和连续性，科学部署我国消防救援科技发展的战略重点和战略行动，提出以下保障措施与建议。

6.5.1 强化顶层设计发挥举国体制优势

充分融合国家科技创新发展战略、中长期规划以及重大政策和体制改革方案，强化消防科技在国家科技创新重大决策的统筹协调与资源配置，提高消防科技创新相关部门和机构的综合化与专业化水平。制订新一轮中长期消防科技发展规划。确立我国至 2035 年消防科技创新战略方针、战略目标、战略重点、战略举措。修订我国至 2050 年消防科技发展路线图，制定关键技术发展路线图。加强消防科技资源统筹协调。正确处理好政府与市场、中央与地方的关系，大学、科研机构、企业等创新主体的关系，资金、人才、基地等人财物的关系。统一制订消防科技资源整合实施方案。发挥集中力量办大事的体制优势。遵循科技发展和市场经济的规律，组织力量集中解决牵一发而动全身、事关全局的重大基础性、战略性、关键性、颠覆性或开创性、战略性消防科技问题。创新消防科技资源集中整合模式，对于受到创新资源条件约束的科技攻关，要提高科技资源利用效率；对于涉及重大突发灾害事故防控与救援的科技攻关，要形成快速高效的动员组织机制。

6.5.1.1 搞好科技发展的顶层设计和统筹规划，加强中长期战略研究

以支撑消防救援能力提升为核心，加强科技的顶层设计、统筹规划；积极发挥思想库的作用，完善国家重大工程科技问题的决策咨询机制，联合高等院校、研究机构和产业部门，设立中长期消防科技重大战略性研究计划，强化工程科技战略研究；通过实施重大工程和重大工程科技专项实现消防科技重点突破，从而推动消防救援技术与装备发展水平的提高。

6.5.1.2 完善消防救援科技发展战略研究和政策体系

紧密跟踪全球化发展进程，适应经济结构战略性调整、产业升级换代和转变经济增长方式的需要，持续深化消防救援科技发展战略研究，动态调整消防救援科技战略发展目标。

把推广消防救援科技成果应用作为修订和完善各项相关政策的重要内容。明确重点，保障资金，把消防救援科技装备现状提高到广泛应用智能化装备技术的水平上来，提高我国消防救援科技的整体竞争力。

按照有关国家政策部署，把消防救援科技发展作为促进区域协调发展、增进区域之间优势互补、实现区域比较优势的平衡器和助推器。

制定并完善消防救援科技领域的产业政策。研究制定支持大型企业的消防救援科技发展政策。

6.5.1.3 深化和完善消防救援科技发展领域的体制改革

完善市场准入和退出机制，规范法人治理结构，推动运营服务市场的公平有效竞争。鼓励和推广各种形式的宽带终端和接入技术。鼓励

业务创新，提供市场许可、资源分配、技术标准、互联互通等方面的支持。

研究探索适应网络融合与消防救援科技发展需要的统一监管制度。以创造公平竞争环境和保护消费者利益为重点，加快转变监管理念。防范和制止不正当竞争。逐步建立以消防救援实战需求为牵引的消防救援科技发展体系。

6.5.1.4 加快制定应用规范和技术标准

加强政府引导，依托重大消防应用工程，以企业和行业协会为主体，加快产业技术标准体系建设。完善消防救援科技应用的技术体制和产业、产品等技术规范和标准，促进网络互联互通、系统互为操作和信息共享。加强知识产权保护。加强国际合作，积极参与国际标准制定。

6.5.1.5 推进消防救援科技法制建设

加快推进消防救援科技法制建设，妥善处理相关法律法规制定、修改、废止之间的关系，制定和完善信息基础设施、电子商务、电子政务、信息安全、政府信息公开、个人信息保护等方面的法律法规，创造消防救援科技发展的良好法制环境。根据消防救援应用的需要，适时修订和完善知识产权、未成年人保护、电子证据等方面的法律法规。加强消防救援科技法制建设中的国际交流与合作，积极参与相关国际规则的研究和制定。

6.5.2 深化科技体制改革，加强科技创新体系建设，促进产学研用有机结合和跨领域的协同创新

6.5.2.1 建设国家实验室引领国家战略科技力量

加快推进国家实验室建设。进一步研究论证国家级消防科技专业实验室的布局，依托国家科研机构、研究型大学等最具核心优势的国家创新

单元，采取“管办分离、稳定支持、使命评价”的管理模式，统筹协调与国家重点实验室的关系。加大对各类科技创新基地整合力度。要统筹分析论证，聚焦国家战略目标，优化布局结构，创新运行机制，强化绩效考评，实行动态调整。明确科研院所和大学在消防科技研究的功能定位，在基础研究和应用研究方面各有侧重。建立健全适应世界一流科研院所建设的现代消防科技创新的体制机制，重点和稳定支持其在消防基础前沿和行业共性关键技术研发中发挥骨干引领作用。

6.5.2.2 加强消防救援科技发展国际交流与合作

密切关注世界消防救援科技发展动向，建立和完善消防救援科技国际交流合作机制。坚持平等合作、互利共赢的原则，积极参与多边组织，大力促进双边合作。准确把握我国新时代消防救援科技面临的新情况，统筹国内发展与对外开放，切实加强消防救援技术、消防救援科技资源、人才培养等领域的交流与合作。

6.5.2.3 完善消防救援科技推进体制

切实加强党对消防救援科技发展工作的领导，抓紧研究建立符合行政体制改革方向、分工合理、责任明确的消防救援科技发展推进协调体制。加大政府部门间的协调力度，明确中央、地方政府在消防救援科技建设上的事权，加强对地方的业务指导。

各地区各部门要贯彻落实党的十九大精神，因地制宜，加快编制消防救援科技发展规划，制定科学的消防救援科技统计指标体系，改进消防救援科技绩效评估方法，完善国民经济和社会发展的统计核算体系，使消防救援科技融汇到国民经济和社会发展的中长期规划之中。

6.5.2.4 深化科技体制改革，推动产学研政协同创新

完善产学研政协同创新机制，加大政府工程科技创新投入，积极扶持一些处于创新关键期、即将有重大突破的科技创新企业。面向国家消防

安全与应急救援重大需求，瞄准世界消防科技前沿，加强产学研政协同创新，攻克消防救援基础理论、核心关键和卡脖子技术，鼓励企业开展科研、设计、生产技术、产品应用技术一条龙攻关，促进技术成果快速产业化。强化政府在推动产业共性技术研究方面的作用，建立和重组一批工程科技创新平台；加强科研与设计的结合，加强产品创新，鼓励科技成果转化和搭建产业间以及产学研用间多种形式的创新联盟，以推动产业链技术的整体优化；完善知识产权法律法规体系，加强知识产权保护执法力度，为科技创新营造良好的法律环境；构建国内外交流合作平台，更广泛、更深入地参与国际科技合作，支持融合创新。

6.5.3 整合政府人才计划

系统调整科技人才工作的供给政策，出台法规制度保障创新主体的用人自主权，引导用人单位根据自身发展和国家战略需要自主设定人才引进使用计划。完善海外人才计划。减少人才“标签”化，将配套资源从引入环节调整到使用评价环节，采取财政资源后补助模式，管控人才引进风险，切实提高用人单位海外人才引进和使用质量。改革人才评价导向。突出基础研究人才培养的中长期目标导向，推行代表作评议制，评价重点从研究成果数量转向研究质量、原创价值和实际贡献。引入国际同行评议，针对非共识性人才试点设立绿色通道。明确教育的功能定位，强化内涵式发展。基础教育要强化培养学生的创新思维与创新能力，彻底改变应试教育导向；高等教育要与国家经济社会发展需求紧密对接，调整优化学科（专业）设置、改革教育培养模式与方法、改革考试招生制度；切实深化职业教育改革，提升职业教育社会地位与吸引力，加快培养高质量的技能型人才。

6.5.3.1 壮大消防救援科技人才队伍

研究和建立消防救援科技人才统计制度，开展消防救援科技人才需求调查，编制消防救援科技人才规划，确定消防救援科技人才工作重点。建立消防救援科技人才分类指导目录。确定消防救援科技相关职业的分类，制定职业技能标准。

尊重消防救援科技人才成长规律，以消防救援科技项目为依托，培养高级人才、创新型人才和复合型人才。发挥市场机制在人才资源配置中的基础性作用，高度重视“走出去，引进来”工作，吸引海外人才，鼓励海外留学人员参与国家消防救援科技发展建设。

6.5.3.2　加强工程科技人才培养，树立崇尚工程科技的文化

开展多层次的教育，深化高等消防救援科技教育改革；建立健全工程师和设计师专业认证体系，提升工程技术人才的职业化水平和国际化水平；根据科学与技术的不同特点，构建激励自主创新、公正、公平、公开的工程科技成果和人才评价体系，突出工程科技对经济社会发展核心支撑地位；以重大工程和重大工程科技专项为平台促进工程科技人才队伍建设，完善人才选拔机制，探索形成多种形式的工程科技人才发展渠道，加强创新梯队建设，培养具有世界一流水平的工程科技专家队伍。

6.5.4　优化科研院所与企业的技术创新环境

进一步清理仅限于特定所有制形式的相关规章和规范性文件，为各类创新主体创造公平开展科技创新活动的市场竞争环境。增强规则意识，认真研究和遵循国际规则。修订《中华人民共和国招标投标法》和《中华人民共和国政府采购法》。应对技术禁运，明确支持本国技术创新和国产化产品的法律规定，统筹协调两法关系。落实首台（套）政策，提高政府采购体系对自主创新产品的采购力度。发展科技金融服务业。充分发挥财政资金“四两拨千斤”的作用，运用国家科技成果转化引导基金、国家中小企业发展基金、国家新兴产业创业投资引导基金等方式，通过市场机制

吸引社会资金和金融资本进入技术创新领域。

6.5.4.1 调整财政投入结构创新管理模式

财政科技投入要进一步聚焦国家战略目标。梳理和评估各类中央财政科技计划及项目，包括国家科技重大专项、国家重点研发计划、国家自然科学基金以及“科技创新 2030”重大项目和工程等，该加强的要加强，该立项的要立项，该调整的要调整，该下马的要下马。今后中央财政科技计划专项资金的使命和安排重点，要聚焦到必须自力更生、自主创新而不受制于人的基础研究和关键核心技术领域。建立既统筹协调又相对独立的行政决策与专家咨询工作机制。进一步完善由科技部牵头、相关部门参加的部际联席会议。建立独立于行政部门的专家咨询委员会，以中国科学院和中国工程院为依托，由两院院长担任双主任，委员由科技界和企业界著名人士组成，秘书处设在国家最高学术咨询机构。建立健全科技创新重大选题工作制度。制定规范的专家遴选制度和选题工作准则（包括选题标准、核心依据、选题方法、选题流程及选题排序原则等）。科技创新重大选题的确定由中央决定。创新研发组织模式。根据不同研发性质和特点来确定不同的组织模式，避免单一使用“课题制”方法，对于关键核心技术领域实施“创新联合体”研发模式，由政府策划组织，产学研有机联动，非法人机制运作，多元化筹资模式，市场牵引研发方向，侧重基础共性技术，兼顾各方实际利益。制定中央财政科技投入（民口）中长期规划。结合国家科技计划实施周期，为统筹合理配置财政科技资源，应当制定为期 10 年的中央财政科技投入中长期规划。结合未来国家经济及财政收支情况，对未来财政科技投入进行预计，初步确定未来 10 年财政科技投入的总盘子；按照尽力而为、量力而行、保障重点、兼顾一般的原则，对各类财政科技投入进行初步安排。

6.5.4.2 完善相关投融资政策

根据深化投资体制改革和金融体制改革的要求，加快研究制定消防救援科技的投融资政策，积极引导非国有资本参与消防救援科技发展建设。研究制定适应中小企业消防救援科技发展的金融政策，完善相关的财税政策。培育和发展信息技术转让和知识产权交易市场。完善风险投资机制和资本退出机制。

健全和完善招投标、采购政策，逐步完善扶持消防产业发展的产业政策。加大国家对消防救援科技发展的资金投入，支持国家消防救援科技发展所急需的各类基础性、公益性工作，包括基础性标准制定、基础性资源开发、互联网公共服务场所建设、国民技能培训、跨部门业务系统协同和信息共享应用工程等。完善并严格实施政府采购政策，优先采购国产消防救援科技技术产品和服务，实现技术应用与研发创新、产业发展的协同。

6.5.4.3 优化科技资源配置，确保科技投入稳步增长和持续保障

设立国家消防科学技术基金，对产业共性关键技术、竞争前技术、战略性技术等研究形成长期稳定的支持；加强政府科技投入的管理；充分利用和调动社会资源，积极探索多渠道、多元化的投融资机制，加大工程科技的投入；加强财税金融政策对工程科技创新的引导作用。

6.6 总结与展望

科技发展战略研究对推动科技及其产业发展具有十分重要的意义和作用。在一定时期内，面向对科学技术和产业发展开展高层次、大系统、全方位的综合筹划和战略规划研究，对确定未来发展的战略方向具有十分重要的意义。加强对消防救援科技战略的研究，可有效提升消防救援科技

发展规划与技术发展预测的水平，对消防救援科技发展顶层设计、政策法规制定具有重要的支撑引领作用。目前综合性消防救援主要立足我国国情和灾害事故特点，以防灾减灾救灾、维护社会公共安全、保护人民生命财产安全为职责使命，而消防救援科技则是构建新时代国家应急救援体系，保障消防救援能力的重要推动力。消防救援科技发展战略研究在消防科技发展规划、政策制定以及科技发展战略管理过程中的作用日益重要。

通过文献调研、问卷调查、案例分析等手段，本书基于当前消防救援科技形式与实战需求，对比国内外消防救援科技现状，通过综合分析消防救援科技战略理论体系、新时代消防救援形势与需求、我国消防救援科技工作现状，以及国际消防救援科技发展现状与趋势，结合新时代发展需求，以及新材料、新技术、通信、智能科技等相关领域科技发展趋势，分析研究消防救援科技面临的问题与挑战，梳理总结消防救援科技关键技术领域发展、特点和重点方向，科学预测消防救援科技涉及的火灾防控、应急救援各领域关键技术的未来发展趋势，并绘制了技术发展路线图。在梳理分析消防救援科技体系和现状的基础上，提出了消防救援科技战略研究目标、任务需求、体系内容、研究方法与发展愿景，构建了消防救援科技创新战略研究体系，并对消防救援科技不同子领域未来发展趋势与需求开展了深入系统研究，可为制定我国消防救援科技战略发展规划提供决策支持。

参 考 文 献

［1］孙玉梅．浅谈国外消防车现状及发展方向［J］．消防科技，1995（4）：40–42.

［2］张勇．一种登高平台消防车的控制系统应用研究［D］．徐州：中国矿业大学，2019.

［3］黎蓉．城市主战消防车参数化设计研究及系统开发［D］．徐州：中国矿业大学，2019.

［4］谢浩，金龙哲．重型压缩空气泡沫消防车在高层建筑火灾扑救中的应用研究［J］．科技通报，2016，32：236–241.

［5］邓德秋．压缩空气泡沫消防车在高层建筑火灾扑救中的应用［J］．武警学院学报，2016，32：23–26.

［6］王周．消防救援车辆类型的发展趋势［J］．今日消防，2020（11）：119–120.

［7］李越，李晶．消防部队车辆类型的发展趋势［J］．消防技术与产品信息，2011（1）：11–15.

［8］石祥，赵俊朋，韩晓龙．一款小型多功能城市主战消防车的研究和应用［J］．消防技术与产品信息，2015（9）：6–8.

[9] 全国消防标准化技术委员会 . 消防炮:GB 19156-2019 [S]. 北京：中国标准出版社，2020：1-23.

[10] 段秋生，张智，王志斌 . 国外储罐消防系统新技术综述 [J]. 石油石化节能，2017，7：44-47.

[11] 范祥，卢道华，王佳 . 机器视觉在工业领域中的研究应用 [J]. 现代制造工程，2007（6）：129-133.

[12] 刘金桥，吴金强 . 机器视觉系统发展及其应用 [J]. 机械工程与自动化，2010（1）：215-216.

[13] 林达 . 城市主战消防车自动消防炮研究 [D]. 徐州：中国矿业大学，2020.

[14] 盛友杰 . 碳氢和有机硅表面活性剂复配体系为基剂的泡沫灭火剂研究 [D]. 合肥：中国科学技术大学，2018.

[15] SCHAEFER T H，DLUGOGORSKI B Z，KENNEDY E M. Sealability properties of fluorine-free fire-fighting foams [J] .Fire technology，2008，44（3）：297-309.

[16] BRADLEY WILLIAMS T M，CHRISTOPHER BUTTERWORTH，ZACHARY BURGER，et al. Extinguishment and burnback tests of fluorinated and fluorine-free firefighting foams with and without film formation [C]. Suppression，Detection and Signaling Research and Applications-A Technical Working Conference，2011.

[17] H H RALF K F，W KAI，et al. Fire testing a new fluorine-free AFFF based on a novel class of environmentally sound high performance siloxane surfactants [J] .Fire Safety Science Proceedings of the Eleventh International Symposium，2014：1261-1270.

[18] VINOGRADOV A V，KUPRIN D，ABDURAGIMOV I，et al.

Silica foams for fire prevention and firefighting [J].ACS Applied Materials & Interfaces，2016，8（1）：294–301.

[19] 薛林，王丽晶，钱恒宽，等.消防车百年历程回眸 [J].新安全东方消防，2008（2）：58–63.

[20] WANG Ge，JI Yongxing，SHEN Yaozong. The 3rd generation fire truck and its spraying technique [J]. Physics Engineering，2011（11）：424–430.

[21] 姬永兴.消防车的“分代”及所用新技术的探讨 [J].消防技术与产品信息，2016（9）：62–65.

[22] 王铭珍.灭火炮的发展趋势 [J].安徽消防，1999（2）：32–33.

[23] 东方.机场卫士 – 马基路斯 2 款机场消防车简介 [J].商用汽车，2014（4）：18–21.

[24] 丁美健.美国豪士科机场消防车 [J].重型汽车，2017（1）：39–40.

[25] 倪元，王春阳.“百年积淀”的美国消防车产品（下）– 美国消防车系列文章之产品篇 [J].商用汽车，2013，18：54–60.

[26] 刘勇.“三合一”多功能机场消防车结构简析 [J].专用汽车，2020（6）：58–61.

[27] 刘慧敏，杜志明，韩志跃，等.干粉灭火剂研究及应用进展 [J].安全与环境学报，2014，14：70–75.

[28] 黄宛宁，张晓军，祝榕辰.浮空器在应急通信中的应用 [J].科技导报，2018，36（6）：55–64.

[29] IBRAHIM H，PATRUNI J R. Experimental investigation on extinguishing performance of a novel nanocomposite for gaseous fires [J]. Journal of Loss Prevention in the Process Industries，2020：104–143.

[30] 冯振南 . 大功率水罐消防车供水能力研究 [J]. 决策探索（中），2020，10：79–80.

[31] 李晓伟 . 直八直升机专用森林灭火航弹投放系统研究 [D]. 哈尔滨：哈尔滨工程大学，2014.

[32] 徐文闻，郑春生，鞠岩 . 智能多用途消防水枪系统的研发与应用 [J]. 水上消防，2018（4）：39–43.

[33] MCNEIL J G，LATTIMER B Y. Robotic fire suppression through autonomous feedback control [J]. Fire Technology，2017，53：1171–1199.

[34] 尚超，王克印 . 森林航空灭火技术现状及展望 [J]. 林业机械与木工设备，2013，41：4–8.

[35] 朱磊 . 移动式远程供水系统探析 [J]. 科技创新与应用，2019（7）：66–67.

[36] 韩敏锐 . 城市消防无人机控制系统的设计 [D]. 西安：西安理工大学，2020.

[37] 房伟 . 多搜救机器人协作搜索及路径规划研究 [D]. 武汉：武汉理工大学，2013.

[38] 白乡，邵明非，朱斌海，等 . 国内外无人机森林防火发展趋势 [J]. 木材加工机械，2018，29（3）：34–36.

[39] 滕璐宇 . 基于功能集成的智能火灾救援无人机设计 [D]. 秦皇岛：燕山大学，2018.

[40] 张广泉，宁丙文 . 救援机器人“排着队”来了 [J]. 中国应急管理，2018（10）：40–41.

[41] 王兵，蒋蓁 . 模块化重构机器人技术的现状与发展综述 [J]. 机电工程，2008（5）：1–4.

[42] 葛世荣，朱华 . 危险环境下救援机器人技术发展现状与趋势 [J].

煤炭科学技术，2017，45（5）：1–8.

［43］乔瑛娜.无人机在消防灭火救援中的应用研究［J］.今日消防，2020，5（1）：12–13.

［44］李宗浩，孔昭斌，林占勇.无人灭火救援作战系统及发展趋势［J］.现代职业安全，2018（11）：31–33.

［45］钱铖，蒋静法，李斌.消防机器人的现状与发展方向［J］.消防技术与产品信息，2018，31（12）：82–84.

［46］董炳艳，张自强，徐兰军，等.智能应急救援装备研究现状与发展趋势［J］.机械工程学报，2020，56（11）：1–25.

［47］周奕捷.浅谈无人机集群组网通信方式及其发展趋势［J］.企业科技与发展，2019（7）：130–132.

［48］章光旭.基于多无人机协同的应急救援航迹规划研究［D］.武汉：江汉大学，2018.

［49］谭西都.搜救无人艇航速及航向控制研究［D］.杭州：浙江大学，2019.

［50］王宗维.无人艇体系结构及运动控制系统的研究［D］.镇江：江苏科技大学，2013.

［51］张迪.新型内河湖泊水域救援无人艇设计初步研究［D］.镇江：江苏科技大学，2019.

［52］宋培刚.论应对现代战争灾害之消防准备：中国消防协会科学技术年会论文集［C］.2015.

后 记

当前我国各类灾害与事故形势依然十分严峻，自然灾害的突发性、异常性和复杂性有增无减；在新的历史时期，随着我国经济的快速发展，各类事故风险隐患交织叠加，事故多发、频发、突发特征明显，生产安全事故防治仍处于脆弱期、爬坡期、过坎期；随着城镇化和社会财富集聚度的持续增大，传统与非传统消防安全因素相互交织、相互渗透，火灾发生概率和防控难度不断增大，严重威胁人民群众生命财产安全，影响经济社会的永续发展。随着新材料科学与信息技术的快速发展，人类即将迎来第五次工业革命浪潮，这也为消防救援科技带来了更多的发展机遇。开展消防救援科技战略研究，谋划新时代消防救援科技发展，在消防救援科技发展规划、政策制定以及科技发展战略管理、技术路径决策过程中的作用日益重要，对推动消防救援工作高质量发展、提升火灾防控与消防应急救援能力具有十分重要的意义。

消防机构改革启动以来，由习近平总书记亲自授旗并致训词的国家综合性消防救援队伍，在应急管理部党委、消防救援局党委坚强领导下，始终面向“全灾种、大应急”建设需求，坚决扛起防范化解重大安全风险、应对处置各类灾害事故的职责使命，全心全力打造中国特色社会主义新时代的消防救援主力军、国家队，消防救援中心工作对于科技支撑的需求比历史上任何时期都更强烈、更迫切。作为消防救援队伍重要组成部分和应急管理部直属、消防救援局管理的部属局管科研机构，天津消防研究所在党的十九大和十九届二中、三中、四中、五中全会精神指引下，立足“战略研究所”职能定位，深入学习贯彻习近平总书记重要授旗训词要求和中央关于深化消防执法改革的意见，着力推动“单一火灾科学研究”面向“全灾种、大应急”研究转型升级，在消防救援科技战略研究领域大胆探索、做大文章，努力为消防救援工作插上强劲有力的“科技翅膀”。为此，天津消防所党委积极筹划，组织动员骨干力量广泛开展消防救援科技现状与需求调研，并同多家消防救援总队、先进科研单位、行业龙头企业签订战略合作协议，对国内外消防救援科技发展趋势和热点问题进行了全面梳理和深入研究。天津消防所党委副书记、中国人民大学兼职高级研究员肖磊同志担任本书主编，组织相关团队启动基本科研项目“消防救援科技发展战略规划研究”和“国外消防政策法规和消防救援体制研究”，组织编写了《消防救援科技战略规划研究报告》和《战略性研究机构的中长期发展规划研究报告》，为消防救援科技战略研究的全面铺开奠定了坚实基础。

本书在“消防救援科技发展战略规划研究”和“国外消防政策法规和消防救援体制研究”研究基础上，精准地把握消防救援科技战略需求，深入剖析国内外消防救援科技领域发展现状和趋势，提出了消防救援科技发展战略研究愿景目标和研究重点，对规划和指导国家消防救援科技发展将起到基础性支撑和引领作用。根据研究领域与任务分工，本书第一章“消防救援科技战略概述”主要由肖磊、王珺执笔，第二章“消防救援形势与需求分析”主要由任常兴、李继宝、李国辉等执笔，第三章“我国消防救援科技工作基础”主要由李国辉执笔，第四章“国际消防救援科技发展现状与趋势”主要由邱培芳、刘欣、阚强、李彬等执笔，第五章“消防救援科技发展预测与技术路线图”主要由刘晅亚、包志明、阚强等执笔，第六章“消防救援科技发展战略研究”主要由刘晅亚、李国辉、阚强等执笔。此外，鲁志宝、李毅、宋文琦、陶鹏宇、王俊胜等科研人员也参与了编写工作。

在本书编写过程中，得到了有关方面领导和广大消防科技工作者的支持与帮助，借此向有关同志致以诚挚的谢意。鉴于本书是消防改革以来为数不多的科技发展战略研究专著，许多研究工作尚处于起步和探索阶段，难免有谬误和疏漏，敬请广大读者和科技工作者给予谅解并多提宝贵意见。

本书编委会

二〇二一年二月